**SOMENTE OS POVOS FAZEM
SUA PRÓPRIA HISTÓRIA**

SAMIR AMIN

SOMENTE OS POVOS FAZ EM
SUA PRÓPRIA HISTÓRIA
Ensaios políticos de Samir Amin (2000-2018)

Introdução de Aijaz Ahmad
Tradução de Dafne Melo

1ª edição
Expressão Popular
São Paulo – 2020

Ensaios individuais © Estate of Samir Amin
Tradução em português © Editora Expressão Popular, 2020
Introdução © Aijaz Ahmad, 2018

Traduzido de: *Only people make their own history.* Political essays, 2000-2018.
Nova Délhi: LeftWord Books, 2018.
Tradução: Dafne Melo
Revisão: Lia Urbini e Aline Piva
Projeto gráfico e diagramação: Zap design
Capa: Fernando Badharó – Cpmídias
Impressão e acabamento: Printi

Dados Internacionais de Catalogação-na-Publicação (CIP)

A517s	Amin, Samir, 1931-2018
	    Somente os povos fazem sua própria história:
	ensaios políticos de Samir Amin (2000-2018) / Samir
	Amin ; tradução de Dafne Melo ; introdução de Aijaz
	Ahmad. – 1.ed. —São Paulo : Expressão Popular,
	2020.
	    252 p.
	
	    Indexado em GeoDados - http://www.geodados.uem.br
	Título original: Only people make their own history.
	Political essays, 2000-2018.
	    ISBN 978-65-991365-6-6
	
	    1. Samir Amin, 1931-2018 – Ensaios políticos.
	2. Economia política. 3. Capitalismo. 4. Marxismo. I. Melo,
	Dafne. II. Título.
	                                            CDU 32
	                                            CDD320

Bibliotecária: Eliane M. S. Jovanovich - CRB 9/1250

1ª edição: novembro de 2020
1ª reimpressão: outubro de 2024

EDITORA EXPRESSÃO POPULAR LTDA
Alameda Nothmann, 806, Campos Elíseos
CEP 01216-001 – São Paulo – SP
atendimento@expressaopopular.com.br
www.expressaopopular.com.br
🅵 ed.expressaopopular
🅾 editoraexpressaopopular

Sumário

Nota editorial 7

Introdução 9

A economia política do século XX 37

Pobreza mundial, pauperização e acumulação do capital 55

O islã político a serviço do imperialismo 67

A trajetória do capitalismo histórico e a vocação
tricontinental do marxismo 93

China 2013 115

O retorno do fascismo no capitalismo contemporâneo 143

Imperialismo contemporâneo 159

Ler O capital, ler capitalismos históricos 179

Revolução do norte ao sul 203

Revolução ou decadência? Pensamentos sobre a transição
entre modos de produção em ocasião do bicentenário de Marx 223

O manifesto comunista, 170 Anos depois 233

Nota editorial

Este é o quarto livro série Sul Global, publicada em conjunto entre a Expressão Popular e o Instituto Tricontinental de Pesquisa Social. Com este livro, procuramos fazer presente a contribuição de Samir Amin (1931-2018), um dos mais importantes teóricos marxistas do século XX, nos debates brasileiros sobre o capitalismo, o imperialismo e a dinâmica da luta de classes na atualidade a partir da perspectiva daquilo que ele chama de Tricontinente (Ásia, África e América Latina).

Os ensaios deste livro foram originalmente publicados na *Monthly Review,* entre os anos de 2003 e 2018, sendo a maior parte deles inédita em português.

Agradecemos às editoras Leftword books, da Índia, e Monthly Review, dos Estados Unidos, por terem solidariamente cedido os direitos de publicação dessa obra no Brasil. Essa perspectiva internacionalista certamente seria apoiada por Samir Amin.

Nos ensaios ao longo do livro, as notas de rodapé assinaladas por (N. E.) são de autoria dos editores da Monthly Review e da Expressão Popular, sem haver uma diferenciação entre elas. Quando disponível, indicamos edições brasileiras dos textos citados pelo autor. As outras notas são do próprio Samir Amin.

Os editores

Introdução

Aijaz Ahmad

> Ser "marxista" é continuar o trabalho que Marx apenas começou, ainda que esse começo tenha sido de um poder inigualável. Não é para ficar em Marx, mas começar a partir dele [...] Marx é ilimitado porque a crítica radical que ele inicia é ela mesma sem limites, sempre incompleta, e deve sempre ser o objeto de sua própria crítica ("marxismo como formulado em um momento particular tem que sofrer uma crítica marxista").
> Samir Amin, *The Law of Worldwide Value* [*A lei do valor mundial*]

Samir Amin (1931-2018) foi um dos grandes intelectuais de nosso tempo.[1] Um teórico distinto, cuja vida de militância política abrangeu mais de seis décadas. Socialista desde tenra idade e formado em Economia, ele insistiu que as leis da ciência econômica, incluindo a lei do valor, estavam operacionalmente sujeitas às leis do materialismo histórico. Também formado em Matemática, ele evitou matematizar muito seus conceitos e manteve as fórmulas algébricas a um nível mínimo, mesmo no mais técnico de seus escritos. A ambição sempre foi manter o rigor teórico e, ao mesmo tempo, comunicar-se com o maior número possível de leitores – e militantes em particular – por meio da exposição em prosa relativamente direta. Seus leitores, como sua própria militância política, estavam espalhados por países e continentes.

---

[1] Tentei manter o texto principal desta introdução o mais leve e livre de digressões possível. Alguns dos pontos substanciais foram deslocados para notas de rodapé. Daí o número de notas e a longa extensão de algumas delas.

Amin chegou à vida adulta nos anos 1950, quando a onda de revoluções socialistas parecia estar em ascensão e os velhos impérios coloniais estavam sendo desmantelados na Ásia e na África. Partidos comunistas e movimentos socialistas haviam surgido nesses continentes, mais na Ásia que na África, ainda antes da Segunda Guerra Mundial. O início do período pós-guerra testemunhou uma imensa expansão da atividade revolucionária – a Revolução Chinesa, a Revolução Coreana, o início dos movimentos revolucionários de libertação na Indochina, e assim por diante. Com a notável exceção da China, entretanto, a maior parte dos países desses continentes produziram relativamente poucos trabalhos originais no campo do conhecimento teórico marxista. O estudo de qualquer tipo de marxismo significava a tradução ou explicação de textos produzidos em outros lugares, e mesmo estes se limitavam a breves textos, extratos dos clássicos ou exegeses marxistas feitas na Grã-Bretanha, França ou União Soviética. Isso começou a mudar, de diversas e notáveis maneiras. Primeiro, testemunhamos o surgimento de uma nova geração de militantes e acadêmicos marxistas em toda a Ásia e África ao longo dos mesmos anos em que impérios coloniais estavam sendo desmantelados. Segundo, alguns desses novos intelectuais, muitas vezes associados a partidos comunistas ou a movimentos de libertação nacional, traziam para seus trabalhos conhecimentos cada vez mais sofisticados sobre os mais fundamentais clássicos: as principais obras de Marx, Lenin, Rosa Luxemburgo, Bukharin, Kautsky e outros. Terceiro, a atenção se volta para análises extensas e rigorosas sobre 1) o desenvolvimento histórico, modos de produção e estruturas de classe não tanto da Europa, mas dos países asiáticos e africanos; e 2) os mecanismos muito elaborados envolvidos na exploração dos países imperializados, ou seja, o processo pelo qual os valores produzidos nas colônias foram apropriados para acumulação nos centros imperialistas.

A menção a algumas datas deve esclarecer isso. Samir Amin, por exemplo, submeteu sua tese de doutorado, de 629 páginas, à Universidade de Paris em 1957 e a publicou muito mais tarde nos dois volumes de *Accumulation on a World Scale* [*Acumulação em escala mundial*] (edição francesa de 1970 e tradução inglesa de 1974). Aproximadamente ao longo dos mesmos anos, a Índia testemunhou a publicação de três livros que foram fundacionais na elaboração da historiografia marxista indiana: *An Introduction to the Study of Indian History* [*Uma introdução ao estudo da História Indiana*] (1956), de D. D. Kosambi; *The Agrarian System of Mughal India* [*O sistema agrário da Índia Mogol*] (1963), de Irfan Habib; e *Indian Feudalism* [*O feudalismo indiano*] (1965), de R. S. Sharma. Do outro lado do mundo, na América Latina, todos os textos fundadores dos teóricos da dependência – Theotonio dos Santos, Celso Furtado, Ruy Mauro Marini, Andre Gunder Frank e outros – também apareceram na década de 1960 e no início da década seguinte.[2] Teoricamente, Amin estava muito mais perto de Paul Baran, que publicou *The Political Economy of Growth* [*A economia política do crescimento*], em 1957, ano em que Amin apresentou sua enorme tese. O grande clássico de Economia Política marxista, que Baran é coautor com Sweezy, *Capitalismo monopolista*, foi lançado logo depois, em 1966. A anatomia do imperialismo havia, assim, chegado ao centro do novo pensamento marxista em todo o mundo, e o próprio marxismo tornou-se uma poderosa ferramenta para pensamento e pesquisa independentes em todo o Tricontinente. Em ambos os casos, a tese de Amin

---

[2] Os teóricos da dependência eram mais *marxizantes* que marxistas. Como Amin, eles também tinham emprestado a concepção de Raúl Prebisch do sistema mundial como uma estrutura bipolar de troca desigual entre o centro ("desenvolvido") e periferia ("subdesenvolvida"). Para Prebisch, porém, isso era uma distorção que poderia ser corrigida por meio de acordos comerciais mais justos, complementados com protecionismo e industrialização por substituição de importações nas periferias. Para os *dependentistas*, como para Amin, esse "subdesenvolvimento", no entanto, não era uma herança do passado pré--colonial, mas um produto do imperialismo em si. O compartilhamento dessa premissa aproximaria, mais tarde, Amin dos dependentistas, particularmente de Frank, e dos teóricos do sistema-mundo, Wallerstein e Arrighi.

parece estar entre os primeiros textos que refazem os contornos do marxismo do pós-guerra de uma forma muito particular, como discutiremos a seguir.

Amin era proficiente em diversas línguas, mas escreveu principalmente em francês. Ele era um escritor incrivelmente prolífico, produzindo livros e artigos com grande velocidade até a morte silenciar sua mente fecunda. Nem todo seu trabalho está disponível em inglês. Algumas das traduções apareceram em outros lugares, mas, em geral, a *Monthly Review Press* tem sido de longe a editora mais dedicada a traduzir sua obra para o inglês. Esta antologia reúne onze ensaios que a revista publicou desde 2000. Há outros que foram publicados na revista nesse período.[3] O objetivo é montar uma antologia não muito pesada de seus ensaios, que ilumina algumas das linhas mais fundamentais do pensamento de Amin nos últimos anos de sua vida. Essa introdução foi pensada não para *explicar* esses textos, mas para *situá-los* no contexto mais amplo de sua vida, em que o pessoal, o político e o teórico se entrelaçaram em uma firme trama.

I

Samir Amin publicou dois livros de reflexões sobre sua própria vida. Em *Re-reading the postwar period* [*Relendo o período do pós-guerra*], ele oferece sua própria reconstrução de suas opiniões políticas e posições teóricas conforme elas evoluíram de uma década para a outra, até o início da década de 1990.[4] O fato de

---

[3] Por exemplo: "Africa: living on the fringe" ["África: vivendo na margem"], *Monthly Review*, mar. 2002; "India: a great power?" ["Índia: uma grande potência?"], fev. 2005; "'Market economy' or oligopoly-finance capital" ["'Economia de mercado' ou capital financeiro oligopolista"], abr. 2008; "The surplus in monopoly capitalism & the imperialist rent" ["O excedente no capitalismo monopolista e a renda imperialista"], jul./ago. 2012; "The Kurdish question then & now" ["A questão curda antes e agora"], out. 2016.

[4] Samir Amin, "Re-reading the postwar period: an intellectual itinerary" ["Relendo o período pós-guerra: um itinerário intelectual"], *Monthly Review Press*, 1994.

que ele chegou a Paris para começar a faculdade em 1947, ano em que a Índia conquistou sua independência, nos lembra que sua vida adulta coincidiu exatamente com o período que ele revisa naquele livro. Ele era um jovem comunista e estudante militante na França durante as grandes e amargas guerras de libertação nas colônias francesas do Vietnã e da Argélia. O desmantelamento dos impérios coloniais britânico e francês foram os eventos memoráveis de sua juventude. A sobreposição de colonialismo, imperialismo pós-colonial e acumulação capitalista logicamente tornou-se a ocupação central em sua vida intelectual, bem como em sua militância política, pelo resto de sua vida. N'*O capital* e em obras correlatas, Marx moldou a ciência do modo de produção capitalista, na forma como ele havia evoluído na Europa, na Grã-Bretanha em particular, até o momento em que ele viveu. Em outros textos, como os *Grundrisse* e o bem posterior *Notas etnográficas*, Marx falou muito sobre o mundo fora da Europa, mas principalmente sobre as formações *pré-capitalistas*. Ele escreveu longamente, e quase sempre de forma muito criteriosa, sobre colonialismo, mas, na maioria das vezes, ateve-se à descrição fatual e à denúncia política, com apenas algumas observações teóricas dispersas. Para Marx, uma compulsiva tendência globalizante era inerente ao próprio modo de funcionamento do capital. No entanto, para além dessa conhecida previsão, o *corpus* real de seu trabalho não abrangeu uma *teoria* do capitalismo (e nem o ultimo quarto do século XIX foi um tempo propício para sua elaboração) que viria a se tornar um modo de produção totalmente globalizado – não somente de apropriação, extração e circulação – na forma, primeiro, de imperialismo colonialista e, depois, ainda mais fortemente após a dissolução dos antigos impérios coloniais. O diferencial de Amin em sua tese de doutorado que foi posteriormente publicada como *Accumulation on a world scale* foi aplicar as categorias teóricas d'*O capital* para o estudo do modo capitalista à medida que ele se espalhava globalmente por meio do colonialismo, colocando no lugar estruturas de exploração e acumulação que deveriam superar em muito a era colonial *per se*.[5] Para ele, e para outros poucos marxistas, o fim do período colonial marcou um decisivo ponto de inflexão na história da liberdade humana que abriu novos caminhos para as lutas de libertação dos povos do Tricontinente – mas não uma interrupção fundamental na história do capitalismo ou do imperialismo *per se*. A ambiguidade histórica dessa conjuntura é bem representada pelo fato de que o quarto de século entre 1945 e 1970, em que esses impérios coloniais foram amplamente dissolvidos, também ficaram conhecidos como a Idade de Ouro do capital.[6] Essa tentativa de ler Marx rigorosa mas criativamente à luz da evolução posterior do modo capitalista permaneceu como um fio condutor importante na obra de Amin em toda sua vida, até a *The Law of Worldwide Value* [*A lei do valor mundial*] (2010) e além.[7] Retornaremos a esse tema em breve.

Relendo o período pós-guerra relata os estágios de seu próprio desenvolvimento intelectual em relação às principais características e eventos desse período. As últimas partes de outro livro de memórias, *A Life Looking Forward* [*Uma vida olhando adiante*], reconstrói esse mesmo itinerário político-intelectual em termos mais pessoais, mas é nas primeiras partes do livro que temos uma narrativa vívida de seu crescimento em uma família peculiar e sua precoce orientação em direção à política revolucionária, de modo

---

[5] Isso foi, em certo sentido, análogo ao empreendimento de Harry Magdoff, em seu A *era do imperialismo* (1969), para elucidar o funcionamento do imperialismo em seu próprio tempo usando as categorias básicas que Lenin havia estabelecido em sua famosa brochura. Amin, no entanto, estava mais interessado em compreender as *mudanças estruturais* que o próprio modo capitalista sofre na era do império e do capital monopolista, à medida que se expande para fora de seus enclaves europeus iniciais para se tornar um sistema mundial de exploração entre classes e nações do mundo.

[6] Entre diversos estudos do fenômeno, destaco Stephen A. Marglin e Juliet B. Schor (eds), *The Golden age of capitalism: reinterpreting the postwar experience* [*A era de ouro do capitalismo: reinterpretando a experiência do pós-guerra*], Claredon, 1990.

[7] Essa é a uma versão revisada e expandida do livro de 1978, *The Law of Value and historical materialism* [*A lei do valor e materialismo histórico*].

que toda a sua vida, do início ao fim, apresenta-se de forma coesa em um todo integrado.[8] Este livro de memórias, mais pessoal, abre com uma frase simples: "Antepassados importam". Segue-se a isso, no mesmo parágrafo inicial, que: "certamente minha própria família, do lado da minha mãe e do meu pai, lembrava-me de tempos em tempos que a educação que eles estavam me dando era um 'legado' ao qual eles estavam firmemente ligados". Com um pai egípcio e uma mãe francesa, esse "legado" possuía dois lados: "[...] meus pais se conheceram em Estrasburgo como estudantes de Medicina na década de 1920. Esse foi um feliz encontro entre a linha do jacobinismo francês e a democracia nacional egípcia – na minha opinião, as melhores tradições dos dois países".[9]

A família do pai era da classe alta conhecida como copta, parte de um minimundo cosmopolita de egípcios cristãos e muçulmanos, gregos, armênios, malteses, bem como migrantes franceses e britânicos espalhados por todo o Cairo, porém ainda mais presentes em Alexandria, Port Said e toda a região onde o fértil delta do Nilo, no Baixo Egito, encontra a costa mediterrânea do país. A família, que incluía conhecidos editores e escritores do século XIX, fazia parte de um ambiente maior que valorizava convicções seculares democráticas, o ensino superior, a posição profissional e uma espécie de iluminismo burguês liberal que menosprezava todos os tipos de feudalismo e conservadorismo. Seu pai, um médico de profissão e um burguês com consciência social, opunha-se tanto ao colonialismo britânico quanto à monarquia, e preferia os comunistas aos nacionalistas demagogos, incluindo Nasser. Do outro lado da família, Amin cita seu avô materno, maçom e socialista, certa vez explicando a ele que: "nós,

---

[8] Samir Amin, *A Life Looking Forward: Memoirs of an Independent Marxist* [*Uma vida olhando adiante: memórias de um marxista independente*], Zed Books, 2006.

[9] *A Life Looking Forward*, p. 5 (daqui em diante, *A life*).

alsacianos, ajudamos a fazer a Revolução [francesa] e sabemos o significado e o preço da liberdade". Quanto à avó materna,

> nasceu logo após a Comuna de Paris, em 1874 [...] foi uma das descendentes do revolucionário francês Jean-Baptiste Drouet, que desempenhou um papel na prisão de Louis XVI, em Varennes, em 1791 [...]. Minha avó estava tinha muito orgulho desse ancestral, que foi também ativo no movimento de Babeuf [...]. Quanto ao nome de minha avó, Zelie, estava bastante na moda no século XIX, mas ela me disse que havia sido dado em homenagem à *communard* Zelie Camelinat.

Essa avó não gostava de religião e preferia reviver o *slogan* do Iluminismo "sem Deus, sem mestres", que anarquistas do século XIX, como Bakunin, compartilhavam com Marx nessa época.

Wafadismo[10] democrático, anticolonialismo de esquerda e antimonarquismo de um lado; memória familiar de regicídio republicano e revolucionário, comunismo ao estilo de Babeuf e Comuna de Paris de outro: um "legado" formidável de fato. Amin cresceu nessa família grande, amorosa, feliz e integrada, com visões políticas e vínculos históricos claros. Ele foi para a escola durante a Segunda Guerra Mundial, quando a Grã-Bretanha ainda era uma presença colonial e uma senhora da monarquia egípcia, ao mesmo tempo que um avanço alemão por toda a região foi, em determinado momento, uma possibilidade. Sua escola secundária, um liceu francês, não estava imune às várias correntes políticas da sociedade egípcia: monarquistas e antimonarquistas, nacionalistas de vários matizes e, claro, comunistas. Amin escreve sobre estar firmemente no grupo comunista de estudantes. Ao terminar o secundário, ele se juntou oficialmente ao Partido Comunista Egípcio. Quando Andre Gunder Frank perguntou à mãe de Amin sobre quando, em sua opinião, seu filho se havia tornado comu-

---

[10] O Wafd Party, formado em 1919, era a principal força política nacionalista no Egito. Tinha uma orientação amplamente liberal, embora houvesse uma série de correntes políticas sob seu amplo escopo. (N. E.)

nista, a mãe, bem-humorada, contou uma anedota de infância e supôs que talvez havia sido aos seis anos de idade.

Os dez anos que se passaram entre 1947 – quando Amin chegou a Paris para o ensino superior, juntando-se ao Partido Comunista Francês muito rapidamente – e 1957, quando apresentou sua tese de doutorado, foram os anos das grandes guerras de libertação das colônias francesas na Indochina e na Argélia, como mencionado anteriormente, o que gerou amargas polarizações dentro da sociedade francesa entre militantes, intelectuais, estudantes universitários e a própria população em geral, divididos entre contrários e favoráveis à guerra. Essa também foi a última década na qual o Partido Comunista Francês teve papel relevante na política francesa, antes que iniciasse seu declínio, e o marxismo como a questão central na vida intelectual francesa (o que poderia ser visto, por exemplo, por Sartre fazendo sua passagem do existencialismo para o marxismo[11] e a renúncia contrastante de Merleau-Ponty ao marxismo em favor de uma posição liberal de esquerda). A França também era o lar de importantes enclaves da classe trabalhadora imigrante, formada por pessoas que haviam vindo de suas colônias do norte da África, a Argélia em particular. Paris em si tinha sido um importante centro intelectual para estudantes anticoloniais, militantes, escritores e intelectuais das colônias africanas e caribenhas desde a década de 1930, quando intelectuais como Senghor e os dois Césaires (Aimé e Suzanne) estavam entre o grupo que criou Negritude, um movimento literário profundamente marcado por posições filosóficas de esquerda e muitas vezes combinando uma ideologia pan-africana com poética surrealista.[12] Fanon (um estudante de Aimé Césaire) chegou

---

[11] De *O ser e o nada* à *Crítica da razão dialética*, por assim dizer.

[12] No lado árabe dessa presença imigrante em Paris, a ousada carreira do ilustre Messali Hadj, as muitas mudanças em suas convicções, do marxismo ao árabe--islamismo, e as várias organizações que ele produziu, é uma boa ilustração das complexas conexões entre os trabalhadores migrantes e as correntes políticas em seus países de origem.

em 1946 de outra colônia francesa, a Martinica, para estudar psiquiatria em Lyon, em uma instituição na qual Merleau-Ponty, uma influência fundamental para Fanon, ensinava filosofia. Amin chegou a Paris um ano depois, em 1947, e Alioune Diop fundou a lendária revista *Présence Africaine* nesse mesmo ano, que levaria à criação da editora igualmente lendária *Editions Présence Africaine*, dois anos depois, em 1949. Em 1956, um ano antes de Amin concluir seu doutorado, a editora – até então a principal editora mundial de escritores de origem africana (escritores do Atlântico Negro, poderíamos dizer agora) – organizou o primeiro Congresso Internacional de Escritores e Artistas Negros (para o qual Picasso desenhou o pôster). Esse período de dez anos teste-munhou a publicação de quatro clássicos da literatura anticolonial que centravam-se em grande medida na experiência africana mais ampla: de Fanon, duas obras, *Pele negra, máscaras brancas* (1952) e *Os condenados da terra* (1961); de Aimé Césaire, *Discurso sobre o colonialismo* (1961); e *O colonizador e o colonizado*, de Albert Mem-mi (1957).[13] Não são livros de Economia Política, mas o que têm em comum com a tese de Amin, que ele apresentou bem no meio dessa efervescência intelectual anticolonial, é a convicção, expressa

---

[13] Sartre escreveu introduções para dois desses livros: o de Memmi e o último de Fanon (*Condenados...*). Entre esses três autores, Albert Memmi foi diferente tanto em origem e posterior orientação. Ele era filho de judeus da Tunísia, falava uma variante de árabe sefardita e francês, tornou-se um conhecido romancista em francês e então deixou a Tunísia após a Independência, se estabeleceu na França e acabou aderindo ao sionismo. No livro, porém, as posições de Memmi estão mais próximas dos outros dois, especialmente em relação a Fanon, mas ele também reflete sobre sua própria posição contraditó-ria como um judeu de origem norte-africana cuja cultura e *status* econômico eram mais próximas dos muçulmanos norte-africanos, mas que haviam aprendido com o colonizador a se identificar com os franceses e a quem foi dado alguns privilégios negados aos muçulmanos. "Eu era em parte filho da colonização", diz Memmi no prefácio, conforme se identifica com cada lado desta divisória colonizador-colonizado intransponível com diferentes partes de sua consciência; a "dupla consciência" da qual Du Bois fala em *As almas do povo negro*.

e documentada em detalhes, que o colonialismo havia produzido um mundo binário – literalmente um *mundo* – que simplesmente não poderia ser corrigido por meio de qualquer tipo de reforma ou reconciliação, mas deveria ser destruído e depois reconstruído com estruturas revolucionárias completamente diferentes. Amin e Césaire eram, naturalmente, comunistas nesse ponto de suas vidas. Fanon passou a fazer parte de círculos comunistas em seus dias de estudante e estudou marxismo tão assiduamente quanto leu sobre existencialismo e Nietzsche. Foi trazido para o movimento de libertação da Argélia pelo líder de esquerda, Abane Ramdane e, no final de sua vida, dava aulas para seletos grupos desse movimento sobre a *Crítica da razão dialética*, de Sartre, possivelmente o último grande (e inacabado) trabalho filosófico do marxismo ocidental. Samir Amin, em grande parte, foi produto e parte dessa efervescência. Seu diferencial, no entanto, foi que, diferentemente de outros que realizaram trabalhos similares no campo da Literatura e Estética, Teoria Política, Antropologia Psicossexual ou Dialética Filosófica de um tipo materialista, ele buscou uma rigorosa teoria marxista da Economia Política a partir da divisão fundamental entre o colonizador e o colonizado como uma estrutura de capitalismo global apoiada em uma relação centro-periferia que não poderia ser retificada, a não ser por meio da completa derrubada do próprio capitalismo.

Esses poucos detalhes são oferecidos aqui para indicar as texturas e disposições do mundo social no qual a formação intelectual e política de Amin foi fundamentada. Em sua vida pessoal, ele possivelmente estava mais ligado à família de sua mãe do que a de seu pai, e pensou a Revolução Francesa como um evento singular e profícuo na história do mundo moderno. No entanto, sua identificação com o Egito e com a África era forte. Depois de entregar sua tese, ele partiu para o Egito no momento em que Nasser estava no ápice de sua popularidade, após a nacionalização do Canal de Suez, em julho de 1956; o líder guiaria o Egito com segurança durante a invasão tripartite mais tarde naquele ano (realizada conjuntamente por Reino Unido, Israel e França).[14] Amin assumiu um cargo na Administração de Desenvolvimento Econômico, no governo Nasser, o qual ele deixaria três anos depois, em 1960, em parte devido às frustrações que encontrou no trabalho e em parte devido à perseguição acelerada de Nasser aos comunistas. Em seguida, mudou-se para o recém-independente Mali, onde trabalhou no Ministério do Planejamento pelos três anos seguintes. Depois de receber a nomeação de professor de Economia, na França, ele escolheu lecionar nas universidades de Poitiers, Vincennes e Dakar. De 1970 em diante, ele trabalhou como diretor do Instituto Africano de Planejamento Econômico da ONU no Senegal. Mais tarde, ele ocuparia uma série de outros cargos, incluindo o de diretor no escritório africano do Fórum do Terceiro Mundo e o de presidente do Fórum Mundial de Alternativas, enquanto Dakar permaneceu uma base importante para seu trabalho mesmo enquanto viajava pelo mundo e mantinha uma residência em Paris.

Entre a apresentação de sua tese, em 1957, e sua revisão para publicação em forma de livro nos dois volumes de *Acumulação em escala mundial*, em 1970, ele publicou sete livros, todos eles sobre vários países e regiões da África: Mali, Guiné, Gana, Costa do Marfim e Senegal, dois sobre o Magrebe e um – *Luta de classes na África* (1969) – com pontos de referência em todo o continente.[15]

---

[14] A invasão começou no final de outubro de 1956. Uma rara resolução conjunta soviético-americana no Conselho de Segurança interrompeu a guerra, com a União Soviética ameaçando o uso de armas nucleares para proteger o Egito e o presidente dos EUA ameaçando impor sanções econômicas a seus aliados se não colocassem fim à invasão e se retirassem do Egito. França e o Reino Unido consentiram mais rápido, retirando-se em dezembro daquele ano, mas Israel permaneceu até março de 1957. Amin chegou ao Cairo no final de 1956.

[15] A lista de sete livros durante esse curto período inclui *L'Egypte nasseriene* (1964), que Amin escreveu sob o pseudônimo de Hassan Riad. Inexplicavelmente, esse livro nunca foi traduzido para o inglês – até onde sei – apesar de o próprio Amin seguir fazendo referência a ele em seus escritos posteriores.

Tudo isso se soma a sua participação em diversos movimentos políticos em vários países africanos. Não admira que, na África, Amin tenha sido visto sempre muito mais como um intelectual africano do que árabe.

II

Os grandes impérios coloniais do passado foram desmantelados durante os 30 anos após a Segunda Guerra Mundial. Esse processo atingiu seu grande desfecho com a libertação do Vietnã, em 1975, e o término de 470 anos de domínio português sobre suas colônias africanas nesse mesmo ano. Isso, infelizmente, foi apenas um dos aspectos da constituição histórica desse período, já que esses mesmos anos testemunharam a criação de um império muito mais poderoso e sem precedentes na história, e de proporções mundiais. Escrevi em outro lugar que as duas Grandes Guerras foram travadas para determinar se a Alemanha ou os Estados Unidos herdariam a Terra e se e quando os velhos impérios coloniais deveriam expirar. Os Estados Unidos conquistaram rapidamente aquilo que os nazistas só tinham sonhado: dominação mundial nas esferas econômica, militar, política e mesmo cultural.

Apenas as nações socialistas ficaram de fora dessa dominação por algum tempo, mas em estado de cerco permanente, até que esses sistemas estatais se desintegraram no final daquilo que Eric Hobsbawm chamou de breve século XX (1914-1991). O libera-

---

Para minha geração da esquerda fora do mundo árabe, esse livro, ao lado de *Egypt – Military Society: the Regime, the Left, and Social Change under Nasser* [*O Egito – sociedade militar: o regime, a esquerda e a mudança social sob Nasser*] de Anouar Abdel-Malek (original em francês de 1962; versão em inglês expandida de 1968, New York: Random House), e (em consideravelmente menor grau) o mal traduzido e editado livro de Mahmoud Hussein *Class Conflict in Egypt 1945-1970* [*Conflito de classe no Egito, 1945-1970*] (edição francesa de 1971; tradução inglesa de 1973, New York: Monthly Review Press) foram as análises mais significativas em livro do nasserismo. Curiosamente, "Mahmoud Hussein" também era um pseudônimo usado pelos dois coautores egípcios, Bahgat El-Nadi e Adel Rifaat.

lismo, assim, teve êxito onde o fascismo falhou; nos anos 1980, quando o termo "neoliberalismo" ainda não havia se tornado moeda comum, alguns estudiosos estavam descrevendo a variante estadunidense do próprio sistema liberal como um "fascismo amigável".[16]

O projeto americano de um império global, que se inicia imediatamente após a Segunda Guerra Mundial, teve quatro grandes componentes. Primeiro, considerou-se extremamente importante que os EUA tomassem o comando econômico e militar dos antigos centros do capital mundial na Europa Ocidental e no Japão: Plano Marshall (1947), Otan (1949) e Tratado de San Francisco (1951). Isso também significava, de maneira bastante central, que todas as forças políticas dominantes da Europa e do Japão – dos social-democratas aos fascistas – tornam-se parte de uma cruzada anticomunista mundial liderada pelos EUA.[17] Segundo, houve um esforço combinado para colocar em prática um arranjo do que no jargão de hoje pode ser chamado de "governança global". Nesse sentido, foram centrais instituições como o Banco Mundial e o Fundo Monetário Internacional (FMI) para gestão econômica e financeira, e das Nações Unidas para a gestão política. É volumosa a literatura sobre o Banco Mundial, o FMI etc. e sobre o poder de controle dos EUA em tais instituições.[18] A arquitetura

---

[16] Bertram Gross, *Friendly Fascism: the New Face of Power in America* [*Fascismo amigável: a nova face do poder na América*], Boston: South End Press, 1980.

[17] Entre os membros fundadores da Otan, estavam as famosas sociais-democracias da Noruega e Dinamarca, bem como Portugal, do fascista Salazar. Ficou um tanto adormecida por dois anos e depois se estabeleceu, em 1951, para executar uma guerra não no Atlântico Norte, sua suposta zona de segurança e área de operação, mas na Coreia.

[18] Amin iniciou suas análises sistemáticas do imperialismo estadunidense *per se* bem depois, dando forma final à sua teoria geral da acumulação em escala global, que publicou em 1970. Um dos melhores livros que apareceu naquele momento, embora tenha sido negligenciado à época, foi *Super imperialism: the economic strategy of American empire* [*Superimperialismo: a estratégica econômica do império americano*], de Michael Hudson (Nova York, 1972), que dá detalhes da estrutura institucional criada para essa estratégia.

institucional bicameral das Nações Unidas foi significativa. Todos os Estados-nação, pequenos ou grandes, que eram considerados soberanos em seus territórios tornaram-se membros, o que, no entanto, restringiu bastante o poder de decisão. O espaço real de tomada de decisões era o Conselho de Segurança em que apenas os EUA e seus aliados eram membros permanentes, além da solitária União Soviética; Taiwan ocupou o assento da China até 1971. Em terceiro lugar, todo o Tricontinente estaria preso a um sistema de sobreposição de alianças lideradas pelos Estados Unidos, exemplificado pela fundação da Organização dos Estados Americanos (OEA), em abril de 1948, a Organização do Tratado do Sudeste Asiático, em setembro de 1954, e a Organização do Tratado do Oriente Médio (mais tarde renomeado Organização do Tratado Central), em 1955. Quando um grande número de países se recusou a participar de tais organizações, foram considerados "imorais".[19] Finalmente, uma guerra permanente em todo o mundo (quente e fria) deveria ser travada contra o comunismo, e também contra o nacionalismo econômico do Terceiro Mundo. Qualquer governo em qualquer parte do Tricontinente que tentou buscar o que Amin chamaria mais tarde de "projeto soberano" seria derrubado por quaisquer meios necessários, de Lumumba e Nkrumah, na África, a Goulart e Allende, na América Latina.

O trabalho de Samir Amin sobre o imperialismo pode ser dividido em duas fases. Há uma curta fase inicial, 1957-1970, quando ele se preocupa com a teoria geral da acumulação capitalista através do longo período colonial e também do emergente período neocolonial, e com o efeito desses processos nos países africanos. Esse tipo de trabalho teórico continuou nos anos sub-

---

[19] A histórica Conferência de Bandung foi realizada em abril de 1955 e se tornou o momento inaugural para o surgimento do Movimento dos Países Não Alinhados. Dois meses depois, em junho, John Foster Dulles, secretário de Estado de Eisenhower, declarou que "a neutralidade se tornou cada vez mais obsoleta e, exceto sob circunstâncias muito especiais, é uma concepção imoral e míope".

sequentes, culminando no curto livro de 2010 sobre a lei do valor mundial, citado anteriormente.[20] Depois do início dos anos 1970, porém, ele começa a escrever muito mais extensivamente sobre a história política do imperialismo, comunismo e movimentos de libertação nacional de sua época, e sobre as mudanças estruturais que o sistema capitalista contemporâneo sofreu em diversos momentos a partir do que ele veio a conceituar como uma crise interminável de longo prazo do capitalismo, que começou por volta de 1971 e, desde então, tem levado o sistema, mais recentemente, à beira de uma "implosão". Seguiu-se, assim, um fluxo robusto de livros e artigos, alguns dos quais abordavam o mesmo tema, com a diferença de que o último sempre deixaria de lado alguns dos aparatos conceituais anteriores, e posições analíticas eram substituídas por outros conceitos ou ideias que haviam sido repensados, refinados, inovados, ou porque ele havia mudado de ideia ou, mais frequentemente, porque o objeto de estudo tinha se transformado de alguma maneira substancial. Ele também buscou outras trajetórias de pesquisa e conceituação – relacionadas, mas um tanto distintas –, e dois de seus livros podem ser mencionados aqui.

Em *Class and nation* [*Classe e nação*],[21] Amin apresentou, dentro da ampla matriz metodológica marxista, proposições originais

---

[20] Dois outros livros da década de 1970 que ampliam os argumentos apresentados pela primeira vez em sua tese original podem ser citados aqui. *Unequal Development: an Essay on the Social Formations of Peripheral Capitalism* [*Desenvolvimento desigual: um ensaio sobre as formações sociais do capitalismo periférico*] (original em francês de 1973; tradução inglesa de 1976) muda o foco da análise de como os valores produzidos em todo o mundo são utilizados para a acumulação no centro imperial e nas consequências desses processos para as formações sociais das periferias do Tricontinente. Isso foi seguido por *Imperialism and Unequal Development* [*Imperialismo e desenvolvimento desigual*] (edição francesa de 1976; tradução inglesa de 1977), compilado de ensaios sobre temas relacionados que abordam os debates que se seguiram em torno do *desenvolvimento desigual*.

[21] Samir Amin, *Class and Nation, Historically and in the Current Crisis*, original em francês de 1979, tradução inglesa de 1980.

relacionadas tanto à transição do feudalismo para o capitalismo quanto à formação das nações. Ao contrário do consenso geral, Amin propôs que o mundo pré-capitalista no território da Eurásia foi formado por uma variedade de modos de produção tributários no qual o feudalismo, com suas soberanias fragmentadas, era um, existindo primariamente nas periferias de todo o sistema, bem como na Europa Ocidental e nas extremidades do Japão, enquanto as formações centrais, como as da China e da Índia, eram muito mais prósperas e comparativamente mais avançadas em várias tecnologias, com sistemas complexos de comercialização, centralização do excedente e estabilização das soberanias. Ele rejeitou a concepção comum entre os marxistas de que a nação surgiu apenas após a ascensão e consolidação do capitalismo. E rejeitou ainda mais vigorosamente a concepção bastante metafísica, muito difundida pelos adversários europeus do Iluminismo e da Revolução Francesa, que cada nação é uma coletividade primordial enraizada em histórias únicas de origem étnica, formação linguística e características religiosas e culturais.[22] Para Amin, a centralização do excedente e o domínio estável e soberano sobre um território extenso, que levou necessariamente às consolidações linguísticas e culturais, é que foram as precondições para o surgimento de entidades nacionais que, segundo ele, surgiram da variedade de sistemas tributários pré-modernos – por exemplo, China, Índia, Pérsia, o mundo árabe – bem antes das consolidações nacionais da era capitalista.[23]

---

[22] Fichte não era de modo algum um romântico de direita desse tipo. Ainda assim, *Addresses to the German Nation* [*Discursos para a nação alemã*] (1808) traz argumentos clássicos dessa posição sobre a ideia de nação. Não surpreende que Fichte seja frequentemente citado pelos *sites* ideologicamente alinhados ao que se denomina hoje a *alt-right* estadunidense.

[23] Para o mundo árabe em particular, Amin analisou a transição do modo tributário pré-capitalista à moderna nacionalidade burguesa (com todos os seus fracassos) que surgiram no decorrer do século XX em seu pequeno livro *The Arab Nation: Nationalism and Class Struggle* [*A nação árabe: nacionalismo e luta de classes*] (Original em francês, publicado em 1976; tradução inglesa

Quase uma década depois da publicação de *Class and Nation*, Amin retornou, em *Eurocentrism* [*Eurocentrismo*],[24] a essa mesma concepção da multiplicidade dos modos de produção tributários no mundo pré-capitalista, em que posições centrais e avançadas eram mantidas por formações fora da Europa, o que traz uma importante pergunta: o que explica o surgimento e a difusão mundialmente muito eficaz da ideia de uma intrínseca superioridade europeia que supostamente teria duas origens: o surgimento da Razão nas culturas clássicas helênicas e romanas e o surgimento de Roma como a fonte de uma civilização cristã transeuropeia? Em um argumento que converge com o de Martin Bernal, Amin propôs que ao longo da história das civilizações pré-capitalistas, a Europa e a Ásia estavam ambas divididas e ligadas por uma unidade cultural que abrangia regiões que fazem fronteira com o Mediterrâneo por todos lados, o que inclui os classicismos helênico e egípcio, bem como os berços das religiões abraâmicas (mesmo o Islã, que nasceu na península da Arábia, só se firma após chegar ao Egito, ao Levante e à Turquia de um lado, e à Pérsia, do outro).[25] Nesse mundo, não poderia haver uma ideologia da superioridade intrínseca da Europa, nem a ideia do mundo helênico como parte da Europa, cuja unidade e identidade característica, com a Grécia e Roma assimiladas, foram fabricadas em grande parte durante o Renascimento. Essa ideologia de um sistema europeu intrinsecamente superior – intelectual, religiosa, cultural, tecnológica e

---

de 1978, Zed Books). Aqui, como em muitos de seus escritos, Amin explora a relação, possivelmente uma sobreposição, entre a revolução nacional (anti-imperialista) e a luta pelo socialismo.

[24] Samir Amin, *Eurocentrism* [*Eurocentrismo*], original em francês de 1988, tradução inglesa de 1989.

[25] Martin Bernal, *Black Athena: the Afroasiatic Roots of Classical Civilization* [*Atena negra: as raízes afro-asiáticas da civilização clássica*], (três volumes: 1987, 1991, 2006), New Jersey: Rutgers University Press. O argumento básico em favor de uma unidade civilizacional característica do mundo mediterrâneo foi exposto em grande detalhe no volume 1, publicado um ano antes de *Eurocentrismo*.

até racialmente – surgiu apenas quando o sistema capitalista que surgia na periferia mais ocidental do sistema mundial daquele tempo adquiriu uma tecnologia que foi capaz de contornar as zonas centrais do Mediterrâneo ao embarcar em um projeto de conquista mundial através dos oceanos e continentes. Em suma, como Amin coloca na introdução de seu livro, o eurocentrismo "constitui uma dimensão da cultura e ideologia do modo capitalista de produção". Afirmando uma certa correspondência entre o ideológico e o material, esse conciso e estreitamente focado texto localiza o que ele chama de "a construção da cultura eurocêntrica" diretamente em histórias de comércio, colônia e capital, em contraste, por exemplo, com o mais abrangente e elegantemente elaborado *Orientalismo*, de Edward Said, uma construção crítica literária e culturalista de uma história na qual o que ele descreve como "inferiorização" do Oriente parece ter sido algo constitutivo e imanente na própria elaboração de uma consciência europeia já presente no drama trágico grego.

III

Amin trabalhou em uma dúzia de campos de pesquisa; sua obra é, em qualquer medida, magistral, embora um tanto repetitiva nos anos finais. Temos agora um esboço do esqueleto de sua obra, mesmo que não tenhamos levado em consideração algumas das suas mais importantes obras, como o cuidadoso e provocativo livro sobre a Rússia, original em sua concepção, que ele publicou no final de sua vida.[26] O que resta a ser feito agora é focar em algumas temáticas que são o fundamento conceitual indispensável para os ensaios reunidos neste livro.

Para Amin, o momento fundacional da ordem mundial pós-guerra foi a criação do que ele chamou de "imperialismo da tríade" (Estados Unidos, Europa Ocidental e Japão). Ao escrever pontual-

---

[26] Samir Amin, *Russia and the Long Transition from Capitalism to Socialism* [*Rússia e a longa transição do capitalismo ao socialismo*], 2016.

mente sobre a hegemonia dos EUA e ao exortar frequentemente a Europa a definir um "projeto soberano para si", ele claramente sugeriu que as relações entre os três componentes dessa tríade eram desiguais. Em relação ao resto do mundo, porém, o que importava não era a desigualdade mútua dos protagonistas, mas sua unidade. Mesmo em relações mútuas, no entanto, nem sempre ficou claro, nas formulações de Amin, quais seriam as existentes ou futuras consequências possíveis dessa desigualdade. Seriam essas relações desiguais o bastante para possivelmente tornarem-se verdadeiramente antagônicas em algum momento futuro, levando a uma "rivalidade interimperialista" como formulada por Lenin na véspera da Primeira Guerra Mundial, conduzindo não necessariamente a conflagrações militares, mas a uma guerra econômica tão intratável que possivelmente levaria a um colapso sistêmico mundial? Isso se torna uma questão significativa à luz do fato de que ele rejeitou a ideia bastante popular de uma classe capitalista mundial integrada como uma classe dominante do capitalismo global como um todo.[27] Ele argumentou, ainda, que corporações transnacionais individuais podem obter seu capital de qualquer quantidade de países, mas cada uma delas está sempre enraizada em nações específicas, ou seja, temos transnacionais que em última instância são estadunidenses, alemãs, japonesas etc. Se esse realmente é o caso, não se poderia desenvolver uma eventualidade quando fissuras profundas e tendências concorrentes aparecem dentro da arquitetura do imperialismo coletivo da tríade? As análises de Amin não são totalmente claras sobre isso. Nós estamos vivendo em um momento histórico no qual os chineses, por exemplo, estão começando a trabalhar em

---

[27] Significativamente, Amin escreveu uma resenha crítica, mas entusiástica, de *The Making of an International Capitalist Class: Corporate Power in the 21st Century [A criação de uma classe capitalista internacional: poder das corporações no século XXI]*, de William K. A, Londres e Nova York: Zed Books, 2010. Ver "Transnational Capitalism or Collective Imperialism" [Capitalismo transnacional ou imperialismo coletivo], de Pambazuka News, 23 de maio 2011.

direção a uma arquitetura financeira cada vez mais independente da dominação do dólar americano, enquanto os alemães não estão evidentemente fazendo nada prático nesse sentido, mas agora estão começando ao menos a falar precisamente da necessidade de uma estrutura institucional financeira independente para a União Europeia; muitos outros países podem responder positivamente a tais projetos. Poderiam tais tendências se tornarem mais fortes e irreversíveis no caso de um declínio secular no poder hegemônico global dos EUA? Fala-se muito em "multipolaridade" como um objetivo desejável para a ordem global num futuro próximo, e Amin, sem dúvida, aprovava essa ideia. Será que essa multipolaridade se tornará não o prenúncio da diminuição da natureza "coletiva" do imperialismo contemporâneo, mas, ao contrário, o surgimento de algum tipo de rivalidade interimperialista?

Na falta de espaço adequado para exposição, deixaremos de lado a análise de Amin dos sistemas estatais comunistas no século XX. Ele escreveu ainda mais extensamente sobre os movimentos nacionais de libertação, o caráter comprador das burguesias do Tricontinente e sobre as possíveis vias e estratégias de luta contra o imperialismo e a eventual transição para o comunismo. Muitos desses escritos assumem uma contradição fundamental que afeta o sistema imperialista: enquanto os EUA foram extraordinariamente bem-sucedidos na imposição de uma unidade estrutural entre todos os Estados e populações no centro imperial, nenhum sistema estável de governança ou integração social poderia ser concebido para o Tricontinente (o que ele continua a designar como "periferia"). Ele escreve,

> Até hoje o imperialismo nunca encontrou os termos do compromisso social e político que poderia permitir um sistema de regras para estabilizar em seu favor nos países da periferia capitalista. Eu interpreto esse fracasso como prova [...] [de] uma situação objetiva na periferia que é potencialmente revolucionária e sempre explosiva e instável.[28]

---

[28] *A life*, p. 48.

Quem, então, fará a revolução? E qual será a natureza dessa revolução?[29] Em resposta a esses dilemas, Amin ofereceu a muitos um elemento de uma teoria que não remete a uma linha reta de marcha, da mesma forma que Marx e Engels sempre se inclinaram a não oferecer um modelo para a execução de uma revolução comunista. No nível conceitual mais amplo, Amin ofereceu duas proposições: que a revolução deveria ser tanto nacional quanto socialista, ou não seria, uma vez que a burguesia tornou-se completamente compradora e reacionária; e que o início do processo precisaria de uma fase inicial que precede o que no marxismo clássico é entendido como a fase pré-comunista do "socialismo". A ideia de uma necessária fase pré-socialista parece ter tido três origens. Primeiro, parece inspirar-se na concepção original de Mao Zedong da Nova Democracia, que esperava-se que fosse introduzida por uma ampla frente de classes, exceto os setores compradores da burguesia. Pode-se argumentar de forma plausível que Mao abandonou essa concepção e acelerou a transição para o socialismo como resultado das lições que aprendeu com a experiência da Guerra da Coreia, na qual o imperialismo estadunidense estava determinado a destruir a República Popular como tal; general MacArthur, no comando das forças dos EUA na Coreia, propôs o uso de bombas atômicas para derrotar a China, a exemplo da rendição japonesa. Mesmo assim, Mao nunca arriscou quebrar a aliança operário-camponesa como tinha sido efetivamente quebrada durante a campanha de coletivização na União Soviética. Entretanto, mais problemático para a invocação de Amin desse modelo, Mao sempre pensou nos compradores como uma *fração* que poderia ser isolada, enquanto

---

[29] *The World we Wish to See: Revolutionary Objectives in the Twenty-First Century* [*O mundo que gostaríamos de ver: objetivos revolucionários no século XXI*] (2008) é um bom começo para acompanhar os pensamentos de Amin sobre esses temas. Minha própria exegese nos parágrafos seguintes foi escolhida, entretanto, a partir de uma perspectiva mais ampla de seus escritos.

a maior parte da classe, a burguesia *nacional*, faria parte de uma aliança multiclassista.[30]

A ideia de uma fase pré-socialista parece ter sido pressuposta, além disso, na percepção de que as forças produtivas na periferia estavam muito subdesenvolvidas para serem proveitosamente socializadas como um prelúdio para a construção da sociedade comunista avançada. Esse atraso das forças produtivas disponíveis era afinal um elemento significativo nas distorções que inevitavelmente se seguiram em todas experiências socialistas no decorrer do século XX. Em terceiro lugar, no entanto, o que parece também ter impulsionado essa ideia de uma fase pré--socialista de transição no repertório de conceitos de Amin é o processo em curso na própria China. A seu ver, a China era o único país no Tricontinente – de fato, no mundo – que havia definido para si mesmo um projeto de soberania contra a hegemonia estadunidense, o qual estava buscando em um formato histórico inteiramente novo. Ele também acreditava que a China não poderia ser vista como um país onde o capitalismo havia sido totalmente restaurado, contanto que a terra não fosse legalmente privatizada. Totalmente comprometida com um projeto soberano oposto à hegemonia estadunidense, ainda indecisa entre capitalismo e socialismo em seu modo de produção, avançando rapidamente no desenvolvimento das forças produtivas, a China, ele pensou, ainda tinha a chance de retornar do precipício para tomar uma direção socialista renovada. Isto poderia, assim, servir de modelo para outros países nas periferias. Em sua versão mais otimista, Amin viu possibilidades de tal projeto soberano emergir também em algumas das outras maiores economias da perife-

---

[30] A concepção de Mao de uma aliança revolucionária multiclasse para o período de transição, que incluía a burguesia nacional, é por vezes invocada pelas autoridades chinesas nos dias de hoje não só para definir a especificidade do socialismo chinês, mas também para justificar a admissão de uma ampla gama de capitalistas no Partido Comunista, alguns deles alcançando os órgãos mais altos do partido.

ria, ou seja, Rússia, Brasil e, surpreendentemente, até mesmo a Índia. Conceitualmente, essa possibilidade parecia ser imanente ao próprio processo de desenvolvimento das forças produtivas; quanto mais poderosa uma economia periférica fosse, mais iria querer se ver livre de hegemonias impostas externamente. Esse otimismo foi, é claro, contraditado por algumas das outras convicções que eram mais centrais no pensamento de Amin. Ele estava convencido de que as burguesias da periferia haviam sido tão completamente compradoras que não tinham mais lugar no bloco de forças que poderiam enfrentar o imperialismo. Se é assim, não se seguiria que, independentemente de quão poderosa uma economia periférica se tornasse, a emergência de um projeto soberano não exigiria uma transformação prévia do poder do Estado, longe da dominação compradora-imperialista? Sem essa mudança revolucionária, parece improvável que, digamos, a Índia siga os passos da China e busque um projeto soberano que se oponha ao imperialismo estadunidense. Com efeito, outros Estados não podem realmente seguir o exemplo chinês precisamente porque o Estado chinês contemporâneo não é um Estado burguês normal, mas um Estado formado por um compromisso histórico entre a sua formação maoísta original e seu presente ultra-dengista. Quaisquer que sejam as potencialidades do "projeto soberano" chinês, o destino da recente "maré rosa" na América Latina deve servir para nos lembrar dos riscos que qualquer projeto genuinamente orientado para o socialismo enfrentaria ao deixar a burguesia compradorizada, seus partidos políticos e impérios midiáticos intactos.

Mas há então a questão ainda mais incômoda e exigente da ação revolucionária: *quem* faz a revolução nesta era de "monopólios capitalistas generalizados" (termo de Amin), quando a favela é a forma de habitação urbana mais generalizada e em expansão, enquanto uma série de tecnologias, como a automação cibernética busca, na outra ponta, minimizar até mesmo a presença de qualquer trabalho humano direto na produção capitalista de grande escala.[31] O pensamento de Amin nesse ponto possui duas linhas diferentes que tendem a convergir apenas em pontos nodais específicos. Por um lado, há um compromisso contínuo de pensar novas estratégias para nosso tempo que, em essência, observe algum grau de fidelidade ao esquema geral leninista do partido proletário, organizações de massa dos trabalhadores, aliança operário-camponesa, a frente ampla e única das massas populares. Assim, por exemplo, ao contrário de Hobsbawm, que postulou "a morte do campesinato" como um fato consumado,[32] Amin insistiu que os camponeses compreendiam cerca de metade da população mundial e seriam a base social indispensável para a revolução em vários países da Ásia e da África – e até mesmo em bolsões da América Latina. De acordo com essa linha de pensamento, e reagindo parcialmente ao colapso de outros entusiasmos, como o Fórum Social Mundial, ele insistiu nos últimos anos de sua vida na viabilidade de uma ação revolucionária na forma do que ele havia descrito como uma aliança mundial de proletariados e povos do mundo sob a liderança de seus próprios partidos (presumivelmente, nacionais).

Juntamente com essa lógica específica, havia uma linha diferente de pensamento que começou a ser cristalizado em seus escritos com um ensaio, *"The Social Movements in the Periphery: an End to National Liberation?"* ["Os movimentos sociais na periferia: um fim à libertação nacional?"], que está em um livro do qual

---

[31] A Foxconn não se dá por satisfeita em empregar trabalhadores chineses mal pagos e superexplorados. Ela pretende substituí-los por milhares de robôs.

[32] "A mudança social mais dramática e de longo alcance na segunda metade deste século, e aquela que nos separa para sempre do mundo do passado, é a morte do campesinato", diz Eric Hobsbawm em *A Era dos Extremos – o breve século XX – 1914-1991*, São Paulo: Companhia das Letras, 2007. Esta é uma afirmação inexplicavelmente exagerada. Mesmo assim, não está evidente qual a proporção da população agrária ainda pode ser considerada como "camponeses"; tampouco é claro, considerando a rápida taxa de migração do campo para as favelas urbanas, em quanto tempo o campo em diversas zonas asiáticas permanecerá tão densamente povoado.

ele é coautor com outros pensadores das teorias da dependência e do sistema-mundo.[33] O ensaio apareceu em 1990, quando o sistema estatal comunista estava se desfazendo na União Soviética e no sudeste da Europa; a ilusão que as burguesias nacionais dos países recém-independentes na Ásia e na África desafiariam o imperialismo já havia colapsado, embora Amin permanecesse ligado a alguma variante do projeto Bandung. É possivelmente esse momento conjuntural que explica a mudança de ênfase de Amin da política de classe para "povos da periferia" como o agente coletivo para a revolução em nosso tempo e por sua surpreendente e um tanto acrítica aceitação do termo "movimento social" como a forma mobilizadora imperativa. A ideologia do "movimento social" surgiu precisamente em oposição ao "partido político", sendo o foco no "social" um afastamento do "político"; com a correspondente premissa de que movimentos majoritariamente locais, múltiplos e moleculares, de mudança social e cultural ("uma rede de redes", como a mais alta forma organizacional) eram necessários para substituir uma política, essencialmente a política marxista, que lutou pelo poder do Estado de modo a desfazer a Economia Política do capitalismo *per se*. Amin passaria muitos anos, ao lado de muitos outros, buscando construir redes globais de tais movimentos, mas, dada a sua duradoura predileção marxista e até mesmo maoísta, ele também se esforçou para trazer os movimentos sociais mais profundamente para a órbita de formas políticas de esquerda mais familiares. Muito do seu pensamento, bem como de sua atividade prática nas últimas décadas de vida, foram dedicados a tentar formular um modo adequado de articulação entre classe e massa, movimento social e política de classe, o nacional e o transcontinental como duas visões igualmente

---

[33] Ver *Transforming the Revolution: Social Movements and the World-System* [*Transformando a revolução: movimentos sociais e o sistema-mundo*], *Monthly Review Press*, 1990, uma coleção de ensaios de Samir Amin, Giovanni Arrighi, Andre Gunder Frank e Immanuel Wallerstein

importantes para a mobilização política. Ainda assim, em meio a todas aquelas experimentações teóricas e práticas, ele nunca chegou a se desatrelar de suas origens comunistas. No momento em que ocorre a revolta na Praça Tahrir, em 2011, no Egito, ele novamente se soma às fileiras de outra organização comunista.

Antonio Gramsci escreveu que, embora os ingredientes básicos de uma prática socialista revolucionária tenham sido descobertos na Comuna de Paris, foi só depois de um longo interregno de quase meio século que uma forma revolucionária plenamente adequada foi vista em todas as minúcias na muito elaborada e complexa prática bolchevique. Parece-me por alguns anos que nós, em nosso tempo, também estamos passando precisamente por esse tipo de interregno e as consequências do fato de que as Revoluções Russa e Chinesa alcançaram seus limites e foram incapazes de avançar ainda mais. Existe uma rica tradição revolucionária, de pensamento e prática, da qual podemos tirar proveito, mas ainda somos incapazes de conceber novas práticas revolucionárias que sejam adequadas o suficiente para as condições históricas completamente modificadas do presente levarem o espírito de Outubro adiante em direção a seu próximo estágio lógico, assim como a própria Revolução Bolchevique foi uma forma de levar adiante, bem como transcender, lógicas da Revolução Francesa. Samir Amin foi um intelectual-chave desse interregno, resolvendo muitos enigmas, especulando em várias direções e sempre fazendo as perguntas certas e difíceis onde ele não tinha as respostas.

IV

Passar qualquer tempo na companhia de Samir Amin era como compartilhar um pedaço de sol no meio do cinza e do escuro. Sua estrutura física era pequena e começou a manifestar alguma fragilidade nos últimos anos e, ainda assim, seus movimentos permaneceram ágeis, exalando entusiasmo, como se o corpo fosse para sempre eletrificado por reservatórios de energia política e intelectual. Ele era infalivelmente caloroso, educado, cortês, extraordinariamente receptivo em sua conexão com os outros, com um comportamento repleto de charme do velho mundo que parecia desmentir a dureza granítica de suas convicções. As qualidades combinadas de sua cultura pessoal eram bastante únicas e ele tinha uma personalidade muito distinta, diferente de qualquer outra pessoa que conheci, mas ele era, devido ao hábito de toda uma vida, basicamente um homem em um grupo que serviu tanto como seu habitat social quanto seu lar político. Ele era ativo e ficava confortável em muitos, muitos rincões do mundo, e os lares políticos, portanto, variavam, mas havia sempre e em todo lugar um grupo com o qual atuar e se comunicar. O pertencimento político e uma vida de solidariedades era algo como uma segunda natureza internalizada, embora de modo algum livre de conflitos, grandes e pequenos, pois tanto uma vida de política quanto intelectual nunca está livre de dissensões ou alinhamentos. Sua mente era aguçada e combativa, e chegou a acreditar, com uma confiança quase infantil, que havia conseguido resolver alguns dos grandes enigmas do nosso tempo. No entanto, em suas relações com os outros, ele era genuína e pujantemente humilde.

Samir Amin era, em suma, um dos raros cortadores de diamantes de seu tempo.

A Economia Política do século XX

A *belle époque*

O século XX chegou ao fim em uma atmosfera espantosamente reminiscente daquela que presidiu seu nascimento – a *belle époque* (e *foi* bela, pelo menos para o capital). O coro burguês das potências europeias, os Estados Unidos e o Japão (que chamarei aqui "a tríade" e que, em 1910, constituiu um grupo distinto) cantavam hinos para a glória de seu triunfo definitivo. As classes trabalhadoras do centro já não eram mais as "classes perigosas" que haviam sido durante o século XIX e os outros povos do mundo foram convocados a aceitar a "missão civilizadora" do Ocidente.

A *belle époque* coroou um século de transformações globais radicais, marcado pelo surgimento da Primeira Revolução Industrial e a formação do Estado-nação burguês moderno. O processo se difundiu a partir do noroeste da Europa e conquistou o resto do continente, os Estados Unidos e Japão. As velhas periferias da era mercantilista (América Latina e as Índias Orientais Britânicas e Holandesas) foram excluídas da revolução dual, enquanto os antigos Estados da Ásia (China, o sultanato Otomano e a Pérsia) estavam sendo integrados como periferias na nova globalização. O triunfo dos centros do capital globalizado se afirmou em uma explosão demográfica, que inchou a população europeia, passando de 23% do total mundial em 1800 para 36% em 1900. Ao mesmo tempo, a concentração da riqueza industrial na tríade criou uma polarização da riqueza em uma escala que a humanidade não havia testemunhado durante toda a sua história. Na véspera da Revolução Industrial, a desproporção na produtividade social do trabalho entre o quinto mais produtivo da humanidade e o restante nunca havia excedido uma proporção de dois para um. Em 1900, essa proporção era de 20 para um.

A globalização celebrada em 1900, já naquele momento chamada "o final da história", era, no entanto, um fato recente, emergido durante a segunda metade do século XIX. A abertura da China e do Império Otomano, em 1840, a repressão aos Sepoys na Índia, em 1857, e a divisão da África, iniciada em 1885, marcaram etapas sucessivas no processo. A globalização, longe de acelerar o processo de acumulação do capital (um processo característico ao qual não pode ser reduzido), na verdade trouxe uma crise estrutural entre 1873 e 1896; quase exatamente um século depois, fez isso de novo. A primeira crise, no entanto, foi acompanhada por uma nova Revolução Industrial (eletricidade, petróleo, automóveis, o avião), cuja expectativa era transformar a espécie humana; muito do que é dito hoje sobre a eletrônica. Em paralelo, os primeiros oligopólios industriais e financeiros foram criados – as primeiras corporações transnacionais da época. A globalização financeira parecia estar se estabelecendo de maneira estável (e sendo pensada como eterna, uma crença contemporânea familiar) na forma do padrão ouro. Havia até mesmo conversas sobre a internacionalização das transações possibilitadas pelas novas bolsas de valores, com tanto entusiasmo como hoje se fala de globalização financeira. Júlio Verne estava enviando seu herói (inglês, é claro) para dar uma volta ao mundo em 80 dias – para ele, a "aldeia global" já era uma realidade.

A Economia Política do século XIX foi dominada pelas figuras dos grandes clássicos – Adam Smith, Ricardo, depois Marx e sua crítica devastadora. O triunfo da globalização do *fin-de-siécle* trouxe para o primeiro plano uma nova geração "liberal", impulsionada pelo desejo de provar que o capitalismo era "insuperável" porque expressava as exigências de uma racionalidade eterna e trans-histórica. Walras, uma figura central nessa nova geração (cuja descoberta por economistas contemporâneos não é uma coincidência), fez tudo que pode para provar que os mercados

A ECONOMIA POLÍTICA DO SÉCULO XX   39

eram autorregulados. Ele teve tão pouco sucesso ao tentar provar isso então quanto os economistas neoclássicos têm hoje.

A ideologia do liberalismo triunfante reduziu a sociedade a uma mera multiplicação de indivíduos. Então, consonante à essa redução, afirmou-se que o equilíbrio produzido pelo mercado constitui tanto o ótimo social quanto garante a estabilidade e democracia. Tudo estava colocado para substituir uma uma análise das contradições do capitalismo real por uma teoria do capitalismo imaginário. A versão vulgar desse pensamento social economicista encontraria sua expressão nos manuais do britânico Alfred Marshall, as bíblias da Economia na época.

As promessas do liberalismo globalizado, como eram então alardeadas, pareciam estar se tornando realidade por um tempo durante a *belle époque*. Depois de 1896, o crescimento recomeçou nas novas bases da Segunda Revolução Industrial, oligopólios e globalização financeira. Essa "emergência da crise" bastou não só para convencer ideólogos orgânicos do capitalismo – os novos economistas – mas também para abalar o desorientado movimento operário. Os partidos socialistas começaram a migrar de suas posições reformistas para ambições mais modestas: ser simples associados no gerenciamento do sistema. A mudança foi muito semelhante à encontrada hoje no discurso de Tony Blair e Gerhard Schröder. As elites modernizadoras da periferia também acreditaram que nada poderia ser imaginado fora da lógica dominante do capitalismo.

O triunfo da *belle époque* durou menos de duas décadas. Alguns dinossauros, ainda jovens na época (Lenin, por exemplo!), previram sua queda, mas ninguém os ouviu. O liberalismo ou a tentativa de colocar em prática a utopia individualista do "livre mercado" – ou seja, na verdade, a dominação unilateral do capital – não poderia reduzir a intensidade das contradições de todo tipo que o sistema carrega dentro de si. Ao contrário, aguçou-as. Por trás dos alegres hinos cantados pelos partidos operários e sindicatos enquanto se mobilizavam pela causa sem sentido do capitalismo-utópico, podia-se ouvir o ruído mudo de um fragmentado movimento social, confuso, sempre à beira de explodir e cristalizando em torno da invenção de novas alternativas. Alguns poucos intelectuais bolcheviques usaram seu dom para o sarcasmo em relação ao discurso narcotizado da "Economia Política rentista", como descreveu o *pensée unique* [pensamento único] da época – as regras hegemônicas do pensamento do "livre mercado". A globalização liberal poderia apenas engendrar a militarização do sistema nas relações entre os poderes imperialistas da época, só poderia trazer uma guerra que, em suas formas frias e quentes, durou pouco mais de 30 anos – de 1914 a 1945. Por trás da aparente calma da *belle époque* era possível discernir o surgimento de lutas sociais e violentos conflitos domésticos e internacionais. Na China, a primeira geração de críticos do projeto de modernização burguesa estava abrindo caminho; a crítica – ainda em sua fase balbuciante na Índia, no mundo otomano e árabe, e na América Latina – finalmente conquistaria os três continentes e dominaria três quartos do século XX.

Entre 1914 e 1945, o palco foi dominado simultaneamente pela guerra de 30 anos entre Estados Unidos e Alemanha sobre quem herdaria a moribunda hegemonia da Grã-Bretanha, e pelas tentativas para contestar, conter e controlar – por qualquer meio disponível – a hegemonia alternativa descrita como a construção do socialismo na União Soviética.

Nos centros capitalistas, tanto os vencedores como os vencidos na guerra de 1914-1918 tentaram persistentemente – contra todas as probabilidades – restaurar a utopia do liberalismo globalizado. Nós, portanto, testemunhamos um retorno ao padrão ouro; uma ordem colonial mantida por meio da violência; e a gestão econômica, regulamentada durante os anos da guerra, mais uma vez liberalizada. Os resultados pareceram positivos por um breve tempo e os anos 1920 viram um crescimento renovado, puxado pelo dinamismo da nova economia automotiva de massa nos Estados Unidos e o estabelecimento de novas formas de trabalho em linha de montagem (parodiadas brilhantemente por Charlie Chaplin em *Tempos Modernos*). Mas esses desenvolvimentos encontrariam terreno fértil para difusão, mesmo dentro dos principais países capitalistas, somente após a Segunda Guerra Mundial. A restauração da década de 1920 foi frágil e, já em 1929, os fundamentos financeiros – o segmento mais globalizado do sistema – entraram em colapso. A década seguinte, que culminaria na guerra, foi um pesadelo. As grandes potências reagiram à recessão como fariam novamente nos anos 1980 e 1990, com políticas sistematicamente deflacionistas que serviram apenas para agravar a crise, criando uma espiral descendente caracterizada pelo desemprego massivo – o mais trágico para suas vítimas, porque as redes de segurança inventadas pelo Estado de bem-estar ainda não existiam. A globalização liberal não poderia resistir à crise; o sistema monetário baseado em ouro foi abandonado. As potências imperialistas reagruparam-se no quadro de impérios coloniais e zonas de influência protegidas – as fontes do conflito que levaria à Segunda Guerra Mundial.

As sociedades ocidentais reagiram de maneira diferente à catástrofe. Algumas se afundaram no fascismo, escolhendo a guerra como um meio de embaralhar as cartas em escala global (Alemanha, Itália, Japão). Estados Unidos e França foram as exceções e, por meio do New Deal de Roosevelt e da Frente Popular na França, lançaram outra opção: a da gestão do mercado ("regulação") por meio da intervenção estatal ativa, apoiada pelas classes trabalhadoras. No entanto, essas fórmulas permaneceram tímidas e hesitantes na prática, e se expressaram integralmente somente após 1945.

Nas periferias, o colapso dos mitos da *belle époque* desencadeou uma radicalização anti-imperialista. Alguns países da América Latina, aproveitando sua independência, inventaram o nacionalismo populista em uma variedade de formas: no México, durante a revolução camponesa dos anos 1910 e 1920; na Argentina, durante o peronismo, na década de 1940. No Oriente, o kemalismo turco era a sua contrapartida. Após a revolução de 1911, a China foi rasgada por uma longa guerra civil entre os burgueses modernizadores – os Guomindang – e os comunistas. Em outro lugar, o jugo do domínio colonial impôs um atraso de várias décadas na cristalização de projetos nacional-populistas semelhantes.

Isolada, a União Soviética procurou inventar uma nova trajetória. Durante a década de 1920, esperava-se em vão que a revolução se tornaria global. Forçada a recorrer às suas próprias forças, seguiu Stalin em uma série de planos quinquenais feitos para recuperar o tempo perdido. Lenin já havia definido esse curso como "poder soviético mais eletrificação". A referência aqui é à nova revolução industrial – eletricidade, não carvão e aço. Mas "eletrificação" (na verdade, principalmente carvão e aço) ganharia a vantagem sobre o poder dos sovietes, esvaziados de significado.

Essa acumulação planificada foi, obviamente, gerenciada por um estado despótico, independentemente do populismo social que caracterizou suas políticas. Mas naquele momento, nem a unidade alemã nem a modernização japonesa tinham sido um trabalho dos democratas. O sistema soviético era eficiente, desde que os objetivos permanecessem simples: acelerar a acumulação extensiva (industrialização do país) e construir uma força militar que seria a primeira capaz de enfrentar o desafio do adversário capitalista, ao derrotar a Alemanha nazista e, em seguida, colocar fim ao monopólio estadunidense em armas atômicas e mísseis balísticos durante a década de 1960.

A crise (1970-presente)

A Segunda Guerra Mundial inaugurou uma nova fase no sistema mundial. O arranque do período pós-guerra (1945-1975) foi baseado nos três projetos sociais da época, projetos que estabilizaram e complementaram um ao outro. Esses três projetos sociais eram: i) no Ocidente, o Estado de bem-estar social da democracia social e nacional, baseada na eficiência da produção de sistemas nacionais interdependentes; ii) o "projeto Bandung" da construção da burguesia nacional na periferia do sistema (ideologia do desenvolvimento); e iii) o projeto de estilo soviético de "capitalismo sem capitalistas", existindo com relativa autonomia ao sistema mundial dominante. A dupla derrota do fascismo e do antigo colonialismo havia criado uma conjuntura que permitiu às classes populares, vítimas da acumulação capitalista, impor formas variadas, limitadas ou contestadas, mas ainda assim estáveis, de regulação e formação do capital, às quais o próprio capital foi forçado a se ajustar, e que estavam na raiz desse período de alto crescimento e acumulação acelerada.

A crise que se seguiu (que começou entre 1968 e 1975) é de erosão, depois de colapso, dos sistemas em que o arranque anterior havia se baseado. Esse período, que ainda não chegou ao final, não é, portanto, o da criação de uma nova ordem mundial, como é muitas vezes alegado. Ao contrário, este período é caracterizado pelo caos que está longe de ser superado. As políticas implementadas nessas condições não constituem uma estratégia positiva de expansão do capital, mas simplesmente procuram gerenciar a crise do capital. Não foram bem-sucedidas porque o "espontâneo" projeto produzido pela dominação ativa e não mediada do capital, na ausência de qualquer estrutura imposta por forças sociais por meio de uma reação coerente e eficiente, ainda é uma utopia: a da gestão do mundo por meio do que é referido como "o mercado" – isto é, interesses a curto prazo das forças dominantes do capital.

Na história moderna, fases de reprodução baseadas em sistemas estáveis de acumulação são sucedidas por períodos de caos. Na primeira dessas fases, como no arranque do pós-guerra, a sucessão de eventos dá a impressão de uma certa monotonia, porque as relações sociais e internacionais que compõem sua arquitetura estão estabilizadas. Essas relações são, portanto, reproduzidas por meio do funcionamento da dinâmica do sistema. Nessas fases – e para a confusão completa de todos os "individualistas metodológicos" –, sujeitos sócio-históricos ativos, definidos e precisos são claramente visíveis (classes sociais ativas, Estados, partidos políticos e organizações sociais dominantes). Suas práticas parecem formar um padrão claro e suas reações são previsíveis na maior parte das circunstâncias; as ideologias que os motivam se beneficiam de uma legitimidade aparentemente incontestada. Nesses momentos, as conjunturas podem mudar, mas as estruturas permanecem estáveis. A previsão é então possível, até mesmo fácil. O perigo surge quando extrapolamos muito a partir dessas previsões, como se as estruturas em questão fossem eternas e marcassem "o fim da história". A análise das contradições que permeiam essas estruturas é então substituída pelo que os pós-modernos corretamente chamam de "grandes narrativas", "as leis da história". Os sujeitos da história desaparecem, dando lugar para lógicas estruturais supostamente objetivas.

Mas as contradições de que estamos falando fazem seu trabalho silenciosamente, e um dia as estruturas "estáveis" colapsam. A história então entra em uma fase que pode ser descrita posteriormente como transitória, mas que é vivida como uma transição para o desconhecido, durante a qual novos sujeitos históricos cristalizam-se lentamente. Esses sujeitos inauguram novas práticas, agindo por tentativa e erro, e as legitimam por meio de novos discursos ideológicos, muitas vezes confusos já de saída. Somente quando os processos de mudança qualitativa amadurecem suficientemente é que novas relações sociais aparecem, definindo sistemas pós-transicionais que são capazes de autorreprodução sustentada.

O arranque do pós-guerra permitiu massivas transformações econômicas, políticas e sociais em todas as regiões do mundo. Essas transformações foram o produto de regulamentações sociais impostas ao capital pelas classes operárias e populares. Elas não foram produto (e aqui a ideologia liberal é comprovadamente falsa) de uma lógica de expansão do mercado. Mas essas transformações foram tão grandes que, apesar do processo de desintegração ao qual estamos atualmente sujeitos, elas definiram uma nova estrutura para os desafios que confrontam os povos do mundo agora, no limiar do século XXI. Por muito tempo – da Revolução Industrial no início do século XIX até a década de 1930 (na União Soviética) ou de 1950 (no Terceiro Mundo) –, o contraste entre o centro e as periferias do sistema mundial moderno foi quase idêntico à oposição entre países industrializados e não industrializados. As rebeliões nas periferias – e, nesse sentido, as revoluções socialistas na Rússia e na China e os movimentos de libertação nacional foram semelhantes – reviram esse esquema, engajando suas sociedades no processo de modernização. Periferias industrializadas apareceram; a velha polarização foi revista. Mas então uma nova forma de polarização ficou clara. Gradualmente, o eixo em torno do qual o sistema capitalista mundial estava se reorganizando, e que definiria as formas futuras de polarização, constituiu-se com base nos "cinco novos monopólios" que beneficiaram os países da tríade dominante: o controle da tecnologia, fluxos financeiros globais (por meio de bancos, cartéis de seguros e fundos de pensão do centro), acesso aos recursos naturais do planeta, mídia e comunicações, e armas de destruição em massa.

Juntos, esses cinco monopólios definem a estrutura dentro da qual a lei do valor globalizado se expressa. A lei do valor é dificilmente a expressão de uma racionalidade econômica "pura" que pode ser separada de seu contexto social e político; em vez disso, é a expressão condensada da totalidade dessas circunstâncias. São essas circunstâncias – e não um cálculo das escolhas "racionais", míticas e individuais feitas pelo mercado – que cancelam a extensão da industrialização nas periferias, desvalorizam o trabalho produtivo incorporado nesses produtos e supervalorizam o suposto valor agregado a essas atividades por meio das quais os novos monopólios operam em benefício dos centros. Eles, portanto, produzem uma nova hierarquia na distribuição de renda em escala mundial, mais desigual que nunca, enquanto produzem subalternos das indústrias periféricas. A polarização encontra sua nova base aqui, uma base que dita sua forma futura.

A industrialização que as forças sociais, energizadas pelas vitórias de libertação nacional, impuseram ao capital dominante produziram resultados desiguais. Hoje, podemos diferenciar as periferias da linha de frente, que foram capazes de construir sistemas nacionais com indústrias potencialmente competitivas dentro da estrutura do capitalismo globalizado, e as periferias marginalizadas, que não foram tão bem-sucedidas. Os critérios que separam as periferias ativas das marginalizadas não são vistos apenas na presença de indústrias potencialmente competitivas: são também políticos.

As autoridades políticas nas periferias ativas – e, por trás delas, toda a sociedade (incluindo as contradições dentro da própria sociedade) – têm um projeto e uma estratégia para sua implementação. Esse é claramente o caso da China, da Coreia e, em menor grau, de determinados países no sudeste da Ásia, Índia e alguns países na América Latina. Esses projetos nacionais são confrontados pelo imperialismo globalmente dominante; o resultado desse confronto contribuirá para o formato do mundo de amanhã.

Por outro lado, as periferias marginalizadas não têm nem projeto (mesmo quando retóricas como a do Islã político reivindica o oposto) nem estratégia própria. Nesse caso, círculos imperialistas "pensam por elas" e tomam a iniciativa na elaboração de "projetos" relativos a essas regiões (como as associações africanas da Comunidade Europeia, o projeto de "Oriente Médio" dos Estados Unidos e Israel, ou os vagos programas mediterrâneos da Europa). Nenhuma força local oferece qualquer oposição; esses países são, portanto, sujeitos passivos da globalização.

Essa breve visão geral da economia política da transformação do sistema capitalista global no século XX deve incluir um lembrete sobre a impressionante revolução demográfica que ocorreu na periferia. A proporção da população global formada pelas populações da Ásia (excluindo Japão e URSS), África, América Latina e Caribe era de 68% em 1900; hoje, é de 81%.

O terceiro parceiro no sistema mundial do pós-guerra, formado pelos países onde o "socialismo realmente existente" prevaleceu, deixou a cena histórica. A própria existência do sistema soviético, com seus sucessos na industrialização extensiva e realizações militares, foi um dos principais motores de todos as grandes transformações do século XX. Sem o "perigo" que o modelo comunista representava, a social-democracia ocidental nunca teria sido capaz de impor o Estado de bem-estar. A existência do sistema soviético e a coexistência imposta aos Estados Unidos reforçou a margem de autonomia disponível para a burguesia do Sul.

O sistema soviético, no entanto, não conseguiu passar para uma nova etapa de acumulação intensiva; portanto, ficou de fora da nova revolução industrial (informatizada) com a qual o século XX terminou. As razões para isso são complexas; ainda assim, ela nos força a colocar no centro de nossa análise o deslocamento antidemocrático do poder soviético, que foi finalmente incapaz de internalizar a urgência fundamental do progresso em direção ao socialismo exigida pelas condições que o confrontavam. Eu me refiro aqui ao progresso em direção ao socialismo, representado justamente pela intensificação dessa democratização da economia e da sociedade que seria capaz de transcender as condições definidas e limitadas da estrutura capitalista histórica. O socialismo será democrático ou não poderá existir: essa é a lição dessa primeira experiência de rompimento com o capitalismo.

O pensamento social e as teorias econômicas, sociológicas e políticas dominantes que legitimavam as práticas do autocêntrico desenvolvimento do Estado de bem-estar no Ocidente, do sistema soviético no Oriente, e do populismo no Sul foram em grande parte inspirados por Marx e Keynes. As novas relações sociais do período do pós-guerra, mais favoráveis ao trabalho, inspirariam práticas do Estado de bem-estar, relegando os liberais a uma posição de insignificância. A figura de Marx, claro, dominou o discurso do "socialismo realmente existente". Mas as duas figuras preponderantes do século XX gradualmente perderam sua qualidade como originadores de críticas fundamentais, tornando-se os mentores da legitimação das práticas do poder estatal. Em ambos os casos, houve uma mudança em direção à simplificação e ao dogmatismo.

O pensamento social crítico mudou, então, durante a década de 1960 e 1970, em direção à periferia do sistema. Aqui, as práticas do populismo nacional – uma versão pobre do sovietismo – desencadearam uma explosão brilhante na crítica do "socialismo realmente existente". No centro dessa crítica estava uma nova consciência da polarização criada pela expansão global do capital, que havia sido subestimada, se não pura e simplesmente ignorada, por mais de um século e meio. Essa crítica – do capitalismo realmente existente, do pensamento social que legitimou sua expansão, e da crítica socialista teórica e prática de ambos – estava na origem da entrada ofuscante da periferia no pensamento moderno. Aqui houve uma crítica rica e variada – e seria um erro reduzi-la à "teoria da dependência", uma vez que esse pensamento social reabriu debates fundamentais sobre o socialismo e a transição para ele. Além disso, essa crítica reavivou o debate sobre o marxismo e o materialismo histórico, entendendo desde o início a necessidade de transcender os limites do eurocentrismo que dominava o pensamento moderno. Inegavelmente inspirado por um momento pela erupção maoísta, também iniciou a crítica tanto do sovietismo como do novo globalismo que brilhava no horizonte.

Crise de *fin-de-siécle*

Começando entre 1968 e 1971, o colapso dos três modelos pós-guerra de acumulação regulada abriu uma crise estrutural do sistema reminiscente daquele do fim do século XIX. As taxas de crescimento e investimento caíram acentuadamente (para metade dos níveis anteriores); o desemprego disparou; a pauperização se intensificou. Os percentuais usados para medir a desigualdade no mundo capitalista aumentaram severamente; os 20% mais ricos da humanidade aumentaram sua participação no produto global de 60% para 80% nas últimas duas décadas desse século. A globalização foi afortunada para alguns. Para a vasta maioria, no entanto – especialmente para os povos do Sul submetidos a políticas unilaterais de ajuste estrutural, e os do Oriente, presos em uma dramática demolição social –, foi um desastre.

Mas essa crise estrutural, como sua predecessora, é acompanhada por uma terceira revolução tecnológica que altera profundamente os modos de organização do trabalho e (em face de um ataque feroz por parte do capital) despoja as antigas formas de organização e luta operária e popular de sua eficiência e, portanto, sua legitimidade. O movimento social fragmentado ainda não encontrou uma fórmula forte o suficiente para enfrentar os desafios colocados. Mas isso trouxe avanços notáveis em direções que enriquecem seu impacto: principalmente, a poderosa entrada das mulheres na vida social, bem como uma nova consciência da destruição ambiental numa escala que, pela primeira vez na história, ameaça todas as formas de vida altamente organizadas neste planeta. Assim, enquanto os "cinco novos monopólios" do centro capitalista surgiram gradualmente, um emergente movimento social global multipolar (seu potencial contrapeso, alternativa e sucessor) já tinha elementos visíveis em destaque.

A gestão da crise, baseada numa reversão brutal das relações de poder a favor do capital, tornou possível para as receitas liberais do "livre mercado" se imporem novamente. Marx e Keynes foram apagados do pensamento social e os "teóricos" da "economia pura" substituíram a análise do mundo real pela de um capitalismo imaginário. Mas o sucesso temporário desse pensamento utópico altamente reacionário é simplesmente o sintoma de um declínio – bruxaria tomando o lugar da racionalidade – que comprova o fato de que o capitalismo está objetivamente pronto para ser transcendido.

A gestão de crises já entrou na fase do colapso. As crises no sudeste da Ásia e na Coreia eram previsíveis. Durante a década de 1980, esses países (e a China também) conseguiram se beneficiar da crise mundial por meio de um maior envolvimento nas trocas mundiais (com base na sua "vantagem comparativa" do trabalho barato), atraindo investimentos estrangeiros, mas permanecendo nos bastidores da globalização financeira e (nos casos da China e Coreia) inscrevendo seus projetos de desenvolvimento dentro de uma estratégia controlada nacionalmente. Na década de 1990, a Coreia e o Sudeste Asiático se abriram para a globalização financeira, enquanto China e Índia começaram a ir na mesma direção.

Atraídos pelos altos níveis de crescimento da região, o excedente de capital estrangeiro flutuante entrou na região, produzindo não crescimento acelerado, mas inflação de ativos em ações e imóveis. Como havia sido previsto, a bolha financeira estourou apenas alguns anos depois. A reação política a essa crise maciça tem sido nova em vários aspectos – diferente daquela provocada pela crise mexicana, por exemplo. Os Estados Unidos, com o Japão seguindo de perto, tentaram aproveitar a crise coreana para desmantelar o sistema produtivo do país (sob o pretexto falacioso de que era controlado de forma oligopólica!) e subordiná-lo às estratégias dos oligopólios estadunidenses e japoneses. Potências regionais tentaram resistir enfrentando a questão de sua inserção na globalização financeira por meio do restabelecimento dos controles cambiais na Malásia ou removendo a participação imediata de sua lista de prioridades na China e na Índia.

Esse colapso da dimensão financeira da globalização forçou os países do G7 (o grupo dos sete países capitalistas mais avançados) a conceber uma nova estratégia, provocando uma crise no pensamento liberal. É à luz dessa crise que devemos examinar o esboço do contra-ataque lançado pelo G7. Da noite para o dia, eles mudaram de tom: o termo "regulação", proibido até então, reapareceu nas resoluções do grupo. Tornou-se necessário para "regular os fluxos financeiros internacionais". Joseph Stiglitz, economista-chefe do Banco Mundial na época, sugeriu um debate sobre a definição de um novo "consenso pós-Washington". Mas isso foi um pouco demais para o atual porta-voz da hegemonia dos EUA, o secretário do Tesouro, Lawrence Summers, que cuidou da remoção de Stiglitz.

Não será estadunidense

Nessa conjuntura caótica, os Estados Unidos retomaram, mais uma vez, a ofensiva, a fim de restabelecer sua hegemonia global e, por conseguinte, organizar o sistema mundial em suas dimensões econômica, política e militar. Teria a hegemonia dos EUA entrado em declínio? Ou teria iniciado uma renovação que fará o século XXI pertencer a eles?

Se examinarmos a dimensão econômica no sentido estrito do termo, medido aproximadamente em termos de PIB *per capita*, e as tendências estruturais da balança comercial, poderíamos concluir que a hegemonia estadunidense, tão esmagadora em 1945, recuou a partir dos anos 1960 e 1970, com o brilhante ressurgimento da Europa e do Japão. Os europeus falam sobre isso continuamente, em termos familiares: a União Europeia é a primeira força econômica e comercial em escala mundial. Entretanto, a declaração é precipitada. Pois se é verdade que um mercado único europeu existe, e mesmo que uma moeda única seja talvez emergente, o mesmo não se pode dizer de uma economia europeia (pelo menos ainda não). Não existe um "sistema produtivo europeu"; mas, por outro lado, pode-se falar de um sistema produtivo estadunidense. As economias criadas na Europa por meio da constituição histórica da burguesia nos Estados relevantes e os moldes dentro dessa estrutura de sistemas de produção nacional autocêntricos (mesmo que estes sejam abertos, ainda que agressivamente), permaneceram mais ou menos os mesmos. Ainda não há transnacionais europeias: somente transnacionais britânicas, alemãs ou francesas. A interpenetração de capital não é mais densa nas relações intereuropeias do que nas relações bilaterais entre cada nação europeia e os Estados Unidos ou o Japão. Se os sistemas produtivos da Europa tivessem sido de fato erodidos, e se a "interdependência globalizada" os enfraqueceu a tal ponto que as políticas nacionais perdem boa parte de sua eficiência, isso se dá precisamente em benefício da globalização e das forças (estadunidenses) que a dominam, não da "integração europeia", que ainda não existe.

A hegemonia dos Estados Unidos se assenta num segundo pilar, no entanto: o poder militar. Construído sistematicamente desde 1945, abrange agora todo o planeta, que é dividido em regiões – cada uma sob o necessário comando militar dos EUA. Essa hegemonia tinha sido forçada a aceitar a coexistência pacífica imposta pelo poderio militar soviético. Agora essa página virou e os Estados Unidos entraram na ofensiva para reforçar sua dominação global. Henry Kissinger a resumiu de forma memorável e arrogante em uma frase: "Globalização é apenas outra palavra para a dominação dos EUA". Essa estratégia global estadunidense tem cinco objetivos: neutralizar e subjugar os outros parceiros na tríade (Europa e Japão), minimizando sua capacidade de agir fora da órbita dos Estados Unidos; estabelecer o controle militar sobre a Organização do Tratado do Atlântico Norte (Otan) enquanto "latino-americaniza" os fragmentos do antigo mundo soviético; exercer influência incontestável no Oriente Médio e na Ásia Central, especialmente sobre seus recursos petrolíferos; desmantelar a China, assegurar a subordinação das outras grandes nações (Índia e Brasil), e impedir a constituição de blocos regionais potencialmente capazes de negociar os termos da globalização; e marginalizar as regiões do Sul que não representam interesse estratégico.

O instrumento preferencial dessa hegemonia é, portanto, militar, como os representantes de mais alto nível dos Estados Unidos nunca se cansam de repetir. Essa hegemonia, que garante a superioridade da tríade sobre o sistema mundial, portanto, exige que os aliados da América concordem em segui-la. Grã-Bretanha, Alemanha e Japão não têm objeções (nem mesmo culturais) sobre esse imperativo. Mas isso significa que os discursos sobre o poder econômico da Europa (com os quais os políticos europeus banham seu público) não têm significado real. Posicionando-se exclusivamente no terreno das disputas mercantis, a Europa (que não tem projeto político ou social próprio) perdeu antes mesmo de a corrida começar. Washington sabe bem disso.

O corpo principal que implementa a estratégia escolhida por Washington é a Otan, o que explica por que ela sobreviveu ao colapso do adversário que constituía sua *raison d'être* [razão de ser]. A Otan ainda fala hoje em nome da "comunidade internacional", manifestando o seu desprezo pelo princípio democrático que governa essa comunidade por meio da ONU. Ainda assim, a Otan age somente para servir aos objetivos de Washington – nem mais nem menos – como a história da década passada, da Guerra do Golfo a Kosovo, ilustra.

A estratégia empregada pela tríade, sob a direção dos EUA, tem como objetivo a construção de um mundo unipolar organizado em dois princípios complementares: a ditadura unilateral do capital transnacional dominante e o desdobramento de um império militar estadunidense, ao qual todas as nações devem ser obrigadas a se submeter. Nessa perspectiva, nenhum outro projeto pode ser tolerado, nem mesmo o projeto europeu de aliados subalternos da Otan, e especialmente não um projeto que envolve algum grau de autonomia, como o da China, que deve ser quebrado pela força, se necessário.

Essa visão de um mundo unipolar está sendo cada vez mais contraposta a uma globalização multipolar, a única estratégia que permitiria que diferentes regiões do mundo atingissem níveis sociais de desenvolvimento aceitáveis e, assim, promoveria a democratização social e a redução dos motivos de conflito. A estratégia hegemônica dos Estados Unidos e seus aliados da Otan é hoje o principal inimigo do progresso social, da democracia e da paz.

O século XXI não será o século da América, será de grandes conflitos, e do aumento de lutas sociais que questionam as ambições de Washington e do capital. A crise está exacerbando as contradições dentro das classes dominantes. Esses conflitos devem assumir dimensões internacionais cada vez mais agudas, colocando, portanto, Estados e grupos de Estados uns contra os outros. Já se pode discernir os primeiros indícios de um conflito entre Estados Unidos, Japão e seu fiel aliado, a Austrália, de um lado, e

China e outros países asiáticos, de outro. Nem é difícil imaginar o renascimento de um conflito entre os Estados Unidos e Rússia, se esta última conseguir se libertar do pesadelo espiral de morte e desintegração em que Boris Yeltsin e seus "conselheiros" dos EUA a mergulharam. E se a esquerda europeia puder se libertar da submissão aos ditames duplos do capital e de Washington, seria possível imaginar que a nova estratégia europeia poderia estar interligada com a da Rússia, China, Índia e do Terceiro Mundo em geral, em um necessário esforço de construção multipolar. Se isso não acontecer, o projeto europeu em si vai desaparecer.

A questão central, portanto, é como os conflitos e as lutas sociais (é importante diferenciar os dois) vão se articular. Qual triunfará? Serão as lutas sociais subordinadas, definidas por conflitos e, portanto, dominadas pelas potências dominantes, até mesmo instrumentalizadas para o benefício dessas potências? Ou as lutas sociais superarão sua autonomia e forçarão as grandes potências a responder às suas demandas urgentes?

Claro, eu não imagino que os conflitos e lutas do século XXI produzirão um *remake* do século anterior. A história não se repete de acordo com um modelo cíclico. As sociedades de hoje são confrontadas por novos desafios em todos os níveis. Mas precisamente porque as contradições imanentes do capitalismo são mais acentuadas no final do século do que eram no início, e porque os meios de destruição também são muito maiores do que foram, as alternativas para o século XXI são (mais que nunca) "socialismo ou barbárie".

1 de junho de 2000

Pobreza mundial e acumulação do capital

Um discurso sobre a pobreza e a necessidade de reduzir sua magnitude, se não erradicá-la, está na moda hoje em dia. É um discurso de caridade, no estilo do século XIX, que não procura compreender os mecanismos econômicos e sociais que geram pobreza, embora os meios científicos e tecnológicos para erradicá-la estejam agora disponíveis.

Capitalismo e a nova questão agrária

Todas as sociedades anteriores aos tempos modernos (capitalistas) eram sociedades camponesas. Sua produção foi governada por vários sistemas e lógicas específicas – mas não aquelas que dominam o capitalismo em uma sociedade de mercado como a maximização do retorno sobre o capital.

A agricultura capitalista moderna – abrangendo tanto a agricultura familiar rica e de larga escala e as corporações do agronegócio – está agora envolvida em um ataque massivo contra a produção camponesa do Terceiro Mundo. O sinal verde para isso foi dado na sessão de novembro de 2001 da Organização Mundial do Comércio (OMC), em Doha, no Catar. Há muitas vítimas desse ataque – e a maioria são camponeses do Terceiro Mundo, que ainda compõem metade da humanidade.

A agricultura capitalista regida pelo princípio do retorno sobre o capital – que se localiza quase exclusivamente na América do Norte, Europa, Austrália e no Cone Sul da América Latina – emprega apenas algumas dezenas de milhões de agricultores que já não são camponeses. Devido ao grau de mecanização e ao extenso tamanho das fazendas geridas por um agricultor, a sua produtividade geralmente varia entre 1 e 2 milhões de kilogramas de cereais por agricultor.

Em nítido contraste, 3 bilhões de agricultores estão envolvidos com a agricultura camponesa. Suas propriedades rurais podem ser agrupadas em dois setores distintos, com escalas de produção, características econômicas e sociais e níveis de eficiência bastante diferentes. Um setor, capaz de se beneficiar da revolução verde, obteve fertilizantes, pesticidas e sementes melhoradas, e tem algum grau de mecanização. A produtividade desses camponeses varia entre 10 mil e 50 mil kilogramas de cereais por agricultor a cada ano. No entanto, a produtividade anual dos camponeses excluídos e sem acesso a novas tecnologias é estimada em cerca de mil kilogramas de cereais por agricultor ao ano.

A razão entre a produtividade do segmento capitalista mais avançado da agricultura mundial em relação aos mais pobres, que foi de cerca de 10 para 1 antes de 1940, agora está se aproximando de 2.000 para 1! Isso significa que a produtividade progrediu de forma muito mais desigual na área da agricultura e da produção de alimentos do que em qualquer outra área. Simultaneamente, essa evolução levou à redução dos preços relativos dos produtos alimentares (em relação a outros produtos industriais e produtos de serviços) a um quinto do que eram 50 anos atrás. Uma nova questão agrária é o resultado desse desenvolvimento desigual.

A modernização sempre combinou dimensões construtivas, nomeadamente a acumulação de capital e o aumento da produtividade, com aspectos destrutivos – reduzindo o trabalho a uma mercadoria a ser vendida no mercado, muitas vezes destruindo a base ecológica natural necessária para a reprodução da vida e da produção, e polarizando a distribuição da riqueza em âmbito global. A modernização tem sempre, simultaneamente, *integrado* alguns, já que mercados em expansão criam empregos, e *excluído* outros, que não estavam integrados à nova força de trabalho depois de ter perdido suas posições nos sistemas anteriores. Em sua fase ascendente, a expansão capitalista global integrou muitas pessoas, juntamente com processos de exclusão. Mas agora, nas sociedades camponesas do Terceiro Mundo, está excluindo números massivos de pessoas ao mesmo tempo em que incluí relativamente poucos.

A questão que se coloca aqui é precisamente se essa tendência continuará a operar com relação aos 3 bilhões de seres humanos que ainda produzem e vivem em sociedades camponesas na Ásia, África e América Latina.

De fato, o que aconteceria se a agricultura e a produção de alimentos fossem tratadas como qualquer outra forma de produção submetida às regras de concorrência em um mercado aberto e não regulamentado, como foi decidido em novembro de 2001 na reunião da OMC em Doha? Esses princípios dariam apoio à aceleração da produção?

Pode-se imaginar que os alimentos levados ao mercado pelos atuais 3 bilhões de camponeses, depois de garantirem suas próprias subsistências, seriam, em vez disso, produzidos por 20 milhões de novos e modernos agricultores. As condições para o sucesso de tal alternativa incluiriam: 1) a transferência de porções significativas de terra boa para os novos agricultores capitalistas (e essas terras teriam que ser retiradas das mãos das populações camponesas atuais); 2) capital (para comprar suprimentos e equipamentos); e 3) acesso aos mercados consumidores. Tais agricultores concorreriam com sucesso, de fato, com os bilhões de camponeses de hoje. Mas o que aconteceria com essas bilhões de pessoas?

Nessas circunstâncias, concordar com o princípio geral de concorrência dos produtos agrícolas e gêneros alimentícios, como imposto pela OMC, significa aceitar a eliminação de bilhões de produtores não competitivos dentro de um curto período histórico de algumas décadas. O que será desses bilhões de seres humanos, a maioria dos quais já é pobre entre os pobres, que alimentam a si mesmos com grande dificuldade? Em 50 anos, o desenvolvimento industrial, mesmo na fantasiosa hipótese de uma taxa de crescimento contínua de 7% ao ano, não poderia absorver nem um terço dessa reserva.

O principal argumento apresentado para legitimar a doutrina de concorrência da OMC é que tal desenvolvimento ocorreu nos séculos XIX e XX, na Europa e Estados Unidos, onde produziu uma sociedade moderna, rica, urbano-industrial e pós-industrial, com agricultura moderna capaz de alimentar a nação e até mesmo exportar comida. Por que esse padrão não se repetiria nos países contemporâneos do Terceiro Mundo?

O argumento não considera dois fatores principais que fazem a reprodução do padrão em países do Terceiro Mundo quase impossível. A primeira é que o modelo europeu se desenvolveu ao longo de um século e meio, junto com as tecnologias industriais de trabalho intensivo. As tecnologias modernas usam muito menos trabalho, e os recém-chegados do Terceiro Mundo precisam adotá-las se querem que suas exportações industriais sejam competitivas nos mercados globais. O segundo é que, durante essa longa transição, a Europa se beneficiou da migração em massa de sua população excedente para as Américas.

A alegação de que o capitalismo realmente resolveu a questão agrária em seus centros desenvolvidos sempre foi aceita por grandes setores da esquerda, por exemplo, o famoso livro *A questão agrária*, de Karl Kautsky, escrito antes da Primeira Guerra Mundial. A ideologia soviética herdou esse ponto de vista e, na sua base, fez a modernização por meio da coletivização stalinista, com resultados pífios. O que sempre se ignorou foi que o capitalismo resolveu a questão em seus centros por meio da criação de um problema agrário gigantesco nas periferias, que só pode ser resolvido com o genocídio de metade da humanidade. Dentro da tradição marxista, apenas o maoísmo compreendia a magnitude do desafio. Portanto, aqueles que acusam o maoísmo de um "desvio camponês" mostram com essa mesma crítica que não têm a capacidade analítica de compreender o capitalismo imperialista, que fica reduzido a um discurso abstrato sobre o capitalismo em geral.

A modernização por meio da liberalização do mercado capitalista, como sugerido pela OMC e seus apoiadores, finalmente alinha, sem necessariamente combiná-los, os dois componentes: a produção de alimentos em escala global por meio de agricultores principalmente baseados no Norte, mas também possivelmente, no futuro, em alguns bolsões do Sul; e a marginalização, exclusão e maior empobrecimento da maioria dos 3 bilhões de camponeses do Terceiro Mundo e, finalmente, seu confinamento em alguns tipos de reservas. Assim, combina um discurso dominante pró-modernização e eficiência com um conjunto de políticas ecológico-culturais reservadas que permitem que as vítimas sobrevivam em um estado de empobrecimento material (incluindo ecológico). Esses dois componentes podem, portanto, complementar-se, em vez de conflitar um com o outro.

Podemos imaginar outras alternativas e debatê-las amplamente? Alternativas em que a agricultura camponesa fosse mantida no futuro visível do século XXI mas que, simultaneamente, se envolvesse em um processo de progresso tecnológico e social contínuo? Dessa forma, as mudanças podem acontecer em um ritmo que permitisse uma transferência progressiva dos camponeses para empregos não rurais e não agrícolas.

Esse conjunto estratégico de metas envolve complexas combinações em âmbito nacional, regional e global.

Em âmbito nacional, implica políticas macro que protejam a produção camponesa de alimentos da concorrência desigual de agricultores modernizados e de corporações do agronegócio – locais e internacionais. Isso ajudará a garantir alimentos a preços aceitáveis internamente – desvinculados dos preços do mercado internacional, que são influenciados adicionalmente pelos subsídios agrícolas do rico Norte.

Essas metas políticas também questionam os padrões de desenvolvimento urbano e industrial, que deveriam basear-se menos nas prioridades orientadas para as exportações (por exemplo, manter baixos os salários, o que implica preços baixos para os alimentos) e mais em uma expansão socialmente equilibrada do mercado interno.

Simultaneamente, isso envolve um padrão geral de políticas para garantir a segurança alimentar nacional – uma condição indispensável para que o país seja um membro ativo da comunidade global, desfrutando da indispensável margem de autonomia e capacidade de negociação.

Em âmbito regional e global, implica acordos e políticas internacionais que se afastem dos princípios liberais doutrinários que comandam a OMC – substituindo-os por soluções imaginativas e específicas para diferentes áreas, levando em consideração as questões e condições históricas e sociais concretas.

A nova questão trabalhista

A população urbana do planeta representa agora cerca de metade da humanidade, com pelo menos 3 bilhões de indivíduos, sendo a outra metade formada por camponeses. Os dados sobre essa população nos permitem distinguir entre o que podemos chamar de classes médias e classes populares.

No estágio contemporâneo da evolução capitalista, as classes dominantes – proprietários formais dos principais meios de produção e gerentes seniores associados com colocá-los em ação – representam apenas uma fração muito pequena da população global, ainda que a parcela que retiram do rendimento disponível de suas sociedades seja significativa. A isso, agregamos as classes médias, no antigo sentido do termo – não-assalariados, proprietários de pequenas empresas e gerentes de nível médio, que não estão necessariamente em declínio.

A grande massa de trabalhadores nos segmentos modernos da produção consiste em assalariados que agora compõem mais de quatro quintos da população urbana dos centros desenvolvidos. Essa massa é dividida em pelo menos duas categorias, a fronteira entre elas é, ao mesmo tempo, visível para o observador externo e verdadeiramente vivida na consciência dos indivíduos afetados.

Existem aqueles que podemos rotular como classes populares *estabilizadas,* no sentido de que estão relativamente seguras em seu emprego, graças, entre outras coisas, às qualificações profissionais que lhes dão poder de negociação com os empregadores e, portanto, são frequentemente organizadas, ao menos em alguns países, em poderosos sindicatos. Em todos os casos, essa massa carrega um peso político que reforça sua capacidade de negociação.

Outros compõem as classes populares *precarizadas,* que incluem trabalhadores enfraquecidos por sua baixa capacidade de negociação (como resultado de sua baixa qualificação, seu *status* como não cidadãos, ou sua raça ou gênero), bem como os não assalariados (os formalmente desempregados e os pobres com empregos no setor informal). Podemos rotular essa segunda categoria das classes populares de "precarizada", em vez de "não integrados" ou "marginalizados", porque esses trabalhadores estão perfeitamente integrados na lógica sistêmica que comanda a acumulação de capital.

A partir da informação disponível para países desenvolvidos e certos países do Sul (dos quais estimamos dados), nós obtemos as proporções relativas que cada uma das categorias definidas anteriormente representa na população urbana do planeta.

Embora os centros respondam por apenas 18% da população global, uma vez que sua população é 90% urbana, eles são lar de um terço da população urbana mundial (ver Tabela 1).

Tabela 1. Porcentagem do total da população urbana mundial

	Centros	Periferias	Mundo
Ricos e classes médias	11	13	25
Classes populares	24	54	75
Estabilizadas	(13)	(11)	(25)
Precarizadas	9	(43)	(50)
Total	33	67	100
População envolvida (bilhões)	1	2	3

Nota: porcentagens podem não apresentar somas exatas devido a aproximações estatísticas.

As classes populares correspondem a três quartos da população urbana mundial, enquanto a subcategoria precarizados representa dois terços das classes populares em escala mundial (cerca de 40% das classes populares nos centros e 80% nas periferias estão na subcategoria precarizados). Em outras palavras, as classes populares precarizadas representam (pelo menos) metade da população urbana mundial e muito mais que isso nas periferias.

Um olhar para a composição das classes populares urbanas há meio século, após a Segunda Guerra Mundial, mostra que as proporções que caracterizam a estrutura das classes populares eram muito diferentes do que se tornaram.

Na época, a participação do Terceiro Mundo não excedia metade da população urbana global (então da ordem de um bilhão de indivíduos), contra dois terços hoje. Megacidades, como aquelas que conhecemos hoje em praticamente todos os países do Sul, ainda não existiam. Havia apenas algumas grandes cidades, principalmente na China, Índia e América Latina.

Nos centros, as classes populares se beneficiaram, durante o pós-guerra, de uma situação excepcional baseada no histórico compromisso imposto ao capital pelas classes trabalhadoras. Esse compromisso permitiu a estabilização da maioria dos trabalhadores sob a forma de uma organização de trabalho conhecida como sistema fabril "fordista". Nas periferias, a proporção da precarização – que era, como sempre, maior que nos centros – não excedia metade das classes populares urbanas (contra mais de 70% hoje). A outra metade ainda consistia, em parte, de assalariados estabilizados nas formas da nova economia colonial e da sociedade modernizada e, em parte, nas velhas formas de artesanato.

A principal transformação social que caracteriza a segunda metade do século XX pode ser resumida em uma única estatística: a proporção das classes populares precarizadas subiu de menos de um quarto para mais de metade da população urbana global, e esse fenômeno de pauperização reapareceu em escala significativa nos próprios centros desenvolvidos. Essa população urbana desestabilizada aumentou, em meio século, de menos de um quarto de bilhão a mais de um bilhão e meio de indivíduos, registrando uma taxa de crescimento que supera os que caracterizam a expansão econômica, o crescimento populacional ou o próprio processo de urbanização.

Pauperização – não há melhor termo para nomear a tendência evolucionária durante a segunda metade do século XX.

Em geral, o fato em si é reconhecido e reafirmado em uma nova linguagem dominante: "reduzir a pobreza" tornou-se um tema recorrente dos objetivos que as políticas governamentais pretendem alcançar. Mas a pobreza em questão é apresentada apenas como um fato medido empiricamente, ou muito grossei- ramente pela distribuição de renda (linhas de pobreza) ou um pouco menos grosseiramente por índices compostos (tais como os de desenvolvimento humano propostos pelo Programa das Nações Unidas para o Desenvolvimento), sem nunca questionar as lógicas e mecanismos que geram essa pobreza.

Nossa apresentação desses mesmos fatos vai além porque nos permite precisamente começar a explicar o fenômeno e sua evolu- ção. Camadas médias, camadas populares estabilizadas e camadas populares precarizadas estão todas integradas no mesmo sistema de produção social, mas cumprem funções distintas dentro dele. Alguns são de fato excluídos dos benefícios da prosperidade. Os excluídos são definitivamente uma parte do sistema, não estão marginalizados, no sentido de não estarem integrados – funcio- nalmente – ao sistema.

A pauperização é um fenômeno moderno que não é de ne- nhuma maneira redutível a uma falta de renda suficiente para a sobrevivência. É realmente a modernização da pobreza e tem efeitos devastadores em todos as dimensões da vida social. Emi- grantes do campo foram relativamente bem integrados nas classes populares estabilizadas durante os anos de ouro (1945-1975) – eles tenderam a se tornar trabalhadores fabris. Agora, aqueles que chegaram recentemente com seus filhos situam-se à margem dos principais sistemas produtivos, criando condições favoráveis para a substituição da solidariedade comunitária pela consciência de classe. Enquanto isso, mulheres são ainda mais vitimadas pela precarização econômica do que homens, resultando na deterioração de suas condições materiais e sociais. E se os movimentos feministas, sem dúvida, alcançaram importantes avanços no campo das ideias e do comportamento, os beneficiários desses ganhos são quase exclusivamente mulheres de classe média, certamente não aquelas das classes populares pauperizadas. Quanto à democracia, sua credibilidade – e, portanto, sua legitimidade – é minada por sua incapacidade de reduzir a degradação das condições de uma fração crescente das classes populares.

A pauperização é um fenômeno inseparável da polarização em escala mundial – um produto inerente à expansão do capitalismo realmente existente, que por isso devemos chamar de imperialista por natureza.

A pauperização nas classes populares urbanas está intimamente ligada aos acontecimentos que vitimizam as sociedades camponesas do Terceiro Mundo. A submissão dessas sociedades às demandas de expansão do mercado capitalista sustenta novas formas de polarização social que excluem uma proporção crescente de agricultores do acesso ao uso da terra. Esses camponeses que foram empobrecidos ou se tornaram sem-terra alimentam – mais do que o crescimento populacional – a migração para as favelas. No entanto, todos esses fenômenos são destinados a ficar ainda piores enquanto os dogmas liberais não forem desafiados, e nenhuma política corretiva dentro dessa estrutura liberal pode evitar sua propagação.

A pauperização coloca em questão tanto a teoria econômica quanto as estratégias das lutas sociais.

A teoria econômica vulgar convencional evita as verdadeiras questões que são colocadas pela expansão do capitalismo. Isso porque substitui uma análise do capitalismo realmente existente por uma teoria de um capitalismo imaginário, concebido como uma simples e contínua extensão das relações de troca (o mercado), enquanto o sistema funciona e se reproduz com base na produção capitalista e nas relações de troca (não simples relações de mercado). Essa substituição é facilmente acoplada à noção *a priori*, que nem a história nem o argumento racional confirmam, que o mercado se autorregula e produz um ótimo social. A pobreza, então, só pode ser explicada por causas que estão fora da lógica econômica, como o crescimento populacional ou erros de política. A relação da pobreza com o próprio processo de acumulação é rejeitada pela teoria econômica convencional. O vírus liberal resultante, que polui o pensamento social contemporâneo e aniquila a capacidade de entender o mundo, menos ainda, de transformá-lo, penetrou profundamente nas várias esquerdas constituídas desde a Segunda Guerra Mundial. Os movimentos atualmente engajados em lutas sociais por um "outro mundo" e por uma globalização alternativa só serão capazes de produzir avanços sociais significativos se se livrarem desse vírus, a fim de construir um debate teórico autêntico. Se não se livrarem desse vírus, os movimentos sociais, mesmo aqueles com as melhores das intenções, permanecerão presos nos grilhões do pensamento convencional e, portanto, prisioneiros de ineficazes proposições corretivas – aquelas que são alimentadas pela retórica da redução da pobreza.

A análise esboçada anteriormente deve contribuir para a abertura deste debate. Isso porque ela restabelece a pertinência da ligação entre a acumulação de capital, por um lado, e o fenômeno da pauperização social, por outro. Marx iniciou, 150 anos atrás ,uma análise dos mecanismos por trás dessa ligação, que mal tem sido estudado desde então – e menos ainda em uma escala global.

1 de outubro de 2003

O Islã político a serviço do imperialismo

Todas as correntes que reivindicam adesão ao Islã político proclamam a "especificidade do Islã". Segundo elas, o Islã não reconhece a separação entre política e religião, algo supostamente distinto do cristianismo. Não custa nada lembrá-los, como tenho feito, de que suas observações reproduzem, quase palavra por palavra, o que reacionários europeus no início do século XIX (como Bonald e de Maistre) disseram para condenar a ruptura que o Iluminismo e a Revolução Francesa tinham produzido na história do Ocidente cristão!

Com base nessa posição, todas as correntes do Islã político optam por conduzir sua luta no terreno da cultura – mas "cultura" reduzida, na verdade, à afirmação convencional de pertencer a uma religião particular. Na realidade, os militantes do Islã político não estão verdadeiramente interessados em discutir os dogmas que formam a religião. A afirmação ritual do pertencimento à comunidade é sua preocupação exclusiva. Tal visão da realidade do mundo moderno não é apenas angustiante por causa do imenso vazio de pensamento que esconde, mas também justifica a estratégia do imperialismo de substituir o conflito entre centros imperialistas e periferias dominadas pelo assim chamado conflito de culturas. A ênfase exclusiva na cultura permite ao Islã político eliminar de cada esfera da vida o real confronto social entre as classes populares e a globalização do sistema capitalista que as oprime e explora. Os militantes do Islã político não têm presença real nas áreas onde conflitos sociais reais ocorrem e seus líderes repetem incessantemente que tais conflitos não são importantes. Islamistas só estão presentes nestas áreas para abrir escolas e clínicas de saúde. Estes são nada mais que trabalhos de caridade e meios de doutrinação. Não são meios de apoiar as lutas das classes populares contra o sistema responsável pela pobreza.

No terreno das verdadeiras questões sociais, o Islã político se alinha ao campo do capitalismo dependente e do imperialismo dominante. Defende o princípio do caráter sagrado da propriedade e legitima a desigualdade e todos os requisitos de reprodução capitalista. O apoio da Irmandade Muçulmana no parlamento egípcio às recentes leis reacionárias que buscam reforçar os direitos dos proprietários em detrimento dos direitos dos agricultores arrendatários (a maioria do pequeno campesinato) é apenas um exemplo entre centenas de outros. Não há um único exemplo de uma lei reacionária promovida em qualquer Estado muçulmano que tenha contado com a oposição dos movimentos islâmicos. Além disso, tais leis são promulgadas com o consentimento dos líderes do sistema imperialista. O Islã político não é anti-imperialista, mesmo que seus militantes pensem o contrário! É um aliado inestimável do imperialismo e este último sabe disso. É fácil entender, então, que o Islã político sempre contou em suas fileiras com as classes dominantes da Arábia Saudita e do Paquistão. Estas, além do mais, estiveram entre seus promotores mais ativos desde o início. As burguesias compradoras locais, os "novos ricos", os beneficiários da globalização imperialista atual, apoiam generosamente o Islã político. Este último renunciou a uma perspectiva anti-imperialista e a substituiu por uma posição "antiocidental" (quase "anticristã") que obviamente só leva as sociedades em questão a um impasse e, portanto, não constitui um obstáculo à implantação do controle imperialista sobre o sistema mundial.

O Islã político não é apenas reacionário em relação a determinadas questões (notavelmente, as relacionadas ao *status* das mulheres), e talvez responsável por excessos fanáticos direcionados a cidadãos não muçulmanos (como os coptas no Egito) – ele é fundamentalmente reacionário e, portanto, não pode obviamente participar do processo de libertação popular.

Três argumentos principais são, no entanto, utilizados para encorajar os movimentos sociais como um todo a entrar em diálogo com os movimentos do Islã político. O primeiro é que o Islã político mobiliza numerosas massas populares que não podem ser ignoradas ou desprezadas. Diversas imagens certamente reforçam essa afirmação. Ainda assim, deve-se manter a cabeça fria e avaliar adequadamente as mobilizações em questão. Os "sucessos" eleitorais que foram organizados são colocados em perspectiva assim que são submetidos a uma análise mais rigorosa. Menciono aqui, por exemplo, a enorme proporção de abstenções – mais de 75%! – nas eleições egípcias. O poder da rota islâmica é, em grande parte, simplesmente, o outro lado da moeda das fraquezas da esquerda organizada, que está ausente das esferas nas quais os atuais conflitos sociais estão ocorrendo.

Mesmo que houvesse um consenso de que o Islã político realmente mobiliza números significativos, isso justificaria concluir que a esquerda deve procurar incluir organizações políticas islâmicas em suas alianças para a ação política ou social? Se o Islã político mobiliza com sucesso um grande número de pessoas, isso é simplesmente um fato, e qualquer estratégia política efetiva deve incluir esse fato em suas considerações, propostas e opções. Mas buscar alianças não é necessariamente o melhor meio para lidar com esse desafio. Deve-se apontar que as organizações do Islã político – a Irmandade Muçulmana em particular – não estão buscando tal aliança, de fato, até as rejeitam. Se, por acaso, algumas organizações de esquerda infelizes acreditam que as organizações políticas islâmicas os aceitaram, a primeira decisão que esta tomaria depois de conseguir chegar ao poder seria liquidar seu aliado com violência extrema, como ocorreu no Irã com Mujahideen e Fedayeen Khalq.

A segunda razão apresentada pelos partidários do "diálogo" é que o Islã político, mesmo que seja reacionário em termos de propostas sociais, é "anti-imperialista". Ouvi que o critério que proponho (apoio incondicional às lutas realizadas para o progresso social) é "economicista" e negligencia a dimensão política do desafio que confronta os povos do Sul. Não acredito que essa crítica seja válida tendo em vista o que eu disse sobre as dimensões democráticas e nacionais das respostas desejáveis para lidar com esse desafio. Também concordo que, em sua resposta ao desafio que os povos do Sul enfrentam, as forças em ação não são necessariamente consistentes em sua maneira de lidar com suas dimensões sociais e políticas. Assim, é possível imaginar um Islã político que seja anti-imperialista, embora regressivo no plano social. Irã, Hamas na Palestina, Hezbollah no Líbano e certos movimentos de resistência no Iraque imediatamente vêm à mente. Vou discutir esses casos particulares mais tarde. O que eu afirmo é que o Islã político como um todo simplesmente não é anti-imperialista, mas está completamente alinhado às potências dominantes em escala mundial.

O terceiro argumento chama a atenção da esquerda para a necessidade de combater a islamofobia. Qualquer esquerda digna do nome não pode ignorar a *question des banlieues*, ou seja, o tratamento das classes populares de origem imigrante nas metrópoles do capitalismo desenvolvido contemporâneo. A análise desse desafio e as respostas fornecidas por vários grupos (os partidos interessados, a esquerda eleitoral europeia, a esquerda radical) estão fora do foco deste texto. Irei me limitar a expressar meu ponto de vista em um princípio: a resposta progressista não pode basear-se na institucionalização do comunitarismo,[1] que é essencial e necessariamente sempre associado à desigualdade, e, finalmente, origina-se em uma cultura racista. Um produto ideológico específico da cultura política reacionária dos Estados Unidos, o comunitarismo (já triunfante na Grã-Bretanha) está começando a poluir a vida política no continente europeu. A islamofobia, promovida sistematicamente por importantes setores da

---

[1] Uma teoria política baseada em "identidades culturais coletivas" como central para entender a realidade da dinâmica social (N. E.)

elite política e pela mídia, é parte de uma estratégia para gerenciar a diversidade da comunidade para o benefício do capital, uma vez que esse suposto respeito pela diversidade é, de fato, apenas o meio para aprofundar as divisões dentro das classes populares.

A questão dos assim chamados bairros-problemas (*banlieues*) é específica e confundi-la com a questão do imperialismo (ou seja, a gestão imperialista das relações entre os centros imperialistas dominantes e as periferias dominadas), como às vezes é feito, não contribui para que se faça progressos em cada um desses terrenos completamente distintos. Essa confusão faz parte da caixa de ferramentas reacionária e reforça a islamofobia, que, por sua vez, torna possível legitimar tanto a ofensiva contra as classes populares nos centros imperialistas quanto a ofensiva contra os povos das periferias em questão. Essa confusão e a islamofobia, por sua vez, fornecem um valioso serviço ao Islã político reacionário, dando credibilidade ao seu discurso antiocidental. Digo, então, que as duas campanhas ideológicas e reacionárias promovidas, respectivamente, pela direita racista no Ocidente e pelo Islã político se apoiam mutuamente, assim como ambos apoiam práticas comunitárias.

Modernidade, democracia, secularismo e islamismo

A imagem que as regiões árabe e islâmica dão de si hoje é a das sociedades em que a religião (o islamismo) está na vanguarda em todas as áreas da vida social e política, a ponto de parecer estranho imaginar que poderia ser diferente. A maioria de observadores estrangeiros (líderes políticos e meios de comunicação) conclui que a modernidade, talvez até a democracia, terá de se adaptar à forte presença do Islã, impossibilitando *de facto* o secularismo. Ou essa reconciliação é possível e é necessário apoiá-la, ou não é, e será necessário lidar com essa região do mundo como ela é. Eu não compartilho de forma alguma dessa assim chamada visão realista. O futuro – na visão de longo prazo de um socialismo globalizado – é, para os povos desta região, como para outros, democracia e secularismo. Este futuro é possível nessas regiões como em outros lugares, mas nada é garantido e certo, em qualquer lugar.

A modernidade é uma ruptura na história do mundo, iniciada na Europa durante o século XVI. A modernidade proclama que os seres humanos são responsáveis por sua própria história, individual e coletivamente e, consequentemente, rompe com as ideologias dominantes pré-modernas. A modernidade, assim, torna a democracia possível, da mesma forma como exige o secularismo, no sentido de separação do religioso e do político. Formulada pelo Iluminismo do século XVIII, implementada pela Revolução Francesa, a associação complexa de modernidade, democracia e secularismo, seus avanços e recuos, vem moldando a contemporaneidade no mundo desde então. Mas a modernidade por si só não é apenas uma revolução cultural. Só deriva o seu significado por meio da estreita relação que tem com o nascimento e o subsequente crescimento do capitalismo. Essa relação condicionou os limites históricos da modernidade "realmente existente". As formas concretas de modernidade, democracia e secularismo encontradas nos dias de hoje devem, então, ser consideradas como produtos da história concreta do crescimento do capitalismo. Elas são moldadas pelas condições específicas em que a dominação do capital é expressa – os compromissos históricos que definem os conteúdos sociais dos blocos hegemônicos (o que chamo de curso histórico de culturas políticas).

Essa apresentação condensada da minha compreensão do método materialista histórico é evocada aqui simplesmente para situar as diversas formas de combinar modernidade capitalista, democracia e secularismo em seu contexto teórico.

O Iluminismo e a Revolução Francesa inauguraram um modelo de secularismo radical. Ateu ou agnóstico, deísta ou crente (nesse caso, cristão), o indivíduo é livre para escolher, o Estado não intervém. No continente europeu – e na França, começando pela Restauração –, os recuos e compromissos que combinaram o poder da burguesia com o das classes dominantes dos sistemas pré-modernos foram a base para formas atenuadas de secularismo, entendidas como tolerância, sem excluir o papel social das igrejas do sistema político. Quanto aos Estados Unidos, seu caminho histórico particular resultou na formação de uma cultura política fundamentalmente reacionária, na qual o secularismo genuíno é praticamente desconhecido. A religião aqui é um ator social reconhecido e o secularismo é confundido com a multiplicidade de religiões oficiais (qualquer religião – ou mesmo seita – é oficial).

Existe uma óbvia ligação entre o grau de secularismo radical sustentado e o grau de apoio para moldar a sociedade de acordo com o tema central da modernidade. A esquerda, a radical ou mesmo a moderada, que acredita na eficácia da política para orientar a evolução social nas direções escolhidas, defende fortes conceitos de secularismo. A direita conservadora afirma que deve se permitir que as coisas evoluam por conta própria, seja ela uma questão econômica, política ou social. Quanto à economia, a escolha a favor do "mercado" é obviamente favorável ao capital. Na política, a democracia de baixa intensidade torna-se a regra, a alternância é substituída pela alternativa. E na sociedade, neste contexto, a política não tem necessidade de secularismo ativo – as "comunidades" compensam deficiências do Estado. O mercado e a democracia representativa fazem história e devem ser autorizados a fazê-la. No atual momento do recuo da esquerda, essa versão conservadora do pensamento social é amplamente dominante, em formulações que variam de Touraine a Negri. A cultura política reacionária dos Estados Unidos vai ainda mais longe em negar a responsabilidade da ação política. A repetida afirmação de que Deus inspira a nação "americana", e a adesão maciça a essa "crença", reduz o próprio conceito de secularismo a nada. Dizer que Deus faz história é, de fato, permitir que o mercado a faça sozinho.

Desse ponto de vista, onde estão situados os povos do Oriente Médio? A imagem de homens barbudos curvados e grupos de mulheres com véus dá origem a conclusões precipitadas sobre a intensidade de adesão religiosa entre os indivíduos. Amigos ocidentais "culturalistas" que pedem respeito pela diversidade de crenças raramente descobrem os procedimentos implementados pelas autoridades para apresentar uma imagem que seja conveniente para eles. Há certamente os que são "loucos por Deus" (*fous de Dieu*). Eles são proporcionalmente mais numerosos do que os católicos espanhóis que marcham na Páscoa? Ou as vastas multidões que ouvem os evangélicos na televisão nos Estados Unidos?

De qualquer forma, a região nem sempre projetou essa imagem de si mesma. Além das diferenças de país para país, uma grande região pode ser identificada indo do Marrocos ao Afeganistão, incluindo todos os povos árabes (com exceção dos povos da península arábica), os turcos, iranianos, afegãos e povos das antigas repúblicas soviéticas da Ásia Central, nas quais as possibilidades para o desenvolvimento do secularismo estão longe de serem insignificantes. A situação é diferente entre outros povos vizinhos, os árabes da península ou os paquistaneses.

Nessa região maior, as tradições políticas têm sido fortemente marcadas pelas correntes radicais da modernidade: as ideias do Iluminismo, a Revolução Francesa, a Revolução Russa e o comunismo da Terceira Internacional estavam presentes nas mentes de todos e eram muito mais importantes do que o parlamentarismo de Westminster, por exemplo. Essas correntes dominantes inspiraram os principais modelos de transformação política implementados pelas classes dominantes, que poderiam ser descritos, em alguns de seus aspectos, como formas de despotismo esclarecido.

Esse foi certamente o caso do Egito de Mohammed Ali ou Khedive Ismail. O kemalismo na Turquia e a modernização no Irã foram similares. O populismo nacional de estágios mais recentes da história pertence à mesma família de projetos políticos modernizadores. As variantes do modelo eram numerosas (a Frente de Libertação Nacional, na Argélia, o Bourguibismo, na Tunísia, o Nasserismo egípcio, o Baatismo, na Síria e no Iraque), mas a direção do movimento era análoga. Experiências aparentemente extremas – os assim chamados regimes comunistas no Afeganistão e no Iêmen do Sul – não foram muito diferentes. Todos esses regimes tiveram grandes conquistas e, por esse motivo, tinham amplo apoio popular. Isso porque, apesar de não serem verdadeiramente democráticos, abriram o caminho para um possível desenvolvimento nesse sentido. Em certas circunstâncias, como as ocorridas no Egito de 1920 a 1950, tentou-se um experimento de democracia eleitoral, apoiado por um centro anti-imperialista moderado (o partido Wafd), em oposição à potência imperialista dominante (Grã--Bretanha) e seus aliados locais (a monarquia). O secularismo, implementado em versões moderadas, para que não restem dúvidas, não foi "recusado" pelo povo. Ao contrário, pessoas religiosas é que foram consideradas como obscurantistas pela opinião pública geral, e a maioria delas de fato o era.

Os experimentos modernizadores, do despotismo esclarecido ao populismo nacional radical, não eram produtos do acaso. Poderosos movimentos que eram dominantes nas classes médias os criaram. Dessa forma, essas classes expressaram a vontade de serem vistas como parceiras de pleno direito na globalização moderna. Esses projetos, que podem ser descritos como nacional burguês, eram modernizadores, seculares e potenciais portadores de desenvolvimento democrático. Mas, precisamente porque esses projetos conflitavam com os interesses do imperialismo dominante, este último lutou implacavelmente e mobilizou sistematicamente forças obscurantistas em declínio para tal objetivo.

A história da Irmandade Muçulmana é bem conhecida. Foi literalmente criada na década de 1920 pelos britânicos e pela monarquia para deter o democrático e secular Wafd. Seu retorno em massa de seu refúgio saudita após a morte de Nasser, organizada pela CIA e Sadat, é também bem conhecido. Estamos todos familiarizados com a história do Talibã, formado pela CIA no Paquistão para lutar contra os "comunistas" que haviam aberto escolas para todos, meninos e meninas. É bem sabido que os israelenses apoiaram o Hamas no início, a fim de enfraquecer as correntes democráticas e seculares da resistência palestina.

O Islã político teria tido muito mais dificuldade em sair das fronteiras da Arábia Saudita e do Paquistão sem o apoio contínuo, poderoso e resoluto dos Estados Unidos. A sociedade saudita não tinha sequer iniciado seu movimento de saída da tradição quando o petróleo foi descoberto sob seu solo. A aliança entre o imperialismo e a classe dominante tradicional, selada imediatamente, foi concluída entre os dois parceiros e deu uma nova vida ao Islã político Wahabi. Do lado deles, os britânicos conseguiram quebrar a unidade indiana persuadindo os líderes muçulmanos a criar seu próprio Estado, atrelado ao Islã político em seu próprio nascimento. Deve-se notar que a teoria pela qual essa curiosidade foi legitimada – atribuída a Maududi – havia sido completamente elaborada de antemão pelos orientalistas ingleses a serviço de Sua Majestade.[2]

É fácil, assim, entender a iniciativa tomada pelos Estados Unidos para romper a frente única dos Estados asiáticos e africanos criada em Bandung (1955), por meio da elaboração de uma "Conferência Islâmica", promovida logo em seguida (a partir de 1957) pela Arábia Saudita e pelo Paquistão. O Islã político penetrou na região dessa forma.

A menor das conclusões que devem ser extraídas das observações aqui feitas é que o Islã político não é o resultado espontâneo da afirmação de autênticas convicções religiosas pelos povos em questão. O Islã político foi construído pela ação sistemática do imperialismo, apoiado, evidentemente, por forças reacionárias obscurantistas e classes compradoras subservientes. Permanece indiscutível que este estado de coisas também é responsabilidade das forças de esquerda que nem viram e nem souberam lidar com o desafio.

---

[2] A origem da atual força do Islã político no Irã não tem a mesma conexão histórica com a manipulação imperialista, por razões discutidas na próxima seção (N. E)

Questões relativas aos países da linha de frente (Afeganistão, Iraque, Palestina e Irã)

O projeto dos Estados Unidos, apoiado em vários graus por seus aliados subalternos na Europa e no Japão, é estabelecer controle militar sobre todo o planeta. Com essa perspectiva em mente, o Oriente Médio foi escolhido como a região da "primeira ofensiva" por quatro razões: 1) detém os recursos petrolíferos mais abundantes do mundo, cujo controle direto pelas Forças Armadas dos Estados Unidos dá a Washington uma posição privilegiada, colocando seus aliados – Europa e Japão – e possíveis rivais (China) em uma desconfortável posição de dependência em relação a seu fornecimento de energia; 2) está localizado na encruzilhada do Velho Mundo e torna mais fácil colocar em prática uma ameaça militar permanente contra China, Índia e Rússia; 3) a região experimenta um momento de fraqueza e confusão que permite ao agressor ter a garantia de uma vitória fácil, pelo menos neste momento; e 4) a presença de Israel, aliado incondicional de Washington na região.

Essa agressão colocou os países e nações localizados na linha de frente (Afeganistão, Iraque, Palestina e Irã) em uma situação particular de ser destruído (os três primeiros) ou ameaçado de destruição (Irã).

Afeganistão

O Afeganistão experimentou o melhor período em sua história moderna durante a assim chamada República Comunista. Esse foi um regime de despotismo modernizador iluminista que abriu o sistema educativo para crianças de ambos os sexos. Era um inimigo do obscurantismo e, por esse motivo, teve apoio decisivo dentro da sociedade. A reforma agrária que realizou foi, em grande parte, um conjunto de medidas destinadas a reduzir os poderes tirânicos dos líderes tribais. O apoio – pelo menos tacitamente – da maioria do campesinato garantiu o provável sucesso dessa mudança bem-iniciada. A propaganda veiculada pela mídia ocidental, bem como pelo Islã político, apresentou esse experimento como um totalitarismo comunista e ateu, rejeitado pelo povo afegão. Na realidade, o regime estava longe de ser impopular, bem como Atatürk em sua época.

O fato de que os líderes desse experimento, em ambas as principais facções (Khalq e Parcham), se autodescrevessem como comunistas não surpreende. O modelo do progresso alcançado pelos povos vizinhos da Ásia Central Soviética (apesar de tudo o que foi dito sobre o assunto e apesar das práticas autocráticas do sistema) em comparação com os desastres da gestão imperialista britânica em outros países vizinhos (Índia e Paquistão incluídos) tiveram o efeito, tanto aqui como em muitos outros países da região, de encorajar patriotas a avaliar a extensão total do obstáculo formado pelo imperialismo a qualquer tentativa de modernização. O convite feito por uma facção aos soviéticos para que interviessem a fim de livrar-se dos outros certamente teve um efeito negativo e hipotecou as possibilidades do projeto populista nacional modernizador.

Os Estados Unidos, em particular, e seus aliados da Tríade, em geral sempre foram tenazes oponentes dos modernizadores afegãos, comunistas ou não. Foram os estadunidenses que mobilizaram forças obscurantistas do Islã político ao estilo do Paquistão (o Talibã) e os senhores da guerra (líderes tribais neutralizados com sucesso pelo assim chamado regime comunista), e os treinaram e armaram. Mesmo depois da retirada soviética, o governo Najibullah demonstrou capacidade de resistência. Provavelmente teria ganhado vantagem, mas a ofensiva militar paquistanesa em apoio aos talibãs e, em seguida, a ofensiva das forças reconstituídas dos senhores da guerra, aumentaram o caos.

O Afeganistão foi devastado pela intervenção dos Estados Unidos, seus aliados e agentes, os islamistas em particular. O Afeganistão não pode ser reconstruído sob sua autoridade, mal disfarçada por trás de um homem do campo sem raízes no país, que caiu de paraquedas em nome das transnacionais texanas que o empregavam. A suposta "democracia", em nome da qual Washington, Otan e ONU dizem resgatar e alegam justificar a continuação de sua presença (de fato, ocupação), foi uma mentira desde o início e se tornou uma enorme farsa.

Há apenas uma solução para o problema afegão: todas as forças estrangeiras devem deixar o país e todos os poderes devem ser forçados a se abster de financiar e armar seus aliados. Para os bem-intencionados que expressam seu medo de que o povo afegão passe então a tolerar a ditadura do Talibã (ou os senhores da guerra), eu responderia que a presença estrangeira foi até agora e continua sendo o melhor apoio para essa ditadura! O povo afegão estava se movimentando em outra direção – potencialmente a melhor possível – numa época em que o Ocidente foi forçado a ter menos interesse em suas questões. Em relação ao despotismo esclarecido dos "comunistas", o Ocidente civilizado sempre preferiu o despotismo obscurantista, infinitamente menos perigoso para seus interesses!

Iraque

A diplomacia armada dos Estados Unidos tinha o objetivo de literalmente destruir o Iraque bem antes de existirem pretextos que se deram em duas ocasiões diferentes: a invasão do Kuwait, em 1990, e depois de 11 de setembro de 2001 – explorado com esse propósito por Bush com o cinismo e as mentiras ao estilo de Goebbels ("Se você contar uma mentira suficientemente grande e continuar a repeti-la, as pessoas eventualmente acreditarão"). A razão para esse objetivo é simples e nada tem a ver com o discurso que clama pela libertação do povo iraquiano da ditadura sangrenta (real o suficiente) de Saddam Hussein. O Iraque possui uma grande parte dos melhores recursos petrolíferos do planeta. Além do mais, o Iraque conseguiu treinar quadros científicos e técnicos capazes de apoiar um projeto nacional coerente e substancial por meio da sua massa crítica. Esse perigo teve que ser eliminado por uma guerra preventiva que os Estados Unidos se deram o direito de realizar no momento e no lugar que desejaram, sem o menor respeito pelo direito internacional.

Além dessa observação óbvia, várias questões sérias devem ser examinadas: 1) Como o plano de Washington pode tão facilmente parecer – mesmo por um breve momento histórico – um sucesso retumbante? 2) Qual a nova situação produzida na qual hoje se encontra a nação iraquiana? 3) Que respostas os diversos elementos da população iraquiana estão dando a esses desafios? E 4) que soluções os iraquianos, árabes e as forças internacionais democráticas e progressistas podem promover?

A derrota de Saddam Hussein era previsível. Confrontado com um inimigo cuja principal vantagem reside na sua capacidade de produzir genocídio com impunidade via bombardeio aéreo (o uso de armas nucleares está por vir), as pessoas têm apenas uma resposta eficaz possível: resistir em seu território invadido. O regime de Saddam dedicou-se a eliminar todos os meios de defesa ao alcance de seu povo por meio da destruição sistemática de qualquer organização e partido político (começando com o Partido Comunista) que fez a história do Iraque moderno, incluindo o Baath, que tinha sido um dos principais atores dessa história. Não surpreende que, nessas condições, o povo iraquiano tenha permitido a invasão de seu país sem luta, nem mesmo alguns comportamentos (como a participação aparente nas eleições organizadas pelo invasor ou a explosão de luta fratricida entre curdos, árabes sunitas e árabes xiitas) pareciam ser sinais de uma possível aceitação da derrota (no que Washington baseou seus cálculos). Mas o que é digno de nota é que a resistência popular cresce a cada dia (apesar de todas as sérias fraquezas apresentadas pelas várias forças de resistência), e já torna impossível estabelecer um regime de lacaios capaz de manter a aparência de ordem; de certa forma, isso já demonstrou o fracasso do projeto de Washington.

Uma nova situação, entretanto, foi criada pela ocupação militar estrangeira. A nação iraquiana está verdadeiramente ameaçada. Washington é incapaz de manter o controle sobre o país (assim como de pilhar seus recursos petrolíferos, seu objetivo número um) por intermédio de um governo de fachada nacional. A única maneira de continuar seu projeto, então, é dividir o país. A divisão do país em pelo menos três Estados (curdos, árabes sunitas e árabes xiitas) foi, talvez desde o começo, o objetivo de Washington, em alinhamento com Israel (os arquivos revelarão a verdade no futuro). Hoje, a "guerra civil" é a carta que Washington joga para legitimar a continuação de sua ocupação. Claramente, a ocupação permanente era – e continua sendo – o objetivo: é o único meio pelo qual Washington pode garantir seu controle dos recursos petrolíferos. Certamente, nenhuma credibilidade pode ser dada às declarações de intenção dos EUA como: "deixaremos o país assim que a ordem for restaurada". Lembremos que os britânicos disseram, sobre sua ocupação do Egito, a partir de 1882, que era apenas provisória (durou até 1956!). Enquanto isso, é claro, os Estados Unidos destroem o país, suas escolas, fábricas e capacidades científicas, um pouco mais a cada dia, usando todos meios, incluindo os mais criminosos.

As respostas dadas pelo povo iraquiano ao desafio – até agora, ao menos – não parecem estar à altura da gravidade da situação. Isso é o mínimo que pode ser dito. Quais são as razões para isso? A mídia ocidental dominante repete *ad nauseam* que o Iraque é um país artificial e que a dominação opressiva do regime "sunita" de Saddam sobre os xiitas e curdos é a origem da inevitável guerra civil (que só pode ser suprimida, talvez, com a continuidade da ocupação estrangeira). A resistência, então, limita-se a alguns islamistas radicais pró-Saddam do triângulo sunita. É certamente difícil reunir tantas mentiras.

Após a Primeira Guerra Mundial, os britânicos tiveram grande dificuldade em derrotar a resistência do povo iraquiano. Em completa harmonia com sua tradição imperial, os britânicos importaram uma monarquia e criaram uma classe de grandes proprietários de terra para apoiar seu poder, dando uma posição privilegiada aos sunitas. Mas apesar dos seus esforços sistemáticos, os britânicos falharam. O Partido Comunista e o Partido Baath foram as principais forças políticas organizadas que derrotaram o poder da monarquia "sunita" detestada por todos, sunitas, xiitas e curdos. A violenta concorrência entre essas duas forças, que foram centrais entre 1958 e 1963, terminou com a vitória do Partido Baath, recepcionada na época pelas potências ocidentais como um alívio. O projeto comunista carregava consigo a possibilidade de uma evolução democrática; o mesmo não poderia ser dito do Baath. Este último era nacionalista e pan-arabista em princípio; admirava o modelo prussiano de construção da unidade alemã e recrutou seus membros na pequena burguesia secular e modernizadora, hostil às expressões obscurantistas da religião. No poder, o Baath evoluiu, de maneira previsível, para uma ditadura que era apenas metade anti-imperialista, no sentido de que, dependendo da conjuntura e das circunstâncias, um compromisso poderia ser aceito pelos dois parceiros (poder baathista no Iraque e imperialismo estadunidense, dominante na região).

Esse acordo encorajou os excessos megalomaníacos do líder, que imaginou que Washington aceitaria fazer dele seu principal aliado na região. O apoio de Washington a Bagdá (a entrega de armas químicas é prova disso) na absurda e criminosa guerra contra o Irã, de 1980 a 1989, parecia emprestar credibilidade a esse cálculo. Saddam nunca imaginou a traição de Washington, ou que a modernização do Iraque seria inaceitável para o imperialismo e que a decisão de destruir o país já havia sido tomada. Saddam caiu em uma armadilha aberta quando a luz verde foi dada para anexar o Kuwait (na verdade, anexado em tempos otomanos às províncias que constituem o Iraque, e destacados pelos imperialistas britânicos para torná-lo uma de suas colônias de petróleo). O Iraque foi então alvo de dez anos de sanções destinadas a sangrar o país, de modo a facilitar a gloriosa conquista do vazio resultante pelas Forças Armadas dos Estados Unidos.

Os sucessivos regimes baathistas, incluindo o último, já em sua fase de declínio sob a liderança de Saddam, pode ser acusado de tudo, exceto de ter atiçado o conflito entre sunitas e xiitas. Quem então é responsável pelos confrontos sangrentos entre as duas comunidades? Um dia, certamente saberemos como a CIA (e, sem dúvida, a Mossad) organizou muitos desses massacres. Mas, além disso, é verdade que o deserto político criado pelo regime de Saddam e o exemplo que forneceu de métodos oportunistas sem princípios encorajou aspirantes ao poder de todos os tipos a seguir esse caminho, muitas vezes protegidos pela força ocupante. Às vezes, talvez, eles eram ingênuos até mesmo a ponto de acreditar que poderiam servir ao poder ocupante. Os aspirantes em questão, sejam eles líderes religiosos (xiitas ou sunitas), supostos "notáveis" (paratribais) ou empresários sabidamente corruptos exportados pelos Estados Unidos, nunca tiveram uma verdadeira posição política no país. Mesmo aqueles líderes religiosos respeitados pelos crentes não tinham influência política que fosse aceitável para o povo iraquiano. Sem o vazio criado por Saddam, ninguém saberia pronunciar seus nomes. Diante do novo mundo político criado pelo imperialismo da globalização liberal, outra força autenticamente popular e nacional, possivelmente até democrática, terá os meios para se reconstruir?

Houve uma época em que o Partido Comunista Iraquiano (PCI) era central para organizar o melhor que a sociedade iraquiana poderia produzir. O Partido Comunista foi estabelecido em todas as regiões do país e dominou o mundo dos intelectuais, muitas vezes de origem xiita. (Diga-se de passagem, os xiitas produziram líderes revolucionários ou religiosos acima de tudo, raramente burocratas ou compradores!) O PCI foi autenticamente popular e anti-imperialista, ligeiramente inclinado à demagogia e potencialmente democrático. Depois do massacre de milhares de seus melhores militantes pelas ditaduras baathistas, do colapso da União Soviética (para o qual o Partido Comunista Iraquiano não estava preparado) e do comportamento daqueles intelectuais que acharam aceitável voltar do exílio como seguidores das Forças Armadas dos Estados Unidos, estará o PCI, de agora em diante, destinado a desaparecer permanentemente da história? Infelizmente, isso é bastante possível, mas não inevitável – longe disso.

A questão curda é real, tanto no Iraque quanto no Irã e na Turquia. Mas, sobre esse assunto, também deve ser lembrado que os poderes do Ocidente sempre aplicaram, com grande cinismo, dois pesos e duas medidas. A repressão das exigências curdas nunca alcançou no Iraque e no Irã o nível de violência policial, militar, política e moral levada a cabo por Ancara. Nem o Irã nem o Iraque foram tão longe a ponto de negar a própria existência dos curdos. Contudo, a Turquia, como membro da Otan, uma organização de nações democráticas, deve ser perdoada por tudo, como os meios de comunicação nos lembram. Entre os eminentes democratas proclamados pelo Ocidente estava Portugal de Salazar, um dos membros fundadores da Otan, e os não menos ardentes admiradores da democracia, os coronéis gregos e os generais turcos!

Cada vez que as frentes populares iraquianas, formadas em torno do Partido Comunista e do Partido Baath, nos melhores momentos de sua turbulenta história, exerciam poder político, eles sempre encontraram uma zona de acordo com os principais partidos curdos. Estes, aliás, sempre foram seus aliados. Os excessos antixiitas e anticurdos do regime de Saddam foram certamente reais: por exemplo, o bombardeio da região de Basra pelo exército de Saddam após sua derrota no Kuwait em 1990 e o uso de gás contra os curdos. Esses excessos vieram em resposta às manobras da diplomacia armada de Washington, que havia mobilizado aprendizes de feiticeiros entre xiitas e curdos. Continuam sendo excessos criminosos, e estúpidos, além de tudo, uma vez que o sucesso dos apelos de Washington foi bastante limitado. Mas pode-se esperar outra coisa de ditadores como Saddam?

A força da resistência à ocupação estrangeira, inesperada sob essas condições, pode parecer milagrosa. Não é o caso, já que a realidade básica é que o povo iraquiano como um todo (árabes e curdos, sunitas e xiitas) detesta os ocupantes e lida com seus crimes diariamente (assassinatos, bombardeios, massacres, tortura). Assim, uma frente unida de resistência nacional (chame como quiser) pode até ser imaginada, proclamando-se como tal, publicando os nomes, listas de organizações e partidos que compõem seu programa comum. Isso, no entanto, não é realmente o caso até o presente momento por todas as razões descritas acima, incluindo a destruição do tecido social e político causada pela ditadura de Saddam e pela ocupação. Independentemente das razões, essa fraqueza é uma desvantagem séria, o que torna mais fácil dividir a população, encorajar os oportunistas, até mesmo tornando-os colaboradores, além de confundir os objetivos da libertação.

Quem conseguirá superar essas desvantagens? Os comunistas devem estar bem situados para tal. Já os militantes que estão presentes nas bases estão se distanciando dos líderes do Partido Comunista (os únicos conhecidos pela mídia dominante) que, confusos e constrangidos, estão tentando dar uma aparência de legitimidade ao seu reagrupamento ao governo colaboracionista, até mesmo fingindo que estão colaborando para a eficácia da resistência armada com tal ação! Mas diante das circunstâncias, muitas outras forças políticas poderiam tomar iniciativas decisivas no sentido de formar essa frente.

Continua sendo o caso de que, apesar das suas fraquezas, a resistência do povo iraquiano já derrotou (politicamente, se não ainda militarmente) o projeto de Washington. É precisamente isso que preocupa os atlanticistas na União Europeia, fiéis aliados dos Estados Unidos. Hoje, eles temem uma derrota estadunidense, porque isso fortaleceria a capacidade dos povos do Sul para forçar o capital transnacional globalizado da tríade imperialista a respeitar os interesses das nações e povos da Ásia, África e América Latina.

A resistência iraquiana ofereceu propostas que possibilitariam sair do impasse e ajudar os Estados Unidos a se retirar da armadilha. Ela propunha: 1) a formação de uma autoridade administrativa transitória criada com o apoio do Conselho de Segurança da ONU; 2) o cessar imediato de ações de resistência e de intervenções militares e policiais por forças de ocupação; 3) a partida de todas as autoridades militares e civis estrangeiras no prazo de seis meses. Os detalhes dessas propostas foram publicados na prestigiada revista árabe *Al Mustaqbal al Arabi* (janeiro de 2006), publicada em Beirute.

O silêncio absoluto da mídia europeia com relação à divulgação dessa mensagem é um testemunho da cumplicidade dos parceiros imperialistas. Forças democráticas e progressistas europeias têm o dever de se dissociar dessa política da tríade imperialista e apoiar as propostas da resistência iraquiana. Deixar o povo iraquiano confrontar seu oponente sozinho não é uma opção aceitável: reforça a ideia perigosa de que nada pode ser esperado do Ocidente e de seus povos, e consequentemente encoraja os excessos inaceitáveis – mesmo criminosos – na ação de alguns dos movimentos de resistência.

Quanto mais cedo as tropas de ocupação estrangeira deixarem o país e quanto mais forte for o apoio das forças democráticas no mundo e na Europa ao povo iraquiano, maiores serão as possibilidades de um futuro melhor para esse povo martirizado. Quanto mais a ocupação durar, mais sombrio será o rescaldo do seu inevitável fim.

Palestina

O povo palestino tem sido, desde a Declaração Balfour durante a Primeira Guerra Mundial, vítima de um projeto de colonização por uma população estrangeira, que reserva para eles o destino dos "pele vermelha", reconheça-se isso ou não. Esse projeto sempre teve o apoio incondicional do poder imperialista dominante na região (ontem a Grã-Bretanha, hoje os Estados Unidos), porque o Estado estrangeiro na região criado por esse projeto só pode ser um aliado incondicional, por sua vez, das intervenções necessárias para forçar o Oriente Médio árabe a se submeter à dominação do capitalismo imperialista.

Esse é um fato óbvio para todos os povos da África e da Ásia. Consequentemente, em ambos os continentes, eles estão espontaneamente unidos na afirmação e defesa dos direitos do povo palestino. Na Europa, no entanto, a "questão palestina" causa divisão, produzida pelas confusões mantidas vivas pela ideologia sionista, que é difundida frequente e favoravelmente.

Hoje, mais do que nunca, em conjunto com a implementação do "Projeto do Grande Oriente Médio", dos EUA, os direitos dos palestinos foram abolidos. Ainda assim, a Organização para a Libertação da Palestina (OLP) aceitou os Acordos de Oslo e Madri e o roteiro elaborado por Washington. É Israel que abertamente voltou atrás em seu acordo, e implementou um plano de expansão ainda mais ambicioso. O resultado disso foi o enfraquecimento da OLP: a opinião pública pode, com razão, reprová-la pela ingenuidade de ter acreditado na sinceridade de seus adversários. O apoio fornecido pelas autoridades da ocupação a seu adversário islâmico (Hamas), no começo, pelo menos, e a disseminação de práticas corruptas na administração palestina (sobre as quais os doadores de fundos – o Banco Mundial, a Europa e as ONGs – silenciam, se é que não fazem parte dela) levou o Hamas a uma vitória eleitoral (previsível). Isso então se tornou imediatamente um pretexto adicional apresentado para justificar o alinhamento incondicional com políticas israelenses, não importa quais sejam.

O projeto colonial sionista sempre foi uma ameaça, não só à Palestina, mas aos povos árabes vizinhos. Suas ambições de anexar o Sinai egípcio e sua anexação efetiva das Colinas de Golã, da Síria, é a prova disso. No projeto do Grande Médio Oriente, um papel particular é concedido a Israel, ao seu monopólio regional de equipamento militar nuclear e seu papel de "parceiro indispensável" (sob o pretexto falacioso de que Israel tem um conhecimento tecnológico que o povo árabe é incapaz de ter. Que racismo indispensável!).

Não é intenção aqui oferecer análises sobre as interações complexas entre as lutas de resistência contra a expansão colonial sionista e os conflitos e escolhas políticas no Líbano e na Síria. Os regimes baathistas na Síria resistiram, à sua maneira, às exigências das potências imperialistas e de Israel. Que essa resistência também serviu para legitimar ambições mais questionáveis (controle do Líbano) certamente não é discutível. Além disso, a Síria escolheu cuidadosamente os aliados menos perigosos no Líbano. É sabido que o Partido Comunista Libanês teve resistência organizada às incursões israelenses no sul do Líbano (desvio de água incluído). As autoridades sírias, libanesas e iranianas cooperaram estreitamente para destruir essa base perigosa e substituí-la pelo Hezbollah. O assassinato de Rafiq al-Hariri (um caso ainda não resolvido) obviamente deu às potências imperialistas (Estados Unidos na frente, França atrás) a oportunidade de intervir com dois objetivos em mente: 1) forçar Damasco a alinhar-se permanentemente com os Estados árabes vassalos (Egito e Arábia Saudita) – ou, na falta disso, eliminar os vestígios de um poder baathista já deteriorado; e 2) demolir o que resta da capacidade de resistir às incursões israelenses (exigindo o desarmamento do Hezbollah). A retórica sobre a democracia pode ser invocada dentro desse contexto, se útil.

Hoje, aceitar a implementação do projeto israelense em andamento é ratificar a abolição do direito primordial dos povos: o direito de existir. Esse é o crime supremo contra a humanidade. A acusação de antissemitismo endereçada àqueles que rejeitam esse crime é apenas uma forma deplorável de chantagem.

Irã

Não é nossa intenção aqui desenvolver as análises exigidas pela Revolução Islâmica. Ela foi – como tem sido reivindicado entre os defensores do Islã político, bem como observadores estrangeiros – a declaração e o ponto de partida para uma mudança que, em última análise, deve tomar toda a região, talvez até o mundo muçulmano inteiro, renomeado pela ocasião de *umma* (a "nação", que nunca foi)? Ou foi um evento singular, particularmente porque foi uma combinação única das interpretações do islamismo xiita e a expressão do nacionalismo iraniano?

Do ponto de vista do que nos interessa aqui, só farei duas observações. A primeira é que o regime do Islã político no Irã não é por natureza incompatível com a integração do país no sistema capitalista globalizado tal como ele é, uma vez que o regime é baseado em princípios liberais de administração da economia. A segunda é que a nação iraniana como tal é uma "nação forte", onde seus principais componentes, se não todos, tanto das classes populares como das classes governantes, não aceitam a integração de seu país no sistema globalizado em posição subalterna. Há, claro, uma contradição entre essas duas dimensões da realidade iraniana. A segunda explica as tendências da política externa de Teerã, que evidenciam a vontade de resistir aos ditames estrangeiros.

É o nacionalismo iraniano – poderoso e, na minha opinião, no conjunto historicamente positivo – que explica o sucesso da modernização das capacidades científica, industrial, tecnológica e militar empreendida pelo regime do Xá e de Khomeini que se seguiu. O Irã é um dos poucos Estados do Sul (com a China, Índia, Coreia, Brasil e talvez alguns outros, mas não muitos!) a ter um projeto burguês nacional. Se é possível, a longo prazo, alcançar ou não esse projeto (a minha opinião é que não é), não é o foco de nossa discussão aqui. Hoje esse projeto existe e está em vigor.

É precisamente porque o Irã forma uma massa crítica capaz de tentar afirmar-se como um parceiro respeitado que os Estados Unidos decidiram destruir o país com uma nova guerra preventiva. Como é sabido, o conflito se dá em torno das capacidades nucleares que o Irã está desenvolvendo. Por que não deveria esse país, assim como os outros, ter o direito de buscar esses recursos, inclusive tornando-se uma potência militar nuclear? Com que direito as potências imperialistas e o seu cúmplice, Israel, decidem se gabar e garantir para si o monopólio sobre as armas de destruição em massa? Pode-se dar crédito ao argumento de que as nações "democráticas" nunca farão uso de tais armas como os "Estados vilões" fariam, quando é senso comum que as nações democráticas em questão são responsáveis pelos maiores genocídios dos tempos modernos, incluindo o praticado contra os judeus, e que os Estados Unidos já usaram armas atômicas e ainda hoje rejeitam uma proibição absoluta e geral de seu uso?

Conclusão

Hoje, os conflitos políticos na região encontram três grupos de forças opostas umas às outras: aqueles que proclamam seu passado nacionalista (mas são, na realidade, nada mais do que herdeiros degenerados e corruptos das burocracias da era nacional--populista); os que proclamam o Islã político; e aqueles que estão tentando se organizar em torno de demandas "democráticas" compatíveis com o liberalismo econômico. A consolidação do poder por qualquer uma dessas forças não é aceitável para uma esquerda que esteja atenta aos interesses das classes populares. De fato, os interesses das classes compradoras afiliadas ao atual sistema imperialista estão expressas nessas três tendências. A diplomacia dos EUA coloca todas as cartas na mesa, pois está focada em usar os conflitos entre eles para benefício próprio. Para esquerda, tentar se envolver nesses conflitos unicamente por meio de alianças com uma ou outra das tendências[3] (preferindo os regimes para evitar o pior, isto é, o Islã político, ou então aliar-se aos últimos para se livrar dos regimes) é algo fadado ao fracasso. A esquerda deve afirmar-se empreendendo lutas em áreas onde encontra o seu lugar natural: a defesa dos interesses econômicos e sociais das classes populares, a democracia e a afirmação da soberania nacional, todos conceitos inseparáveis.

A região do Grande Oriente Médio é hoje central no conflito entre o líder imperialista e os povos de todo o mundo. Derrotar o projeto do *establishment* de Washington é a condição para possibilitar algum avanço bem-sucedido em qualquer região do mundo.

---

[3] Alianças táticas que surgem de situações concretas são outro assunto, por exemplo, a ação conjunta do Partido Comunista Libanês com o Hezbollah na resistência à invasão israelense no Líbano no verão de 2006. (N. E.)

Se isso falhar, todos esses avanços permanecerão vulneráveis ao extremo. Isso não significa que a importância das lutas realizadas em outras regiões do mundo, na Europa, América Latina, ou em qualquer outro lugar, deve ser subestimada. Significa apenas que elas devem fazer parte de uma perspectiva abrangente que contribui para derrotar Washington na região escolhida para seu primeiro ataque criminoso deste século.

1 de dezembro de 2007

A trajetória do capitalismo histórico e a vocação tricontinental do marxismo

A longa ascensão do capitalismo

A longa história do capitalismo é composta por três fases distintas e sucessivas: 1) uma longa preparação – a transição do modo tributário, a forma usual de organização de sociedades pré-modernas – que durou oito séculos, de 1000 a 1800; 2) um curto período de maturidade (século XIX), durante o qual o "Ocidente" afirmou sua dominação; e 3) o longo "declínio" causado pelo "despertar do Sul" (para usar o título do meu livro publicado em 2007), em que os povos e seus Estados recuperaram as principais iniciativas na transformação do mundo – a primeira onda ocorrendo no século XX. Essa luta contra uma ordem imperialista que é inseparável da expansão global do capitalismo é ela própria o agente potencial no longo caminho de transição, além do capitalismo, em direção ao socialismo. No século XXI, existe agora o início de uma segunda onda de iniciativas independentes dos povos e Estados do Sul.

As contradições internas que eram características de todas as sociedades avançadas no mundo pré-moderno – e não apenas aquelas específicas da Europa "feudal" – são responsáveis pelas sucessivas ondas de inovação sociotecnológica que constituiria a modernidade capitalista.

A onda mais antiga veio da China, onde as mudanças começaram na Era Sung (século XI), e se desenvolveram ainda mais nas épocas Ming e Qing, o que deu à China uma vantagem em termos de inventividade tecnológica e produtividade social do trabalho coletivo – o que será superado pelo Europa até o século

XIX. A onda "chinesa" seria seguida por uma onda do "Oriente Médio", ocorrida no califado árabe-persa e, em seguida, por meio das Cruzadas e suas consequências, nas cidades da Itália.

A última onda diz respeito à longa transição do antigo mundo tributário ao mundo capitalista moderno. Isso começou de fato na parte atlântica da Europa após a conquista/encontro com as Américas, e por três séculos (1500-1800) assumiu a forma de mercantilismo. O capitalismo, que gradualmente veio a dominar o mundo, é o produto dessa última onda de inovações sociotecnológicas. A forma europeia ("ocidental") de capitalismo histórico que surgiu na Europa Central e Atlântica procriou nos Estados Unidos e, mais tarde, no Japão, desenvolveu características próprias – notadamente um modo de acumulação baseado na despossessão dos camponeses, primeiro, e depois dos povos das periferias, que foram integradas como dependências em seu sistema global. Essa forma histórica é, portanto, inseparável da contradição centro/periferia que ela constrói infinitamente, reproduz e aprofunda.

O capitalismo histórico assumiu sua forma definitiva no final do século XVIII, com a Revolução Industrial Inglesa, que inventou a nova "fábrica de máquinas" (junto à criação do novo proletariado industrial), e a Revolução Francesa, que deu origem à política moderna.

O capitalismo maduro se desenvolveu durante o curto período que marcou o apogeu desse sistema no século XIX. A acumulação de capital assumiu sua forma definitiva e tornou-se a lei básica que governaria a sociedade. Desde o início, essa forma de acumulação foi construtiva (permitiu uma aceleração prodigiosa e contínua na produtividade do trabalho social). Mas foi, ao mesmo tempo, destrutiva. Marx observou que a acumulação destrói as duas bases da riqueza: o ser humano (vítima da alienação da mercadoria) e a natureza.

Nas minhas análises do capitalismo histórico eu destaquei, em particular, uma terceira dimensão da destrutividade da acumulação: a despossessão cultural e material dos povos dominados das periferias – que Marx de certa forma deixou de lado. Não há dúvidas quanto a isso, porque, no curto período em que Marx produziu suas obras, a Europa parecia quase exclusivamente dedicada às demandas de acumulação interna. Marx relegou assim essa despossessão a uma fase temporária de "acumulação primitiva" que eu, ao contrário, descrevi como permanente.

O fato é que, durante esse curto período de maturidade, o capitalismo cumpria funções progressistas inegáveis. Criou as condições que tornaram possível e necessário que ele fosse ultrapassado pelo socialismo/comunismo, tanto no âmbito material como no da nova consciência política e cultural que se deu ao mesmo tempo. O socialismo (e mais ainda, o comunismo) não deve, como alguns pensam, ser concebido como um "modo de produção" superior porque é capaz de acelerar o desenvolvimento das forças produtivas e associá-las a uma distribuição de renda "equitativa". Socialismo é outra coisa, mais uma vez: um estágio superior no desenvolvimento da civilização humana. Não é, portanto, por acaso que o movimento operário se enraizou na população explorada e se comprometeu com a luta pelo socialismo, como é evidente na Europa do século XIX, como mostra o *Manifesto do Partido Comunista* em 1848. Tampouco é por acaso que esse desafio tomou a forma da primeira revolução socialista da história: a Comuna de Paris em 1871.

Capitalismo monopolista: o início do longo declínio

No final do século XIX, o capitalismo entrou em seu longo período de declínio. Com isso, quero dizer que as dimensões destrutivas da acumulação agora venceram, a uma taxa crescente, sua dimensão progressista e construtiva. Essa transformação qualitativa do capitalismo tomou forma com a criação de novos monopólios de produção (não mais apenas nas áreas de comércio e conquista colonial, como no período mercantilista) no final do século XIX. Isso foi em resposta ao primeiro longo processo de crise estrutural do capitalismo, que começou na década de 1870, logo após a derrota da Comuna de Paris. O surgimento do capitalismo monopolista (como destacado por Hilferding e Hobson) mostrou que o capitalismo clássico, de livre concorrência e, de fato, o próprio capitalismo, já tinham "tido apogeu" e se tornado "obsoleto". Estava dado o sinal para a necessária e possível expropriação dos expropriadores. Esse declínio encontrou sua expressão na primeira onda de guerras e revoluções que marcaram a história do século XX. Lenin estava certo, portanto, ao descrever o capitalismo monopolista como o "estágio superior do capitalismo".

Mas, de forma otimista, Lenin pensou que essa primeira longa crise seria a última, com a revolução socialista na agenda. A história mais tarde provou que o capitalismo foi capaz de superar essa crise, ao custo de duas guerras mundiais, e foi até mesmo capaz de se adaptar aos reveses impostos pelas revoluções russa e chinesa e pelas libertações nacionais na Ásia e África. Mas depois do curto período de renascimento do capitalismo monopolista (1945-1975), seguiu-se uma segunda longa crise estrutural do sistema, iniciada na década de 1970. O capital reagiu a esse novo desafio com uma nova abordagem qualitativa da transformação que assumiu a forma do que descrevi como "capitalismo de monopólio generalizado".

Uma série de questões importantes surge dessa interpretação do "longo declínio" do capitalismo, que diz respeito à natureza da "revolução" que estava na ordem do dia. Poderia o "longo declínio" do capitalismo monopolista histórico ser sinônimo da "longa transição" para o socialismo/comunismo? Sob quais condições?

A partir de 1500 (o início da forma mercantilista atlântica de transição para o capitalismo maduro) até 1900 (o início do desafio à lógica unilateral da acumulação), os ocidentais (europeus, depois estadunidenses e, mais tarde, japoneses) permaneceram como senhores do jogo. Esses países, sozinhos, moldaram as estruturas do novo mundo do capitalismo histórico. Os povos e nações da periferia que haviam sido conquistados e dominados resistiram,

A TRAJETÓRIA DO CAPITALISMO HISTÓRICO E A VOCAÇÃO TRICONTINENTAL DO MARXISMO **97**

claro, tanto quanto puderam, mas eram sempre derrotados no final e forçados a se adaptar ao seu *status* de subordinado.

A dominação do mundo euro-atlântico foi acompanhada por sua explosão demográfica: os europeus, que constituíam 18% da população do planeta em 1500, representavam 36% em 1900 – aumentado por seus descendentes que emigraram para as Américas e a Austrália. Sem essa emigração maciça, o modelo de acumulação do capitalismo histórico, baseado no desaparecimento acelerado do mundo camponês, teria sido simplesmente impossível. É por isso que o modelo não pode ser reproduzido nas periferias do sistema, que não têm "Américas" para conquistar. Sendo impossível "alcançar" o sistema, os povos da periferia não têm alternativa senão optar por um caminho diferente de desenvolvimento.

As iniciativas passam pelos povos e nações da periferia

Em 1871, a Comuna de Paris, que, como mencionado, era a primeira revolução socialista, também foi a última a ocorrer em um país que fazia parte do centro capitalista. O século XX inaugurou – com o despertar dos povos das periferias – um novo capítulo na história. Suas primeiras manifestações foram as revoluções no Irã (1907), no México (1910-1920), na China (1911) e na Rússia "semiperiférica", em 1905. Esse despertar dos povos e nações da periferia foram mais adiante na Revolução de 1917, no árabe-muçulmano Nahda, na constituição do movimento Young Turk (1908), na Revolução Egípcia de 1919, e na formação do Congresso Indiano (1885).

Em reação à primeira longa crise do capitalismo histórico (1875-1950), os povos da periferia começaram a se libertar por volta de 1914-1917, mobilizados sob a bandeira do socialismo (Rússia, China, Vietnã, Cuba) ou da libertação nacional (Índia, Argélia) associada em diferentes níveis com reformas sociais progressistas. Eles seguiram o caminho da industrialização, até então proibido pelo domínio do (antigo) imperialismo "clássico", forçando este último a "se ajustar" à primeira onda de iniciativas de independência dos povos, nações e Estados das periferias. De 1917 até a época em que o "projeto Bandung" (1955-1980) perdeu fôlego e a União Soviética entrou em colapso em 1990, essas foram as iniciativas que dominaram a cena.

Não vejo as duas longas crises do velho capitalismo monopolista em termos de longos ciclos de Kondratiev, mas como dois estágios tanto do declínio do capitalismo histórico globalizado quanto da possível transição ao socialismo. Também não vejo o período 1914-1945 exclusivamente como a guerra dos 30 anos pela sucessão da "hegemonia britânica". Vejo esse período também como a longa guerra conduzida pelos centros imperialistas contra o primeiro despertar das periferias (Leste e Sul).

Essa primeira onda do despertar dos povos da periferia se desgastou por muitas razões, incluindo suas próprias limitações internas e contradições, e o sucesso do imperialismo em encontrar novas maneiras de dominar o sistema mundial (por meio do controle da invenção tecnológica, acesso a recursos, o sistema financeiro globalizado, comunicação e tecnologia da informação, armas de destruição em massa).

No entanto, o capitalismo passou por uma segunda longa crise que começou na década de 1970, exatamente cem anos após a primeira. As reações do capital a essa crise foram as mesmas que anteriormente: concentração reforçada, que deu origem ao capitalismo de monopólio generalizado, globalização ("liberal") e financeirização. Mas o momento do triunfo – a segunda *belle époque*, de 1990 a 2008, ecoando a primeira *belle époque*, de 1890 a 1914 – do novo imperialismo coletivo da Tríade (EUA, Europa e Japão) foi de fato breve. Uma nova época de caos, guerras e revoluções surgiu. Nessa situação, a segunda onda do despertar das nações da periferia (que já havia começado) agora se recusava a permitir que o imperialismo coletivo da Tríade mantivesse suas posições dominantes, para além do controle militar do planeta. O *establishment* de Washington, ao priorizar esse objetivo estratégico, comprova que está perfeitamente ciente dos problemas reais em jogo nas lutas e conflitos decisivos de nossa época, em oposição à visão ingênua das correntes majoritárias no altermundialismo ocidental.

O capitalismo monopolista generalizado é a última fase do capitalismo?

Lenin descreveu o imperialismo dos monopólios como "o estágio superior do capitalismo". Eu descrevi o imperialismo como uma "fase permanente do capitalismo", no sentido de que o capitalismo histórico globalizado construiu, e nunca deixou de reproduzir e aprofundar, a polarização centro/periferia. A primeira onda de constituição de monopólios no final do século XIX certamente envolveu uma transformação qualitativa nas estruturas fundamentais do modo capitalista de produção. Lenin deduziu disso que a revolução socialista estava na agenda e Rosa Luxemburgo acreditava que as alternativas eram agora "socialismo ou barbárie". Lenin certamente era otimista demais, subestimando os efeitos devastadores da renda imperialista – e da transferência associada a ela – na revolução do Ocidente (os centros) para o Oriente (as periferias).

A segunda onda da centralização do capital, que ocorreu no último terço do século XX, constituiu uma segunda transformação qualitativa do sistema, que eu descrevi como "monopólios generalizados". De agora em diante, eles não só comandam o topo da economia moderna, mas também conseguiram impor seu controle direto sobre todo o sistema de produção. As pequenas e médias empresas (e até as grandes que estão fora dos monopólios), como os agricultores, foram literalmente despojados, reduzidos ao *status* de subempregados, com suas instabilidades, e sujeitos a controle rígido dos monopólios.

Nessa fase superior da centralização do capital, seu laço com um corpo orgânico vivo – a burguesia – se rompeu. Essa é uma mudança imensamente importante: a burguesia histórica, constituída por famílias enraizadas localmente, deu lugar a uma oligarquia/plutocracia anônima que controla os monopólios, apesar da dispersão dos títulos de propriedade de seu capital. A gama de operações financeiras inventada nas últimas décadas testemunha essa forma suprema de alienação: o especulador agora pode vender o que ele nem possui, de modo que o princípio da propriedade fica reduzido a um *status* que é pouco menos que irrisório.

A função do trabalho socialmente produtivo desapareceu. O alto grau de alienação já havia atribuído uma virtude produtiva ao dinheiro ("dinheiro produz dinheiro"). Agora a alienação atingiu novos patamares: é o tempo ("tempo é dinheiro") que, apenas por sua virtude, "produz lucro". A nova classe burguesa que responde aos requisitos de reprodução do sistema foi reduzida ao *status* de "empregados assalariados" (precários, para começar), mesmo quando são, como membros dos setores mais altos das classes médias, pessoas privilegiadas e muito bem pagas pelo seu "trabalho".

Sendo assim, não devemos concluir que o capitalismo já teve apogeu? Não há outra resposta possível para o desafio: os monopólios devem ser nacionalizados. Esse é um primeiro passo inevitável rumo a uma possível socialização de sua gestão pelos trabalhadores e cidadãos. Somente isso permitirá progredir ao longo do grande caminho para o socialismo. Ao mesmo tempo, será a única maneira de desenvolver uma nova macroeconomia que restaure um espaço genuíno para as operações de pequenas e médias empresas. Se isso não for feito, a lógica de dominação do capital abstrato produzirá apenas o declínio da democracia e da civilização, rumo a um "*apartheid* generalizado" em âmbito global.

Vocação tricontinental do marxismo

Minha interpretação do capitalismo histórico enfatiza a polarização do mundo (o contraste centro/periferia) produzido pela forma histórica de acumulação do capital. Essa perspectiva questiona as visões da "revolução socialista" e, mais amplamente, a transição para o socialismo, que os marxismos históricos desenvolveram. A "revolução" – ou a transição – diante de nós não é necessariamente aquela em que essas visões históricas foram baseadas. As estratégias de superação do capitalismo também não são as mesmas.

É preciso reconhecer que as lutas políticas e sociais mais importantes do século XX tentaram enfrentar não tanto o capitalismo em si, mas a dimensão imperialista permanente do capitalismo realmente existente. A questão é, portanto, se esta transferência do centro de gravidade das lutas, necessariamente, coloca o capitalismo em xeque, pelo menos em potencial.

O pensamento de Marx associa clareza "científica" à análise da realidade com ação social e política (a luta de classes no seu sentido mais amplo) que visa a "mudar o mundo". Confrontar o básico – ou seja, a descoberta da fonte real de mais-valia produzida pela exploração do trabalho social pelo capital – é indispensável a essa luta. Se essa contribuição fundamental e lúcida de Marx é abandonada, o resultado é inevitavelmente uma falha dupla. Qualquer abandono da teoria da exploração (lei do valor) reduz a análise da realidade àquela das aparências apenas, uma maneira de pensar limitada por sua submissão abjeta às demandas da mercantilização, submissão esta engendrada pelo sistema. Da mesma forma, tal abandono da crítica ao sistema baseada no trabalho e no valor aniquila a eficácia de estratégias e lutas para mudar o mundo, que são assim concebidas dentro dessa estrutura alienante, cujas reivindicações "científicas" não têm base real.

No entanto, não basta apenas se apegar à análise lúcida formulada por Marx. Não só porque a própria "realidade" muda e sempre há elementos "novos" a serem levados em consideração no desenvolvimento da crítica ao mundo real que começou com Marx. Porém, mais fundamentalmente, é porque, como sabemos, a análise que Marx apresentou n'*O capital* ficou incompleta. No sexto volume planejado desse trabalho (que nunca foi escrito), Marx propôs abordar a globalização do capitalismo. Isso agora tem que ser feito por outros, e por isso ousei defender a formulação da "lei do valor globalizado", recolocando o lugar do desenvolvimento desigual (por meio da polarização centro/periferia) que é inseparável da expansão global do capitalismo histórico. Nessa formulação, a "renda imperialista" é integrada a todo o processo de produção e circulação de capital e distribuição da mais-valia. Essa renda está na origem do desafio: explica por que as lutas pelo socialismo nos centros imperialistas desapareceram e destaca as dimensões anti-imperialistas das lutas nas periferias contra o sistema de globalização capitalista/imperialista.

Não retomarei aqui a discussão que a exegese dos textos de Marx sobre essa questão sugere. Marx, que é nada menos do que um gigante, com sua perspicácia crítica e a incrível sutileza de seu pensamento, deve ter tido pelo menos uma intuição de que enfrentava uma questão séria aqui. Isso é sugerido por suas observações sobre os efeitos desastrosos do alinhamento da classe trabalhadora inglesa ao chauvinismo associado à exploração colonial da Irlanda. Marx não ficou, portanto, surpreso que foi na França – menos desenvolvida que a Inglaterra economicamente, porém mais avançada na consciência política – que a primeira revolução socialista ocorreu. Ele, como Engels, também esperava que o "atraso" da Alemanha pudesse possibilitar uma forma original de avançar no desenvolvimento, unindo a burguesia e as revoluções socialistas.

Lenin foi ainda mais longe. Ele enfatizou a transformação qualitativa que estava envolvida na passagem ao capitalismo monopolista, e tirou as conclusões necessárias: que o capitalismo havia deixado de ser um estágio progressista necessário na história e que agora estava "putrefato" (termo de Lenin). Em outras palavras, tinha se tornado "obsoleto" e "senil" (meus termos), e por isso a passagem para o socialismo estava na agenda, e era necessária e possível. Ele concebeu e implementou, nesse contexto, uma revolução que começou na periferia (Rússia, o "elo mais fraco"). Depois, vendo o fracasso de suas esperanças de uma revolução europeia, ele concebeu a transferência da revolução para o Oriente, onde viu que a fusão dos objetivos da luta anti-imperialista aos da luta contra o capitalismo se tornou possível.

Mas foi Mao quem formulou rigorosamente a natureza complexa e contraditória dos objetivos na transição ao socialismo que deveriam ser buscados nessas condições. O "marxismo" (ou, mais exatamente, os marxismos históricos) foi confrontado por um novo desafio – um que não existia na consciência política mais lúcida do século XIX, mas que surgiu por causa da transferência da iniciativa de transformar o mundo para os povos, nações e Estados da periferia.

A renda imperialista não apenas beneficiou os monopólios do centro dominante (na forma de superlucros), também foi a base da reprodução da sociedade como um todo, apesar de sua evidente estrutura de classe e a exploração de seus trabalhadores. Isso é o que Perry Anderson analisou tão claramente como "marxismo ocidental", que ele descreveu como "o produto da derrota" (o abandono da perspectiva socialista) – e que é relevante aqui. Esse marxismo estava então condenado, tendo renunciado a "mudar o mundo" e comprometendo-se com estudos "acadêmicos" sem impacto político. A aproximação liberal da social-democracia e sua união tanto à ideologia dos EUA de "consenso" e ao atlanticismo a serviço da dominação imperialista do mundo foram as consequências.

"Outro mundo" (uma frase muito vaga para indicar um mundo comprometido com o longo caminho em direção ao socialismo) é obviamente impossível, a menos que forneça uma solução para os problemas dos povos da periferia – apenas 80% da população mundial! "Mudar o mundo" significa, portanto, mudar as condições de vida dessa maioria. O marxismo, que analisa a realidade do mundo a fim de fazer com que as forças atuem por uma mudança tão efetiva quanto possível, adquire necessariamente uma decisiva vocação tricontinental (África, Ásia, América Latina).

Como isso se relaciona ao terreno da luta que nos confronta? O que eu proponho, em resposta a essa pergunta, é uma análise da transformação do capitalismo monopolista imperialista ("senil") em capitalismo de monopólio generalizado (ainda mais senil, por esse motivo). Essa é uma transformação qualitativa em resposta à segunda longa crise do sistema que começou na década de 1970 e que ainda não foi resolvida. A partir dessa análise, tirei duas conclusões principais: 1) o sistema imperialista é transformado no imperialismo coletivo da Tríade, em reação à industrialização das periferias, impostas pelas vitórias da primeira onda de seu "despertar"; 2) isso ocorre junto à implementação, por parte do novo imperialismo, de novos meios de controle do sistema mundial, baseado no controle militar do planeta e seus recursos, a superproteção da apropriação exclusiva de tecnologia pelos oligopólios e seu controle sobre o sistema financeiro mundial. Há uma transformação que acompanha as estruturas de classe do capitalismo contemporâneo com o surgimento de uma oligarquia dominante exclusiva.

O "marxismo ocidental" tem ignorado a transformação decisiva representada pela emergência do capitalismo monopolista generalizado. Os intelectuais da nova esquerda radical ocidental se recusam a medir os efeitos decisivos da concentração dos oligopólios que agora dominam o sistema de produção como um todo, da mesma forma que dominam toda a vida social, cultural, política e ideológica. Tendo eliminado o termo "socialismo" (e, *a fortiori*, "comunismo") da língua deles, não imaginam mais a necessária expropriação dos expropriadores, mas apenas um impossível "outro capitalismo" com o que eles chamam de "face humana". O surgimento dos discursos dos "pós" (pós-moderno, pós-marxista etc.) é o resultado inevitável. Negri, por exemplo, não diz uma palavra sobre essa transformação decisiva que, para mim, está no coração das questões do nosso tempo.

A novilíngua desses delírios loucos deve ser vista no sentido literal do termo, como um imaginário ilusório destacado de toda a realidade. Em francês, *le peuple* (e melhor ainda, *les clases populaires*), como em espanhol *el pueblo* (*las clases populares*), não é um sinônimo de "todos". Refere-se às classes dominadas e ex-

A TRAJETÓRIA DO CAPITALISMO HISTÓRICO E A VOCAÇÃO TRICONTINENTAL DO MARXISMO **105**

ploradas e, portanto, também enfatiza sua diversidade (dos tipos de relacionamento que possuem com o capital), o que possibilita construir estratégias concretas eficazes e transformá-las em agentes ativos de mudança. Isso contrasta com o equivalente em inglês: *people* não tem esse significado, sendo sinônimo dele *le gens* (todos) e, em espanhol, *la gente*. A novilíngua ignora esses conceitos (marcados pelo marxismo e formulados em francês ou espanhol) e os substitui por uma palavra vaga como a "multidão" de Negri. É um delírio filosófico atribuir a essa palavra (que não acrescenta nada, mas subtrai muito) um suposto poder analítico, invocando seu uso por Spinoza, que viveu em uma época e em condições que nada têm a ver com a nossa.

O pensamento político da moda do novo radical ocidental de esquerda também ignora o caráter imperialista da dominação dos monopólios generalizados, substituindo-o pelo termo vazio "Império" (Negri). Esse ocidento-centrismo, levado ao extremo, omite qualquer reflexão sobre a renda imperialista, sem a qual nem os mecanismos de reprodução social ou os desafios que eles constituem podem ser compreendidos.

Em contrapartida, Mao apresentou uma visão que era profundamente revolucionária e "realista" (científica, lúcida) sobre os termos com os quais o desafio deveria ser analisado, possibilitando deduzir estratégias eficazes para avanços sucessivos durante o longo caminho de transição para o socialismo. Por esse motivo, ele distingue e conecta as três dimensões da realidade: povos, nações, Estados.

O povo (classes populares) "quer a revolução". Isso significa que é possível construir um bloco hegemônico que reúna as diferentes classes dominadas e exploradas, oposta àquela que permite a reprodução do sistema de domínio do capitalismo imperialista, exercido por meio do bloco hegemônico comprador e o Estado a seu serviço.

A menção a nações refere-se ao fato de que a dominação imperialista nega a dignidade das "nações" (chame-as como quiser), forjada pela história das sociedades das periferias. Tal dominação destruiu sistematicamente tudo o que dá às nações sua originalidade – em nome da "ocidentalização" e a proliferação de lixo barato. A libertação do povo é, portanto, inseparável daquela das nações às quais ele pertence. E essa é a razão pela qual o maoísmo substituiu o curto *slogan* "trabalhadores de todo o mundo, uni-vos!" por um mais abrangente: "trabalhadores de todos os países, povos oprimidos, unam-se!". As nações querem sua "libertação", vista como sendo complementar à luta do povo e não conflitante com ela. A libertação em questão não é, portanto, a restauração do passado – a ilusão fomentada por um apego culturalista ao passado –, mas a invenção do futuro. Isso se baseia na transformação radical do patrimônio histórico da nação, em vez da importação artificial de uma falsa "modernidade". A cultura que é herdada e submetida ao teste de transformação é compreendida aqui como cultura política – tendo o cuidado de não usar o indiferenciado termo "cultura" (que engloba "religião" e inúmeras outras formas) que sequer tem algum significado, pois a cultura genuína não é abstrata, nem é uma invariável histórica.

A referência ao Estado é baseada no reconhecimento necessário da relativa autonomia de seu poder em suas relações com o bloco hegemônico que é a base de sua legitimidade, mesmo que seja popular e nacional. Essa autonomia relativa não pode ser ignorada enquanto o Estado existir, ou seja, pelo menos por toda a duração da transição para o comunismo. É só depois disso que podemos pensar em uma "sociedade sem Estado" – não antes. Isso não é apenas porque os avanços populares e nacionais devem ser protegidos da agressão permanente do imperialismo, que ainda domina o mundo, mas também, e talvez acima de tudo, porque "avançar rumo à longa transição" também requer "desenvolvimento de forças produtivas". Em outras palavras, o objetivo é alcançar aquilo que o imperialismo tem impossibilitado nos países da periferia e obliterar a herança da polarização mundial, que é inseparável da expansão mundial do capitalismo histórico. O programa não é o mesmo que "alcançar", por imitação, o capitalismo central – uma corrida que é, aliás, impossível e, acima de tudo, indesejável. Ele impõe uma concepção diferente de "modernização/industrialização", com base na participação genuína das classes populares no processo de implementação, com benefícios imediatos para elas em cada estágio, à medida que avança. Devemos, portanto, rejeitar o raciocínio dominante que exige que as pessoas esperem indefinidamente até que o desenvolvimento das forças produtivas finalmente tenha criado as condições de uma passagem "necessária" ao socialismo. Essas forças devem ser desenvolvidas desde o início com a perspectiva de construção do socialismo. O poder do Estado está evidentemente no cerne dos conflitos entre as demandas contraditórias do "desenvolvimento" e do "socialismo".

"Os Estados querem independência". Isso deve ser visto como um objetivo duplo: independência (forma extrema de autonomia) *vis-a-vis* as classes populares; independência das pressões do sistema capitalista mundial. A "burguesia" (em termos gerais, a classe dirigente em posições de comando no Estado, cujas ambições sempre tendem a uma evolução burguesa) é tanto nacional quanto compradora. Se as circunstâncias lhes permitirem aumentar sua autonomia frente ao imperialismo dominante, ela escolhe "defender o interesse nacional". Mas se as circunstâncias não permitirem, optam pela submissão "compradora" e às demandas do imperialismo. A "nova classe governante" (ou "grupo governante") ainda está em uma posição ambígua, mesmo quando se baseia em um bloco popular, pelo fato de ser animado pela tendência "burguesa", ao menos parcialmente.

A articulação correta da realidade nesses três níveis – povos, nações e Estados – condiciona o sucesso do progresso no longo caminho da transição. É uma questão de reforçar a complementaridade dos avanços do povo, da libertação da nação e das realizações do poder do Estado. Mas se é permitido que as contradições entre o agente popular e o agente estatal se desenvolvam, quaisquer avanços estão finalmente condenados.

Haverá um impasse se um desses níveis não estiver preocupado com sua articulação com os outros. A noção abstrata de "povo" como sendo a única entidade que conta, e a tese do "movimento" abstrato capaz de transformar o mundo sem se preocupar em tomar o poder, são simplesmente ingênuos. A ideia de libertação nacional "a todo custo" – vista como independente do conteúdo social do bloco hegemônico – leva à ilusão cultural de apego irrecuperável ao passado (Islã político, hinduísmo e budismo são exemplos) e, de fato, não tem poder. Isso gera uma noção de poder, concebido como algo capaz de "obter conquistas" para o povo, mas que, de fato, deve ser exercido sem eles. Assim, há um movimento em direção ao autoritarismo e à cristalização de uma nova burguesia. O desvio do sovietismo, que evoluiu de um "capitalismo sem capitalistas" (capitalismo de Estado) para um "capitalismo com capitalistas", é o exemplo mais trágico disso.

Uma vez que povos, nações e Estados da periferia não aceitam o sistema imperialista, o "Sul" é a "zona de tempestade", com revoltas e insurreições permanentes. A partir de 1917, a história consistiu principalmente dessas revoltas e iniciativas independentes (no sentido de independência das tendências que dominam o sistema capitalista imperialista existente) dos povos, nações e Estados das periferias. São essas iniciativas, apesar de seus limites e contradições, que moldaram as mais decisivas transformações do mundo contemporâneo, muito mais do que o progresso das forças produtivas e os ajustes sociais relativamente fáceis que as acompanharam no coração do sistema.

A segunda onda de iniciativas independentes dos países do Sul já começou. Os países "emergentes" e outros, como seus povos, estão lutando contra as maneiras pelas quais o imperialismo coletivo da tríade tenta perpetuar seu domínio. As intervenções militares de Washington e seus aliados subalternos da Otan também se mostraram um fracasso. O sistema financeiro mundial está colapsando e, em seu lugar, sistemas regionais autônomos estão em processo de instalação. O monopólio tecnológico dos oligopólios foi frustrado.

Recuperar o controle sobre os recursos naturais é agora a ordem do dia. As nações andinas, vítimas do colonialismo interno que sucedeu a colonização estrangeira, estão se fazendo ouvir politicamente.

As organizações populares e os partidos da esquerda radical em luta já derrotaram alguns programas liberais (na América Latina) ou estão a caminho de fazê-lo. Essas iniciativas, que são, antes de tudo, fundamentalmente anti-imperialistas, são potencialmente capazes de se comprometer no decorrer do longo caminho para a transição socialista.

Como esses dois futuros possíveis se relacionam? O "outro mundo" que está sendo construído é sempre ambíguo: carrega o pior e o melhor dentro dele, ambos "possíveis" (não há leis da história anteriores à própria história para nos dar uma indicação). Uma primeira onda de iniciativas dos povos, nações e Estados da periferia ocorreu no século XX, até 1980. Qualquer análise de seus componentes não faz sentido, a menos que se reflita sobre as complementaridades e conflitos sobre como os três níveis se relacionam. Uma segunda onda de iniciativas na periferia já começou. Será mais eficaz? Pode ir mais longe do que a anterior?

Fim da crise do capitalismo?

As oligarquias no poder do sistema capitalista contemporâneo estão tentando restaurar o sistema como era antes da crise financeira de 2008. Para isso, eles precisam convencer as pessoas através de um "consenso" que não desafie seu poder supremo. Para conseguir isso, estão preparados para fazer algumas concessões retóricas acerca dos desafios ecológicos (em particular sobre a questão do clima), deixando sua dominação "mais verde" e até sugerindo que realizarão reformas sociais (a "guerra à pobreza") e reformas políticas ("boa governança").

Participar deste jogo de convencer as pessoas da necessidade de forjar um novo consenso – mesmo que em termos claramente melhores – vai acabar em fracasso. Pior ainda, prolongará ilusões fatais. Isso ocorre porque a resposta ao desafio colocado pela crise do sistema global exige, primeiro, a transformação das relações de poder em benefício dos trabalhadores, bem como relações internacionais em benefício dos povos das periferias. As Nações Unidas organizaram toda uma série de conferências globais, que não renderam nada – como era de se esperar.

A história provou que esse é um requisito necessário. A resposta à primeira longa crise do envelhecimento do capitalismo aconteceu entre 1914 e 1950, principalmente por meio dos conflitos que colocaram os povos das periferias contra a dominação das potências imperiais e, em diferentes graus, por meio de relações sociais internas que beneficiam as classes populares. Desse modo, eles prepararam o caminho para os três sistemas do pós-Segunda Guerra Mundial: os socialismos realmente existentes da época, os regimes nacionais e populares de Bandung e o acordo social-democrata nos países do Norte, que se tornou particularmente necessário pelas iniciativas independentes dos povos das periferias.

Em 2008, a segunda longa crise do capitalismo moveu-se para um novo estágio. Conflitos internacionais violentos já começaram e são visíveis: desafiarão a dominação dos monopólios generalizados, baseados em posições anti-imperialistas? Como se relacionam com as lutas sociais das vítimas das políticas de austeridade postas em prática pelas classes dominantes em resposta à crise? Em outras palavras, os povos empregarão uma estratégia para se libertar de um capitalismo em crise, em vez de estratégias para libertar o sistema de sua crise, como almejado pelos poderes constituídos?

Os ideólogos que servem o poder estão perdendo fôlego, fazendo comentários fúteis sobre o "mundo depois da crise". A CIA pode apenas vislumbrar uma restauração do sistema – atribuindo maior participação de "mercados emergentes" na globalização liberal, em detrimento da Europa, e não dos Estados Unidos. É incapaz de reconhecer que a crise que se aprofunda não será "superada", exceto por meio de violentos conflitos internacionais e sociais. Ninguém sabe como será o resultado: poderia ser para melhor (progresso em direção ao socialismo) ou para o pior (*apartheid* mundial).

A radicalização política das lutas sociais é a condição para superar sua fragmentação interna e sua estratégia exclusivamente defensiva ("salvaguarda de benefícios sociais"). Somente isso permitirá identificar os objetivos necessários para empreender o longo caminho para o socialismo. Somente isso permitirá que os "movimentos" gerem empoderamento real.

O empoderamento dos movimentos requer uma estrutura de condições macro políticas e econômicas que faça seus projetos concretos viáveis. Como criar essas condições? Aqui chegamos à questão central do poder do Estado. Um Estado renovado, genuinamente popular e democrático, seria capaz de realizar políticas efetivas nas condições globalizadas do mundo contemporâneo? Uma resposta negativa e imediata na esquerda levou a chamados por iniciativas para alcançar um consenso global mínimo, como base para a mudança política universal, contornando o Estado. Essa resposta e seu corolário estão se mostrando infrutíferos. Não há outra solução que não gerar avanços em âmbito nacional, talvez reforçada por ações apropriadas em âmbito regional. Eles devem ter como objetivo desmantelar o sistema mundial ("desvincular") antes de eventuais reconstruções em uma base social distinta, com a perspectiva de crescimento para além do capitalismo. O princípio é tão válido para os países do Sul que, aliás, começaram a se mover nessa direção na Ásia e na América Latina, como para os países do Norte, onde, infelizmente, a necessidade de desmantelar as instituições Europeias (e a do euro) ainda não está prevista, nem mesmo pela esquerda radical.

O indispensável internacionalismo dos trabalhadores e dos povos

Os limites dos avanços conquistados pelo despertar do Sul no século XX e a exacerbação das contradições que resultaram foram o motivo pelo qual a primeira onda de libertação perdeu seu impulso. Isso foi muito reforçado pela hostilidade permanente dos Estados no centro imperialista, que chegaram ao ponto de travar uma guerra aberta que – deve-se dizer – foi apoiada, ou pelo menos aceita, pelos povos do Norte. Os benefícios da renda imperialista foram certamente um fator importante nessa rejeição ao internacionalismo pelas forças populares do Norte. As minorias comunistas, que adotaram outra atitude, às vezes com vigor, não conseguiram, contudo, criar blocos alternativos e eficazes em torno de si. E a passagem em massa dos partidos socialistas para o campo "anticomunista" contribuiu em grande parte para o sucesso das potências capitalistas no campo imperialista. Esses partidos, no entanto, não foram "recompensados", no dia seguinte ao colapso da primeira onda de lutas do século XX, pois o capitalismo monopolista sacudiu sua aliança. Eles não aprenderam a lição de sua derrota radicalizando-se: ao contrário, escolheram capitular, movendo-se para posições "socioliberais" com as quais estamos familiarizados. Essa é a prova, se necessária, do papel decisivo da renda imperialista na reprodução das sociedades do Norte. Assim, a segunda capitulação foi menos uma tragédia do que uma farsa.

A derrota do internacionalismo compartilha parte da responsabilidade pelos desvios autoritários em direção à autocracia nas experiências socialistas do século passado. A explosão de expressões inventivas de democracia durante o curso das revoluções na Rússia e China desmente o julgamento fácil de que esses países não estavam "maduros" para a democracia. A hostilidade dos países imperialistas, facilitada pelo apoio de seus povos, contribuiu em grande parte para que a busca do socialismo democrático fosse ainda mais difícil, em condições que já eram difíceis, uma consequência da herança do capitalismo periférico.

Assim, a segunda onda de despertar dos povos, nações e Estados das periferias do século XXI começa em condições que provavelmente não são melhores; de fato, são ainda mais difíceis. A chamada característica da ideologia dos EUA do "consenso" (na realidade, submissão às demandas de poder do capitalismo monopolista generalizado); a adoção de regimes políticos "presidenciais" que destroem a eficácia do potencial *antiestablishment* da democracia; o elogio indiscriminado a um individualismo falso e manipulado, junto à desigualdade (vista como uma virtude); a reunião de países subalternos à Otan em torno de estratégias implementadas pelo *establishment* de Washington – tudo isso vem fazendo progressos rápidos na União Europeia, que não pode ser, nessas condições, diferente do que é: um bloco constitutivo da globalização imperialista.

Nessa situação, o colapso desse projeto militar torna-se a prioridade número um e a condição preliminar para o sucesso da segunda onda de libertação que vem sendo realizada por meio das lutas dos povos, nações e Estados dos três continentes. Até que isso aconteça, seus avanços, presentes e futuros, permanecerão vulneráveis. Um possível *remake* do século XX não é, portanto, algo a ser excluído, mesmo que, obviamente, as condições de nossa época sejam bem diferentes daquelas do século passado.

Esse cenário trágico não é, contudo, o único possível. A ofensiva do capital contra os trabalhadores já está em curso no coração do sistema. Isso prova, se for necessário, que o capital, quando fortalecido por suas vitórias contra os povos da periferia, é capaz de atacar frontalmente as posições das classes trabalhadoras nos centros do sistema. Nessa situação, não é mais impossível visualizar a radicalização das lutas. A herança das culturas políticas europeias não está ainda perdida, e deve facilitar o renascimento de uma consciência internacional que atenda às demandas de sua globalização. Uma evolução nessa direção, no entanto, enfrenta o obstáculo da renda imperialista.

Esta não é apenas uma importante fonte de lucros excepcionais para os monopólios; ela também condiciona a reprodução da sociedade como um todo. E, com o apoio indireto desses elementos populares que buscam preservar a todo custo o existente modelo eleitoral de "democracia" (por mais antidemocrático que seja de fato), o peso das classes médias pode, com toda a probabilidade, destruir a força potencial que venha à tona com a radicalização das classes populares. Por causa disso, é provável que o progresso no Sul tricontinental continuará na vanguarda da cena, como no século passado. No entanto, assim que os avanços tiverem seus efeitos e isso restringir seriamente a extensão da renda imperialista, os povos do Norte devem estar em uma posição melhor para entender o fracasso de estratégias que se submetem às demandas dos monopólios imperialistas generalizados. As forças ideológicas e políticas da esquerda radical devem, então, tomar seu lugar nesse grande movimento de libertação, construído com base na solidariedade entre povos e trabalhadores.

A batalha ideológica e cultural é decisiva para esse renascimento – que sintetizei como o objetivo estratégico da construção de uma Quinta Internacional de trabalhadores e povos.

1 de fevereiro de 2011.

China 2013

Os debates sobre o presente e o futuro da China – uma potência "emergente" – nunca me convenceram. Algumas pessoas argumentam que a China escolheu, de uma vez por todas, a "via capitalista" e pretende até mesmo acelerar sua integração à globalização capitalista contemporânea. Essas pessoas estão bastante satisfeitas com isso e esperam apenas que esse "retorno à normalidade" (o capitalismo como "fim da história") seja acompanhado pelo desenvolvimento em direção à democracia no estilo ocidental (partidos múltiplos, eleições, direitos humanos). Eles acreditam – ou precisam acreditar – na possibilidade de a China assim "recuperar o atraso" em termos de renda *per capita* em relação às sociedades ricas do Ocidente, ainda que gradualmente, o que não acredito ser possível. A direita chinesa compartilha desse ponto de vista. Outros lamentam esse quadro em nome dos valores de um "socialismo traído". Alguns associam a si mesmos às expressões dominantes da prática de *China bashing*[1] no Ocidente. Ainda

---

[1] *China bashing* (*to bash*, em inglês, golpear, criticar, depreciar) se refere ao esporte preferido da mídia ocidental de todas as tendências – incluindo a de esquerda, infelizmente – que consiste em depreciar sistematicamente, e até mesmo criminalizar, tudo o que é feito na China. A China exporta lixo barato para os mercados mais pobres do Terceiro Mundo (isso é verdade), um crime horrível. Contudo, também produz trens de alta velocidade, aviões, satélites, cuja maravilhosa qualidade tecnológica é elogiada no Ocidente, mas a China não deveria ter esse direito! Eles acreditam que a construção em massa de moradias para a classe trabalhadora nada mais é do que o abandono dos trabalhadores em favelas e igualam a "desigualdade" na China (as casas da classe trabalhadora não são condomínios opulentos) à indiana (condomínios opulentos lado a lado com as favelas) etc. Os ataques à China cedem à opinião infantil encontrada em algumas correntes da impotente "esquerda" ocidental:

outros – os que estão no poder em Beijing – descrevem o caminho escolhido como "socialismo ao estilo chinês", sem serem mais precisos. Entretanto, é possível discernir suas características ao ler textos oficiais atentamente, em particular os planos quinquenais, que são precisos e levados bastante a sério.

De fato, a pergunta "a China é capitalista ou socialista?" é mal colocada, muito geral e abstrata para que qualquer resposta faça sentido em termos dessa alternativa absoluta. De fato, a China tem realmente seguido um caminho original desde 1950, e talvez até desde a Revolução de Taiping no século XIX. Vou tentar aqui esclarecer a natureza desse caminho original em cada uma das etapas de seu desenvolvimento, de 1950 até agora – 2013.

A questão agrária

Mao descreveu a natureza da revolução realizada na China por seu Partido Comunista como uma revolução anti-imperialista/antifeudal com um horizonte para o socialismo. Mao nunca assumiu que, depois de ter lidado com o imperialismo e feudalismo, o povo chinês havia "construído" uma sociedade socialista. Ele sempre caracterizou essa construção como a primeira fase do longo caminho para o socialismo.

Devo enfatizar a natureza bastante específica da resposta dada à questão agrária pela Revolução Chinesa. As terras distribuídas (agrícolas) não foram privatizadas; permaneceram como propriedade da nação representada pelas comunas rurais e apenas seu uso foi dado às famílias rurais. Não foi assim na Rússia, onde Lenin, confrontado com o *fait accompli* [fato consumado] da insurreição camponesa em 1917, reconheceu a propriedade privada dos beneficiários da distribuição de terras.

---

se não é o comunismo do século XXIII, é uma traição! *China bashing* fomenta a campanha sistemática de manutenção da hostilidade contra a China, em vista de um possível ataque militar. Isso não é nada mais do que uma questão de destruir as oportunidades de uma emergência autêntica de um grande povo do Sul.

Por que a implementação do princípio de que a terra agricultável não é uma mercadoria foi possível na China (e no Vietnã)? Repete-se constantemente que os camponeses de todo o mundo desejam a propriedade da terra e apenas isso. Se fosse assim no caso da China, a decisão de nacionalizar a terra teria levado a uma guerra camponesa sem fim, como foi o caso quando Stalin começou a coletivização forçada na União Soviética.

A atitude dos camponeses da China e do Vietnã (em nenhum outro lugar) não pode ser explicada por uma suposta "tradição" na qual eles não tinham conhecimento da ideia de propriedade. É o produto de uma linha política inteligente e excepcional implementada pelo Partidos Comunistas desses dois países.

A Segunda Internacional deu como certa a inevitável aspiração dos camponeses pela propriedade, o que era real no século XIX europeu. Durante a longa transição europeia do feudalismo ao capitalismo (1500-1800), as primeiras formas feudais institucionalizadas de acesso à terra por meio de direitos, compartilhadas por reis, senhores e servos camponeses, foram gradualmente dissolvidas e substituídas pela moderna propriedade privada burguesa, que trata a terra como uma mercadoria – um bem que o proprietário pode dispor livremente (comprar e vender). Os socialistas da Segunda Internacional aceitaram esse *fait accompli* da "revolução burguesa", mesmo deplorando-o.

Eles também acreditavam que a pequena propriedade camponesa não tinha futuro, e que este pertencia à grande empresa agrícola mecanizada, baseada no modelo da indústria. Eles pensaram que o desenvolvimento capitalista por si só levaria à tal concentração de propriedade e às formas mais eficazes de sua exploração (veja os escritos de Kautsky sobre esse assunto). A história provou que eles estavam errados. A agricultura camponesa deu lugar à agricultura familiar capitalista em um duplo sentido; um que produz para o mercado (o consumo interno se tornou insignificante), e outro que faz uso de equipamentos modernos, insumos industriais e crédito bancário. Além disso, essa agricultura familiar capitalista se mostrou bastante eficiente em comparação a grandes fazendas, em termos de volume de produção por hectare e por trabalhador ao ano. Essa observação não exclui o fato de que o capitalista rural moderno é explorado pelo capital monopolista generalizado, que controla a oferta ascendente de insumos e crédito e a comercialização descendente dos produtos no varejo. Esses agricultores foram transformados em subcontratados do capital dominante.

Assim, (erroneamente) convencido de que a grande empresa é sempre mais eficiente do que a pequena em todas as áreas – indústria, serviços e agricultura –, os socialistas radicais da Segunda Internacional assumiram que a abolição da propriedade fundiária (nacionalização da terra) permitiria a criação de grandes fazendas socialistas (análogas aos futuros *sovkhozes* e *kolkhozes* soviéticos). Contudo, eles foram incapazes de colocar essas medidas à prova, uma vez que a revolução não estava na agenda de seus países (os centros imperialistas).

Os bolcheviques aceitaram essas teses até 1917. Eles contemplaram a nacionalização dos grandes latifúndios da aristocracia russa, deixando propriedades em terras comunais aos camponeses. No entanto, foram apanhados de surpresa pela insurreição camponesa, que tomou conta dos grandes latifúndios.

Mao tirou as lições dessa história e desenvolveu uma linha de ação política completamente diferente. Começando em 1930 no sul da China, durante a longa guerra civil de libertação, Mao baseou a crescente presença do Partido Comunista numa sólida aliança com os camponeses pobres e sem-terra (a maioria), manteve relações amistosas com os camponeses médios e isolou os camponeses ricos em todas as fases da guerra, sem necessariamente antagonizar com eles. O sucesso dessa linha preparou grande parte dos habitantes rurais a considerar e aceitar uma solução para seus problemas que não exigisse a propriedade privada em terrenos adquiridos por meio de distribuição. Acredito que as ideias de Mao e sua implementação bem-sucedida têm suas raízes históricas na

Revolução de Taiping no século XIX. Mao, assim, teve êxito onde o Partido Bolchevique falhou: no estabelecimento de uma sólida aliança com a grande maioria rural. Na Rússia, o *fait accompli* do verão de 1917 eliminou as oportunidades posteriores de uma aliança com os camponeses pobres e médios contra os ricos (os *kulaks*) porque os primeiros estavam ansiosos para defender seu direito adquirido à propriedade privada e, consequentemente, preferiram seguir os *kulaks* e não os bolcheviques.

Essa "especificidade chinesa" – cujas consequências são da maior importância – nos previne em absoluto de caracterizar a China contemporânea (mesmo em 2013) de "capitalista", uma vez que a via capitalista é baseada na transformação da terra em mercadoria.

Presente e futuro da pequena produção

Contudo, uma vez aceito esse princípio, as formas de uso desse bem comum (a terra das comunidades e aldeias) podem ser bastante diversos. Para entender isso, devemos ser capazes de distinguir pequena produção da pequena propriedade.

A pequena produção – camponesa e artesanal – dominava a produção em todas as sociedades passadas. Ela manteve um lugar importante no capitalismo moderno, agora ligado à pequena propriedade – na agricultura, nos serviços e até em certos segmentos da indústria. Certamente, na tríade dominante do mundo contemporâneo (Estados Unidos, Europa e Japão), ela está retrocedendo. Um exemplo disso é o desaparecimento de pequenas empresas e sua substituição por grandes operações comerciais. No entanto, isso não quer dizer que essa mudança seja o "progresso", mesmo em termos de eficiência, e ainda mais se as dimensões sociais, culturalise civilizacionais são levadas em consideração. De fato, esse é um exemplo da distorção produzida pelo dominação dos monopólios generalizados garantindo o crescimento de suas rendas. Talvez em um socialismo futuro, a pequena produção seja convocada a retomar sua importância.

Na China contemporânea, de qualquer forma, a pequena produção – que não necessariamente está vinculada à pequena propriedade – detém um lugar especial na produção nacional, não apenas na agricultura, mas em grandes segmentos da vida urbana.

A China experimentou formas bastante diversas e até contrastantes de uso da terra como bem comum. Precisamos discutir, por um lado, eficiência (volume de produção de um hectare por trabalhador ao ano) e, por outro lado, a dinâmica das transformações postas em marcha. Essas formas podem fortalecer tendências no sentido do desenvolvimento capitalista, que acabaria questionando o *status* de não mercadoria da terra, ou, por outro lado, pode fazer parte do desenvolvimento em uma direção socialista. Essas perguntas podem ser respondidas apenas por meio de um exame concreto das formas em questão, tal como foram implementadas em momentos sucessivos do desenvolvimento chinês desde 1950 até o presente.

No início, na década de 1950, a forma adotada era a pequena produção familiar combinada com formas mais simples de cooperação para a irrigação, para trabalhos que requeriam coordenação e para o uso de certos tipos de equipamento. Isso foi associado à inserção dessa pequena produção familiar em uma economia estatal que manteve o monopólio das compras de produtos destinados ao mercado e a oferta de crédito e insumos, tudo com base em preços planejados (decididos pelo centro).

A experiência das comunas que se seguiram ao estabelecimento de cooperativas de produção na década de 1970 está cheia de lições. Não se tratava necessariamente de passar da pequena produção para grandes propriedades rurais, mesmo que a ideia da superioridade desta última tenha inspirado alguns de seus apoiadores. O essencial dessa iniciativa teve origem na aspiração por construções socialistas descentralizadas. As comunas não apenas eram responsáveis pela produção agrícola de uma grande aldeia ou de um coletivo de aldeias e vilarejos (essa organização em si era uma mistura de formas de pequena produção familiar e produção especializada mais ambiciosa), elas também forneciam uma estrutura maior: 1) agregando atividades industriais que empregavam camponeses disponíveis em certos períodos; 2) articulando atividades econômicas produtivas junto à gestão dos serviços sociais (educação, saúde, habitação); e 3) iniciando a descentralização da administração política da sociedade. Assim como a Comuna de Paris pretendia, o Estado socialista se tornaria, pelo menos parcialmente, uma federação das comunas socialistas.

Sem dúvida, em muitos aspectos, as comunas estavam à frente de seu tempo e a dialética entre a descentralização dos poderes decisório e a centralização implicada pela onipresença do Partido Comunista nem sempre funcionava sem atritos. No entanto, os resultados registrados estão longe de terem sido desastrosos, como a direita nos faria acreditar. Uma comuna na região de Beijing, que resistiu à ordem de dissolver o sistema, continua a registrar excelentes resultados econômicos associados à persistência de debates políticos de alta qualidade, que desapareceram em outros lugares. Projetos atuais (2012) de "reconstrução rural", implementados pelas comunidades rurais de várias regiões da China, aparentemente se inspiram na experiência das comunas.

A decisão de dissolver as comunas, tomada por Deng Xiaoping em 1980, fortaleceu a pequena produção familiar, que permaneceu a forma dominante durante as três décadas seguintes a essa decisão (1980-2012). No entanto, a variedade de direitos dos usuários (para aldeias comunais e unidades familiares) expandiu-se consideravelmente. Tornou-se possível para os titulares desses direitos de uso da terra "arrendar" aquela terra (nunca "vendê-l") para outros pequenos produtores – facilitando a emigração para as cidades, particularmente de jovens educados que não querem permanecer nas áreas rurais – ou para empresas organizarem propriedades rurais muito maiores e modernizadas (nunca um latifúndio, que não existe na China, mas ainda assim consideravelmente maiores que propriedades rurais familiares). Essa forma é o meio usado para incentivar a produção especializada (como um bom vinho, para o qual a China solicitou a assistência de especialistas da Borgonha) ou testar novos métodos científicos (organismos geneticamente modificados e outros).

"Aprovar" ou "rejeitar" a diversidade desses sistemas *a priori* não faz sentido, na minha opinião. Mais uma vez, a análise concreta de cada um deles, tanto na concpeção quanto na realidade de sua implementação, é imperativa. O fato é que a diversidade inventiva de formas de usar as terras comuns levou a resultados fenomenais. Primeiro, em termos de eficiência econômica, embora a população urbana tenha aumentado de 20 para 50% da população total, a China conseguiu aumentar a produção agrícola para acompanhar o ritmo das demandas gigantescas da urbanização. Esse é um notável e excepcional resultado, sem paralelo nos países "capitalistas" do Sul. A China preservou e fortaleceu sua soberania alimentar, apesar de sofrer uma grande desvantagem: sua agricultura alimenta 22% da população do mundo razoavelmente bem, embora tenha apenas 6% da terra agricutável do mundo. Além disso, em termos do modo (e nível) de vida das populações rurais, as aldeias chinesas já não têm mais nada em comum com o que ainda é dominante em outros lugares no Terceiro Mundo capitalista. Estruturas permanentes confortáveis e bem equipadas formam um contraste marcante, não apenas com a antiga China de fome e pobreza extrema, mas também com as extremas formas de pobreza que ainda dominam o campo na Índia ou na África.

Os princípios e políticas implementados (terras comuns, respaldo à pequena produção sem pequenas propriedades) são responsáveis por esses resultados inigualáveis. Eles tornaram possível uma migração rural-urbana relativamente controlada. Compare isso com a via capitalista no Brasil, por exemplo. A propriedade privada em terras agrícolas esvaziou o campo brasileiro – hoje com apenas 11% da população do país. Mas pelo menos 50% dos moradores urbanos vivem em favelas e sobrevivem apenas graças à "economia informal" (incluindo o crime organizado). Não há nada semelhante na China, onde a população urbana está, como um todo, adequadamente empregada e alojada, mesmo em comparação com muitos "países desenvolvidos", sem sequer mencionar aqueles em que o PIB *per capita* está no patamar chinês!

A transferência da população da muito densamente povoada, zona rural chinesa (somente Vietnã, Bangladesh e Egito têm situação similar) foi essencial. Melhorou as condições da pequena produção, disponibilizando mais terras. Essa transferência, embora relativamente controlada (mais uma vez, nada é perfeito na história da humanidade, nem na China nem em qualquer outro lugar), talvez esteja ameaçando se tornar muito rápida. Isso está sendo debatido na China.

Capitalismo de Estado chinês

O primeiro rótulo que vem à mente para descrever a realidade chinesa é o capitalismo de Estado. Muito bem. Mas, se seu conteúdo específico não for analisado, esse rótulo permanece vago e superficial.

É, de fato, capitalismo, no sentido de que a relação a qual os trabalhadores estão submetidos pelas autoridades que organizam a produção é semelhante àquela que caracteriza o capitalismo: trabalho submisso e alienado, extração de trabalho excedente. Formas brutais de extrema exploração de trabalhadores existe na China, por exemplo, nas minas de carvão ou no ritmo infernal das oficinas que empregam mulheres. Isso é escandaloso para um país que afirma querer avançar rumo ao socialismo. No entanto, o estabelecimento de um regime de capitalismo de Estado é inevitável e permanecerá assim em toda parte. Os próprios países capitalistas desenvolvidos não serão capazes de entrar em um caminho socialista (que não está na agenda hoje) sem passar por essa primeira etapa. É a fase preliminar no compromisso potencial de qualquer sociedade para se libertar do capitalismo histórico no longo caminho para o socialismo/comunismo. A socialização e reorganização do sistema econômico em todos os níveis, desde a empresa (a unidade elementar) até a nação e o mundo, exigem uma longa luta durante um período histórico que não pode ser encurtado.

Além dessa reflexão preliminar, devemos descrever concretamente o capitalismo de Estado em questão, trazendo à tona a natureza e o projeto deste Estado, porque não há apenas um tipo de capitalismo de Estado, mas muitos diferentes. O capitalismo de Estado da França da V República, de 1958 a 1975, foi concebido para servir e fortalecer monopólios privados franceses, não para colocar o país em um caminho socialista.

O capitalismo de Estado chinês foi construído para alcançar três objetivos: i) construir um sistema industrial moderno, integrado e soberano; ii) gerir a relação desse sistema com a pequena produção rural; e iii) controlar a integração da China no sistema mundial, dominado pelos monopólios generalizados da tríade imperialista (Estados Unidos, Europa, Japão). A busca por esses três objetivos prioritários é inevitável. Como resultado, permite um possível avanço no longo caminho para o socialismo, mas ao mesmo tempo fortalece tendências a abandonar essa possibilidade em favor da busca pelo desenvolvimento capitalista puro e simples. Deve-se aceitar que esse conflito é inevitável e sempre presente. A questão então é a seguinte: as escolhas concretas da China favorecem um dos dois caminhos?

O capitalismo de Estado chinês exigiu, em sua primeira fase (1954-1980), a nacionalização de todas as empresas (combinada com a nacionalização de terras agrícolas), tanto grandes como pequenas. Seguiu-se uma abertura para empresas privadas, nacionais e/ou estrangeiras, e a liberalização da pequena produção rural e urbana (pequenas empresas, comércio, serviços). No entanto, grandes indústrias de base e o sistema de crédito estabelecido durante o período maoísta não foram desnacionalizados, mesmo se as formas organizacionais de sua integração a uma economia de "mercado" tivessem se modificado. Essa escolha andou lado a lado com o estabelecimento de meios de controle sobre a iniciativa privada e sobre potenciais parcerias com o capital estrangeiro. Resta verificar até que ponto tais meios cumprem as funções atribuídas ou, ao contrário, esvaziaram-se, e o conluio com o capital privado (pela "corrupção" da administração) saiu na frente.

Ainda assim, o que o capitalismo de Estado chinês alcançou entre 1950 e 2012 é simplesmente incrível. De fato, conseguiu construir um sistema produtivo moderno, soberano e integrado, na escala desse país gigantesco, que só pode ser comparado com o dos Estados Unidos. Conseguiu deixar para trás a forte dependência tecnológica de suas origens (importação de modelos soviéticos e ocidentais) por meio do desenvolvimento da capacidade de produzir invenções tecnológicas. No entanto, não iniciou (ainda?) a reorganização do trabalho a partir da perspectiva da socialização da gestão econômica. O Plano – e não a "abertura" – tem sido o meio principal para implementar essa construção sistemática.

Na fase maoísta desse planejamento do desenvolvimento, o Plano permaneceu imperativo em todos os detalhes: natureza e localização de novos estabelecimentos, objetivos de produção e preços. Nessa fase, nenhuma alternativa razoável era possível. Vou mencionar aqui, sem me prolongar muito, o interessante debate sobre a natureza da lei do valor que sustentou o planejamento nesse período. O sucesso – e não o fracasso – dessa primeira fase exigiu uma alteração dos meios para buscar um projeto de desenvolvimento acelerado. A "abertura" à iniciativa privada – a partir de 1980, mas sobretudo a partir de 1990 – era necessária para evitar a estagnação que foi fatal para a URSS. Apesar do fato de que essa abertura coincidiu com o triunfo globalizado do neoliberalismo – com todos os efeitos negativos dessa coincidência, aos quais retornarei –, a escolha por um "socialismo *do* mercado" ou, melhor ainda, um "socialismo *com* o mercado", como fundamental para essa segunda fase do desenvolvimento acelerado, é amplamente justificada, na minha opinião.

Os resultados dessa escolha são, novamente, simplesmente surpreendentes. Em algumas décadas, a China construiu uma urbanização produtiva e industrial que reúne 600 milhões de seres humanos, dois terços dos quais foram urbanizados nas últimas duas décadas (quase igual à população da Europa!). Isso se deve ao Plano e não ao mercado. China agora tem um sistema produtivo verdadeiramente soberano. Nenhum outro país do Sul (exceto Coreia e Taiwan) teve êxito em fazer isso. Na Índia e no Brasil, existem apenas alguns elementos díspares de um projeto soberano do mesmo tipo, nada mais.

Os métodos para conceber e implementar o Plano foram transformados nessas novas condições. O Plano permanece imperativo para os enormes investimentos em infraestrutura exigidos pelo projeto: moradia para 400 milhões de novos habitantes urbanos em condições adequadas e construção de uma rede inédita de rodovias, estradas, ferrovias, represas e usinas de energia elétrica; abrir todo ou quase todo o interior da China; e transferir o centro de gravidade do desenvolvimento das regiões costeiras para o oeste continental. O Plano também permanece imperativo – pelo menos em parte – para os objetivos e recursos financeiros das empresas públicas (estado, províncias, municípios). Quanto ao resto, aponta para objetivos possíveis e prováveis para a expansão da pequena produção mercantil urbana, bem como atividades industriais e outras atividades privadas. Esses objetivos são levados a sério, e os recursos políticos e econômicos necessários para sua realização são especificados. Em geral, os resultados não são muito diferentes dos das previsões planejadas.

O capitalismo de Estado chinês integrou ao seu projeto de desenvolvimento dimensões sociais visíveis (não estou dizendo "socialista"). Esses objetivos já estavam presentes na era maoísta: erradicação do analfabetismo, cuidados básicos de saúde para todos etc. Na primeira parte da fase pós-maoísta (os anos 1990), a tendência era sem dúvida, negligenciar a busca desses esforços. No entanto, deve-se notar que a dimensão social do projeto recuperou desde então seu lugar; e, em resposta a movimentos sociais ativos e poderosos, espera-se que faça mais progressos. A nova urbanização não tem paralelo em qualquer outro país do sul. Certamente há quarteirões "chiques" e outros que não são nada opulentos; mas não há favelas, que continuaram a se expandir em todas as outras cidades do Terceiro Mundo.

A integração da China à globalização capitalista

Não podemos fazer uma análise do capitalismo de Estado chinês (chamado pelo governo de "socialismo de mercado") sem levar em consideração sua integração à globalização.

O mundo soviético havia imaginado uma desvinculação do sistema capitalista mundial, complementando essa desvinculação com a construção de um sistema socialista integrado que abrangeria a URSS e a Europa Oriental. A URSS conseguiu, em grande medida, essa desvinculação, imposta sobretudo pela hostilidade do Ocidente, até mesmo culpando o bloqueio por seu isolamento. No entanto, o projeto de integração à Europa Oriental nunca avançou muito, apesar das iniciativas da Comecon. As nações da Europa Oriental permaneceram em posições incertas e vulneráveis, parcialmente desvinculadas – mas num âmbito estritamente nacional – e parcialmente abertas à Europa Ocidental a partir de 1970. Nunca houve a questão de uma integração URSS-China, não só porque o nacionalismo chinês não a teria aceito, mas principalmente porque as tarefas prioritárias da China não exigiam essa integração. A China maoísta praticava a desvinculação à sua maneira. Podemos dizer que, ao reintegrar-se à globalização, a partir dos anos 1990, a China renunciou total e permanentemente à desvinculação?

A China entrou na globalização nos anos 1990 pelo caminho do desenvolvimento acelerado de exportações de manufaturas, possível por causa de seu sistema produtivo, priorizando as exportações, cujas taxas de crescimento superavam as do crescimento do PIB. O triunfo do neoliberalismo favoreceu o sucesso dessa escolha por 15 anos (de 1990 a 2005). A busca por essa escolha é questionável, não apenas por seus efeitos políticos e sociais, mas também porque está ameaçada pela implosão do capitalismo neoliberal globalizado, iniciada em 2007. O governo chinês parece estar ciente disso e muito cedo começou a tentar uma correção, dando grande importância ao mercado interno e ao desenvolvimento da China ocidental.

Dizer, como se ouve *ad nauseam*, que o sucesso da China deve ser atribuído ao abandono do maoísmo (cujo "fracasso" foi óbvio), à abertura para o exterior e à entrada de capital estrangeiro é simplesmente absurda. A construção maoísta estabeleceu as fundações sem as quais a abertura não teria alcançado seu sucesso conhecido. Uma comparação com a Índia, que não fez uma revolução comparável, demonstra isso. Dizer que o sucesso da China é principalmente (ou mesmo "completamente") atribuível a iniciativas do capital estrangeiro não é menos absurda. Não é o capital multinacional que construiu o sistema industrial chinês e alcançou os objetivos de urbanização e a construção de infraestrutura. O sucesso é 90% atribuível ao projeto soberano chinês. Sem dúvida, a abertura ao capital estrangeiro cumpriu funções úteis: aumentou a importação das tecnologias modernas. No entanto, por causa de seus métodos de parceria, a China absorveu essas tecnologias e agora domina seu desenvolvimento. Não há nada parecido em outros lugares, mesmo na Índia ou no Brasil, *a fortiori* na Tailândia, Malásia, África do Sul e outros lugares.

Ademais, a integração da China na globalização permaneceu parcial e controlada (ou pelo menos controlável, se alguém preferir colocar nesses termos). A China permaneceu fora da globalização financeira. Seu sistema bancário é completamente público e focado no mercado de crédito interno do país. A gestão do yuan ressalta ainda a decisão soberana da China. O yuan não está sujeito aos caprichos dos câmbios flexíveis que a globalização financeira impõe. Beijing pode dizer a Washington: "o yuan é o nosso dinheiro e o seu problema", como Washington disse aos europeus em 1971, "o dólar é o nosso dinheiro e o seu problema". Além disso, a China mantém uma grande reserva para utilização em seu sistema de crédito público. A dívida pública é insignificante em comparação com as taxas de endividamento (consideradas intoleráveis) nos Estados Unidos, Europa, Japão e muitos dos países do Sul. A China pode, assim, aumentar a expansão de seus gastos públicos sem sério risco de inflação.

A atração de capital estrangeiro para a China, do qual tem se beneficiado, não está por trás do sucesso de seu projeto. Ao contrário, é o sucesso do projeto que tornou os investimentos na China atraentes para as transnacionais ocidentais. Os países do Sul que abriram suas portas muito mais do que a China e aceitaram incondicionalmente sua submissão à globalização financeira não se tornaram atraentes no mesmo grau. O capital transnacional não é atraído para a China para pilhar os recursos naturais do país, tampouco sem que haja transferência de tecnologia, para terceirizar e se beneficiar de baixos salários para o trabalho; nem para aproveitar os benefícios do treinamento e integração de unidades *offshores* não relacionadas a sistemas produtivos nacionais inexistentes, como no Marrocos e na Tunísia; nem mesmo para levar adiante um ataque financeiro e permitir que os bancos imperialistas espoliem as economias nacionais, como foi o caso no México, na Argentina e no Sudeste Asiático. Na China, em contrapartida, os investimentos estrangeiros podem certamente se beneficiar de baixos salários e obter bons lucros, com a condição de que seus planos se encaixem nos da China e permitam a transferência de tecnologia. Em suma, esses são lucros "normais", mas é possível fazer mais se o conluio com as autoridades chinesas permitir!

China, uma potência emergente

Ninguém duvida que a China é uma potência emergente. Uma ideia atual é que a China está apenas tentando recuperar o lugar que ocupou por séculos e que foi perdido apenas no século XIX. Contudo, essa ideia – certamente correta e, ademais, lisonjeira – não nos ajuda muito a entender a natureza dessa emergência e suas reais perspectivas no mundo contemporâneo. Aliás, aqueles que propagam essa ideia geral e vaga não têm interesse em considerar se a China emergirá se unindo aos princípios gerais do capitalismo (algo que provavelmente acham necessário) ou se levará a sério seu projeto de "socialismo com características chinesas". De minha parte, eu argumento que, se a China é de fato uma potência emergente, é precisamente porque não escolheu o caminho capitalista de desenvolvimento pura e simplesmente; consequentemente, se decidir seguir o caminho capitalista, o projeto de emergência estaria em sério risco de fracassar.

A tese que defendo implica rejeitar a ideia de que os povos não podem pular a sequência necessária de etapas e que a China deve passar por um desenvolvimento capitalista antes que um possível futuro socialista seja considerado. O debate sobre essa questão entre as diferentes correntes do marxismo histórico nunca foi concluído. Marx permaneceu hesitante nessa questão. Nós sabemos que, logo após os primeiros ataques europeus (as Guerras do Ópio), ele escreveu: da próxima vez que você enviar seus exércitos para a China, ele será recebido com uma faixa dizendo: "atenção, você está nas fronteiras da República burguesa da China". Essa é uma intuição magnífica e mostra confiança na capacidade do povo chinês de responder ao desafio, mas é ao mesmo tempo um erro porque, de fato, a faixa dizia: "você está nas fronteiras da República Popular da China". No entanto, sabemos que, em relação à Rússia, Marx não rejeitou a ideia de pular o estágio capitalista (veja sua correspondência com Vera Zasulich).[2] Hoje, pode-se pensar que o primeiro Marx estava certo e que a China está realmente na rota para o desenvolvimento capitalista.

Mas Mao entendeu – melhor que Lenin – que o caminho capitalista não levaria a nada e que o renascimento da China só

---

[2] Os rascunhos de Marx e a carta final a Vera Zasulich podem ser encontrados em Teodor Shanin, *Marx tardio e a via russa – Marx e as periferias do capitalismo*. São Paulo: Expressão Popular, 2017. (N. E.)

poderia ser obra dos comunistas. Os imperadores Qing no final do século XIX, seguidos por Sun Yat Sen e o Guomindang, já tinham planejado um renascimento da China em resposta aos desafios do Ocidente. No entanto, não imaginaram outra via que não a do capitalismo e não tiveram os recursos intelectuais para entender o que o capitalismo realmente é e por que esse caminho estava fechado para a China e, nesse sentido, para todas as periferias do sistema capitalista mundial. Mao, um espírito marxista independente, entendeu isso. Mais que isso, Mao entendeu que essa batalha não foi vencida antecipadamente – pela vitória de 1949 – e que o conflito entre o compromisso com o longo caminho para o socialismo, condição para o renascimento da China, o retorno ao molde capitalista ocuparia todo o futuro visível.

Pessoalmente, sempre compartilhei a análise de Mao e devo voltar a esse assunto em alguns dos meus pensamentos sobre o papel da Revolução de Taiping (que considero a origem distante do maoísmo), a Revolução de 1911 na China e outras revoluções no Sul no início do século XX, os debates no início do período Bandung e a análise dos impasses em que os chamados países emergentes do Sul comprometidos com o caminho capitalista estão presos. Todas essas considerações são corolários da minha tese central sobre a polarização (isto é, a construção do contraste centro/periferia) imanente ao desenvolvimento mundial do capitalismo histórico. Essa polarização elimina a possibilidade de um país da periferia "sair do atraso" no contexto do capitalismo. Devemos tirar a conclusão: se "sair do atraso" em relação aos países opulentos é impossível, outra coisa deve ser feita – e é chamada seguir o caminho socialista.

A China seguiu um caminho específico não apenas desde 1980, mas desde 1950, embora esse caminho tenha passado por fases que são diferentes em muitos aspectos. A China desenvolveu um projeto soberano e coerente, adequado às suas próprias necessidades. Isso certamente não é capitalismo, cuja lógica exige que as terras agrícolas sejam tratadas como uma mercadoria. Esse projeto permanecerá soberano desde que a China permaneça fora da globalização financeira contemporânea.

O fato de o projeto chinês não ser capitalista não significa que "seja" socialista, apenas que possibilita avançar no longo caminho para o socialismo. No entanto, ainda está ameaçado por movimentos que a afastem desse caminho e acabem em um retorno puro e simples ao capitalismo.

A emergência bem-sucedida da China é integralmente o resultado desse projeto soberano. Nesse sentido, a China é o único país autenticamente emergente (junto à Coreia e Taiwan, sobre os quais falarei mais tarde). Nenhum dos muitos outros países para os quais o Banco Mundial concedeu um certificado de emergente é realmente emergente porque nenhum desses países está persistentemente buscando um projeto soberano coerente. Todos obedecem aos princípios fundamentais do capitalismo puro e simples, mesmo em potenciais setores de seu capitalismo de Estado. Todos aceitaram a submissão à globalização contemporânea em todas as suas dimensões, inclusive financeira. Rússia e Índia são exceções parciais a esse último ponto, mas não o Brasil, a África do Sul e outros. Às vezes, há partes de uma "política nacional industrial", mas nada comparável com o sistemático projeto chinês de construção de um sistema industrial completo, integrado e soberano (notavelmente, na área de conhecimento tecnológico).

Por essas razões, todos esses outros países, muito rapidamente caracterizados como emergentes, permanecem vulneráveis em vários graus, mas sempre muito mais que a China. Por todas essas razões, as aparências de emergência – taxas respeitáveis de crescimento, capacidade de exportar produtos manufaturados – estão sempre ligadas aos processos de pauperização que impactam a maioria de suas populações (particularmente, o campesinato), que não é o caso da China. Certamente, o crescimento da desigualdade é óbvio em todos os lugares, incluindo a China; mas essa observação permanece superficial e enganosa. Desigualdade na distribuição de benefícios de um modelo de crescimento que, não obstante, não exclui ninguém (e é até mesmo acompanhado por uma redução nos bolsões de pobreza – como é o caso chinês) é uma coisa; desigualdade relacionada a um crescimento que beneficia apenas uma minoria (de 5% a 30% da população, dependendo do caso), enquanto o destino dos outros segue sendo o desespero, é outra completamente diferente. Os praticantes do *China bashing* não estão cientes – ou fingem não estar – dessa diferença decisiva. A visível desigualdade entre bairros com condomínios luxuosos, por um lado, e bairros com moradia confortável para as classes médias e trabalhadoras, por outro, não é o mesmo que a desigualdade que justapõe bairros ricos e de classe média a favelas para a maioria. Os coeficientes Gini são válidos para medir as alterações de um ano para outro em um sistema com uma estrutura fixa. Contudo, nas comparações internacionais entre sistemas com estruturas diferentes, eles perdem o sentido, como todas as outras medidas de magnitudes macroeconômicas em considerações nacionais. Os países emergentes (exceto a China) são de fato "mercados emergentes", abertos à penetração pelos monopólios da tríade imperialista. Esses mercados permitem que a tríade extraia, em benefício próprio, uma parte considerável da mais-valia produzida no país em questão. A China é diferente: é uma nação emergente na qual o sistema possibilita a retenção da maior parte da mais-valia produzida lá.

Coreia e Taiwan são os únicos dois exemplos bem-sucedidos de uma autêntica emergência no e por meio do capitalismo. Esses dois países devem esse sucesso às razões geoestratégicas que levaram os Estados Unidos a lhes permitir alcançar o que Washington proibiu os outros de fazer. O contraste entre o apoio dos Estados Unidos ao capitalismo de Estado desses dois países e a oposição extremamente violenta ao capitalismo de Estado no Egito de Nasser ou na Argélia de Boumedienne é, assim, bastante esclarecedor.

Não discutirei aqui os potenciais projetos de emergência, que parecem bastante possíveis no Vietnã e em Cuba, ou as condições de uma possível retomada do progresso nessa direção na Rússia.

Tampouco discutirei os objetivos estratégicos da luta de forças progressistas em outros lugares do Sul capitalista, como Índia, Sudeste asiático, América Latina, mundo árabe e África, que poderia facilitar a saída de impasses atuais e incentivar o surgimento de projetos soberanos que iniciem uma verdadeira ruptura com a lógica do capitalismo dominante.

Grandes êxitos, novos desafios

A China não apenas chegou à encruzilhada; esteve lá todos dias desde 1950. Forças sociais e políticas da direita e da esquerda, ativas na sociedade e no Partido, estiveram constantemente em conflito.

De onde vem a direita chinesa? Certamente, as ex-burguesias compradoras e burocráticas do Guomindang foram excluídas do poder. No entanto, ao longo da guerra de libertação, segmentos inteiros das classes médias, profissionais, funcionários e industriais, decepcionados com a ineficácia do Guomindang em face das agressões japonesas, aproximaram-se do Partido Comunista, até mesmo filiando-se a ele. Muitos deles – mas certamente não todos – permaneceram nacionalistas, e nada mais. Posteriormente, a partir de 1990, com a abertura à iniciativa privada, uma nova e mais poderosa direita apareceu. Não deve ser reduzida simplesmente a "empresários" que foram bem sucedidos e fizeram fortunas (às vezes colossais), fortalecidos por sua clientela – incluindo funcionários do Estado e do partido, que misturam controle com conluio e até mesmo corrupção.

Esse sucesso, como sempre, incentiva o apoio a ideias de direita nas classes médias educadas em expansão. É nesse sentido que a crescente desigualdade – mesmo que não tenha nada em comum com as desigualdades características de outros países no Sul – é um grande perigo político, o veículo para a disseminação de ideias de direita, despolitização e ilusões ingênuas.

Aqui, farei uma observação adicional que acredito ser importante: a pequena produção, particularmente camponesa, não é motivada por ideias de direita, como pensava Lenin (o que era verdade para as condições russas). A situação da China contrasta aqui com a da ex-URSS. O campesinato chinês, como um todo, não é reacionário porque não está defendendo o princípio da propriedade privada, em contraste com o campesinato soviético, a quem os comunistas nunca conseguiram fazer com que deixassem de apoiar os *kulaks* em defesa da propriedade privada. Ao contrário, o campesinato chinês de pequenos produtores (sem serem pequenos proprietários) é hoje uma classe que não oferece soluções de direita, mas faz parte do campo de forças em movimento pela adoção de políticas sociais e ecológicas mais corajosas. O poderoso movimento de "renovação rural da sociedade" atesta isso. O campesinato chinês está em grande parte no campo da esquerda, com a classe trabalhadora. A esquerda tem os seus intelectuais orgânicos e exerce alguma influência sobre os aparatos do Estado e do partido.

O conflito perpétuo entre a direita e a esquerda na China sempre foi refletido nas sucessivas linhas políticas implementadas pela liderança do Estado e do partido. Na era maoísta, a linha de esquerda não prevaleceu sem luta. Avaliando o progresso das ideias de direita dentro do partido e sua liderança, um pouco como o modelo soviético, Mao desencadeou a Revolução Cultural para combatê-la. "Bombardeie a sede", ou seja, a liderança do partido, onde a "nova burguesia" estava se formando. No entanto, ainda que a Revolução Cultural tenha atendido às expectativas de Mao durante os dois primeiros anos de sua existência, posteriormente desviou-se para a anarquia, ligada à perda de controle por Mao e pela esquerda, dentro do partido, sobre os eventos que se seguiram. Esse desvio levou o Estado e o partido a retomar o controle novamente, o que deu à direita sua oportunidade. Desde então, a direita continua sendo uma parte forte de todos os órgãos de liderança. Ainda assim, a esquerda ainda está presente na base, restringindo a liderança suprema aos compromissos do "centro" – mas esse centro é de centro-direita ou de centro-esquerda?

Para entender a natureza dos desafios que a China enfrenta atualmente, é essencial entender que o conflito entre o projeto soberano da China, tal como é, e o imperialismo estadunidense e seus aliados subalternos europeus e japoneses aumentarão em intensidade à medida que a China continuar tendo êxito. Existem várias áreas de conflito: o domínio chinês sobre tecnologias modernas, o acesso aos recursos do planeta, o fortalecimento das capacidades militares da China, o objetivo de reconstruir a política internacional com base nos direitos soberanos dos povos de escolherem seus próprios sistemas políticos e econômicos. Cada um desses objetivos entra em conflito direto com os objetivos da tríade imperialista.

O objetivo da estratégia política dos EUA é o controle militar do planeta, a única maneira de Washington manter as vantagens que lhes dão hegemonia. Esse objetivo está sendo alcançado por meio das guerras preventivas no Oriente Médio, e, nesse sentido, essas guerras são preliminares à guerra preventiva (nuclear) contra a China, considerada a sangue-frio pelo *establishment* estadunidense como possivelmente necessária "antes que seja tarde demais". Fomentar a hostilidade à China é inseparável dessa estratégia global, que se manifesta no apoio mostrado aos proprietários de escravos no Tibete e em Sinkiang, no reforço da presença naval dos EUA no Mar da China e no incentivo incansável ao Japão para construir suas forças militares. Os praticantes do *China bashing* contribuem para manter essa hostilidade viva.

Simultaneamente, Washington se dedica a manipular a situação, tentando aplacar as possíveis ambições da China e de outros assim chamados países emergentes por meio da criação do G20, que busca dar a esses países a ilusão de que sua adesão à globalização liberal servirá seus interesses. O G2 (Estados Unidos e China) é – nesse sentido – uma armadilha que, ao fazer da China cúmplice das aventuras imperialistas dos Estados Unidos, pode fazer com que a política externa pacífica de Beijing perca toda sua credibilidade.

A única resposta eficaz possível a essa estratégia deve ocorrer em dois níveis: i) fortalecer as forças militares chinesas e equipá-los com o potencial para uma resposta dissuasiva, e ii) buscar tenazmente o objetivo de reconstruir um sistema político internacional policêntrico, que respeite todas as soberanias e, nesse sentido, agir para reabilitar as Nações Unidas, agora marginalizadas pela Otan. Enfatizo a importância decisiva desse último objetivo, que implica a prioridade de reconstruir uma "frente do Sul" (Bandung 2?) capaz de apoiar as iniciativas independentes dos povos e Estados do Sul. Isso implica, por sua vez, que a China tome consciência de que não tem os meios para a possibilidade absurda de alinhar-se com as práticas predatórias do imperialismo (saqueando a natureza e os recursos do planeta), uma vez que carece de um poder militar semelhante aos Estados Unidos, que em última instância é a garantia de sucesso para projetos imperialistas. A China, em contrapartida, tem muito a ganhar, desenvolvendo sua oferta de apoio à industrialização dos países do Sul, o que o clube dos "doadores" imperialistas está tentando tornar impossível.

A linguagem usada pelas autoridades chinesas em relação a questões internacionais, contidas ao extremo (o que é compreensível), dificulta saber até que ponto os líderes do país estão cientes dos desafios analisados anteriormente. Mais preocupante, essa escolha de palavras reforça ilusões ingênuas e despolitiza a opinião pública.

A outra parte do desafio diz respeito à democratização da gestão política e social do país.

Mao formulou e implementou um princípio geral para a gestão política da nova China, que ele resumiu nesses termos: reunir a esquerda, neutralizar (acrescento: e não eliminar) a direita, governar a partir da centro-esquerda. Na minha opinião, essa é a melhor via para conceber uma maneira eficaz de mover-se através de sucessivos êxitos, compreendida e apoiada pela grande maioria. Dessa forma, Mao deu um conteúdo positivo ao conceito de democratização da sociedade combinada com o progresso social no longo caminho ao socialismo. Ele formulou o método para implementar isso: "linha de massa" (ir às massas, aprender suas lutas, voltar às cúpulas do poder). Lin Chun analisou com precisão o método e os resultados que torna isso possível.

A questão da democratização ligada ao progresso social – em contraste com uma "democracia" desconectada do progresso social (e mesmo frequentemente relacionada à regressão social) – não diz respeito apenas à China, mas a todos os povos do mundo. Os métodos que devem ser implementados para o sucesso não podem ser resumidos em uma única fórmula, válida em todas as épocas e locais. De qualquer modo, a fórmula oferecida pela propaganda da mídia ocidental – partidos múltiplos e eleições – deve ser simplesmente rejeitada. Além disso, esse tipo de "democracia" se transforma em farsa mesmo no Ocidente, quanto mais em outros lugares. A "linha de massa" era o meio para produzir consenso em torno de objetivos estratégicos, sucessivos e em constante progresso. Isso se opõe ao "consenso" obtido nos países ocidentais por meio da manipulação da mídia e da farsa eleitoral, que é nada mais que alinhamento com as demandas do capital.

Ainda assim, hoje, como a China deve começar a reconstruir o equivalente a uma nova linha de massa em novas condições sociais? Não será fácil, pois o poder de liderança, que se moveu majoritariamente para a direita no Partido Comunista, baseia a estabilidade de sua gestão na despolitização e nas ilusões ingênuas que a acompanham. O próprio sucesso das políticas de desenvolvimento fortalece a tendência espontânea de se mover nessa direção. Acredita-se amplamente na China, entre as classes médias, que o caminho real para alcançar o modo de vida dos países opulentos está agora aberto, livre de obstáculos; acredita-se que os Estados da tríade (Estados Unidos, Europa, Japão) não se opõem a isso; métodos dos EUA são até mesmo admirados de forma acrítica etc. Isso é particularmente verdade para as classes médias urbanas, que estão se expandindo rapidamente e cujas condições de vida estão incrivelmente melhores. A lavagem cerebral a qual os estudantes chineses estão sujeitos nos Estados Unidos, particularmente nas Ciências Sociais, combinadas com o ensino oficial, tedioso e pouco imaginativo do marxismo, contribuiu para restringir os espaços para debates críticos radicais.

O governo na China não é insensível à questão social, não apenas por causa da tradição de um discurso fundado no marxismo, mas também porque o povo chinês, que aprendeu a lutar e continua a fazê-lo, pressiona o governo. Se, na década de 1990, essa dimensão social havia declinado diante das prioridades imediatas de acelerar o crescimento, hoje a tendência é o oposto. No exato momento em que as conquistas social-democratas em seguridade social nas sociedades estão sendo corroídas no opulento Ocidente, a China pobre está implementando a expansão da assistência social em três dimensões: saúde, moradia e aposentadorias. A política de habitação popular da China, difamada pelo *China bashing*, feito pela direita e esquerda europeias, seria invejada, não apenas na Índia ou no Brasil, mas igualmente em áreas depreciadas de Paris, Londres ou Chicago!

A seguridade social e o sistema de pensões já cobrem 50% da população urbana (que aumentou, lembre-se, de 200 para 600 milhões de habitantes!) E o Plano (ainda levado a cabo na China) prevê ampliar a cobertura para 85% nos próximos anos. Deixem os jornalistas do *China bashing* nos dar exemplos comparáveis nos "países que embarcaram na via democrática", que eles elogiam continuamente. Mesmo assim, permanece aberto o debate sobre os métodos de implementação do sistema. A esquerda defende o sistema francês de distribuição baseado no princípio da solidariedade entre os trabalhadores e as diferentes gerações – o que se prepara para o socialismo –, enquanto a direita, obviamente, prefere o odioso sistema estadunidense de fundos de pensão que divide os trabalhadores e transfere o risco do capital para o trabalho.

Contudo, a aquisição de benefícios sociais é insuficiente se não for combinada com a democratização da gestão política da sociedade, com sua repolitização por métodos que fortaleçam a invenção criativa de formas para o futuro socialista/comunista. Seguir os princípios de um sistema eleitoral multipartidário, como defendido *ad nauseam* pela mídia ocidental e pelos que praticam o *China bashing* e pelos "dissidentes" apresentados como autênticos "democratas", não está à altura do desafio. Ao contrário, a implementação desses princípios só poderia produzir na China, como todas as experiências do mundo contemporâneo demonstram (na Rússia, Europa Oriental, mundo árabe), a autodestruição do projeto de emergência e renascimento social, que é de fato o objetivo real da defesa desses princípios, mascarados por uma retórica vazia ("não há outra solução senão eleições multipartidárias!"). No entanto, não é suficiente combater essa má solução com um retorno à posição rígida de defender o privilégio do "partido", ele próprio esclerosado e transformado em uma instituição dedicada ao recrutamento de funcionários para a administração estatal. Algo novo deve ser inventado.

Os objetivos da repolitização e a criação de condições favoráveis à invenção de novas respostas não podem ser obtidos por meio de campanhas de "propaganda". Eles só podem ocorrer por meio das lutas sociais, políticas e ideológicas. Isso implica o reconhecimento preliminar da legitimidade dessas lutas e legislação baseada nos direitos coletivos de organização, expressão e proposição de iniciativas legislativas. Isso implica, por sua vez, que o próprio partido esteja envolvido nessas lutas; em outras palavras, reinventar a fórmula maoísta da linha de massa. Repolitização não faz sentido se não for combinada com procedimentos que incentivem a conquista gradual de responsabilidade por parte dos trabalhadores na gestão da sociedade em todos os níveis – empresarial, local e nacional. Um programa desse tipo não exclui o reconhecimento dos direitos dos indivíduos. Ao contrário, supõe sua institucionalização. Sua implementação tornaria possível reinventar novas maneiras de usar as eleições para escolher líderes.

1 de março de 2013.

Agradecimentos

Este artigo deve muito aos debates organizados na China (novembro a dezembro de 2012) por Lau Kin Chi (Universidade de Lingnan, Hong Kong), em associação com a South West University de Chongqing (Wen Tiejun), Universidades Renmin e Xinhua, de Beijing (Dai Jinhua, Wang Hui), o CASS (Huang Ping) e às reuniões com grupos de militantes do movimento rural nas províncias de Shanxi, Shaanxi, Hubei, Hunan e Chongqing. Agradeço a todos e espero que este artigo seja útil para as discussões em curso. Também devo muito às minhas leituras dos escritos de Wen Tiejun e Wang Hui.

Fontes

O caminho chinês e a questão agrária

Kautsky, Karl. *On the agrarian question*, 2 v. London: Zwan Publications, 1988 [1899].

Amin, Samir. 'Forerunners of the contemporary world: the Paris commune (1871) and the Taiping Revolution (1851–1864)', *International Critical Thought* 3, n. 2, 2013, p. 159-164.

_____. 'The 1911 Revolution in a world historical perspective: a comparison with the Meiji Restoration and the revolutions in Mexico, Turkey and Egypt', publicado em chinês em 1990.

_____. "The agrarian question". In: *Ending the crisis of capitalism or ending capitalism?* Oxford: Pambazuka Press, 2011.

Globalização contemporânea, o desafio imperialista

Amin, Samir. "Deployment and erosion of the Bandung Project". In: *A life looking forward*: memoirs of an independent marxist. London: Zed Books, 2006.

_____. The law of worldwide value. New York: Monthly Review Press, 2010. (Initiatives from the South, seção 4, 121 p.)

_____. "The south: emergence and lumpen development". In: *The implosion of contemporary capitalism*. New York: Monthly Review Press, 2013.

_____. *Beyond US hegemony*. London: Zed Books, 2006. (Capítulos The Project of the American Ruling Class; China, Market Socialism?; Russia, Out of the Tunnel?; India, A Great Power?; e Multipolarity in the 20th Century)

_____. "The militarization of the new collective imperialism". In: *Obsolescent capitalism*. London: Zed Books, 2003.

Gunder Frank, Andre. *ReOrient:* global economy in the Asian age. Berkeley: University of California Press, 1998.

Tandon, Yash. *Ending aid dependence*. Oxford: Fahamu, 2008.

O desafio democrático

Amin, Samir. 'The democratic fraud and the universalist alternative', *Monthly Review* 63, n. 5, out. 2011, p. 29-45.

Chun, Lin. *The transformation of Chinese socialism.* Durham, N.C.: Duke University Press, 1996.

O retorno do fascismo no capitalismo contemporâneo

Não é por acaso que o próprio título desta contribuição está vinculado ao retorno do fascismo no cenário político com a crise do capitalismo contemporâneo. Fascismo não é sinônimo de um regime policial autoritário que rejeita as incertezas da democracia eleitoral parlamentar. O fascismo é uma resposta política particular aos desafios com os quais a administração da sociedade capitalista pode ser confrontada em circunstâncias específicas.

Unidade e diversidade do fascismo

Os movimentos políticos que podem ser devidamente chamados de fascistas estavam na vanguarda e exerceram o poder em diversos países europeus, particularmente durante a década de 1930 até 1945. Isso incluiu a Itália de Benito Mussolini; a Alemanha de Adolf Hitler; a Espanha de Francisco Franco; Portugal de Antônio de Oliveira Salazar; a França de Philippe Pétain; a Hungria de Miklós Horthy; a Romênia de Ion Antonescu; e a Croácia de Ante Pavelić. A diversidade de sociedades que foram vítimas do fascismo – duas das principais sociedades capitalistas desenvolvidas e sociedades capitalistas menores e dominadas, algumas ligadas a uma guerra vitoriosa, outras o produto da derrota – deve nos impedir de agrupá-las todos juntas. Especificarei, assim, os diferentes efeitos que essa diversidade de estruturas e conjunturas produziu nessas sociedades.

No entanto, além dessa diversidade, todos esses regimes fascistas tinham duas características em comum:

1) nas circunstâncias, todos estavam dispostos a administrar o governo e a sociedade de forma a não questionar os princípios fundamentais do capitalismo, especificamente

a propriedade privada capitalista, incluindo a do capitalismo monopolista moderno. É por isso que chamo essas diferentes formas de fascismo de maneiras particulares de administrar o capitalismo, e não formas políticas que desafiem a legitimidade deste último, mesmo se o "capitalismo" ou as "plutocracias" estivessem sujeitos a longas diatribes na retórica dos discursos fascistas. A mentira que esconde a verdadeira natureza desses discursos aparece assim que se examina a "alternativa" proposta por essas várias formas de fascismo, que sempre se calam em relação ao ponto principal – a propriedade privada capitalista. Mas continua sendo o caso de que a escolha fascista não é a única resposta aos desafios enfrentados pela gestão política de uma sociedade capitalista. Apenas em certas conjunturas de violência e profunda crise a solução fascista parece ser a melhor para o capital dominante, ou, às vezes, até a única possível. A análise deve, então, focar nessas crises.

2) a escolha fascista para administrar uma sociedade capitalista em crise sempre se baseia – até mesmo por definição – na rejeição categórica da "democracia". O fascismo sempre substitui os princípios gerais sobre os quais as teorias e práticas das democracias modernas são baseadas – reconhecimento de uma diversidade de opiniões, recurso a procedimentos eleitorais para determinar a maioria, garantia de direitos das minorias etc. – pelos valores opostos de submissão às demandas da disciplina coletiva e à autoridade do líder supremo e seus principais agentes. Essa reversão de valores é sempre acompanhada por um retorno a ideias retrógradas, capazes de fornecer uma aparente legitimidade aos procedimentos de submissão que são implementados. A proclamação da suposta necessidade de retornar ao passado ("medieval"), de submeter-se à religião do Estado ou a alguma suposta característica da "raça" ou da "nação"

(étnica) compõem a panóplia dos discursos ideológicos empregados pelas potências fascistas.

As diversas formas de fascismo encontradas na história moderna europeia compartilham essas duas características e se enquadram em uma dessas quatro categorias a seguir.

1) O fascismo das principais potências capitalistas "desenvolvidas" que aspiravam a se tornar potências hegemônicas dominantes no mundo, ou pelo menos no sistema capitalista regional.

O nazismo é o modelo desse tipo de fascismo. A Alemanha se tornou uma grande potência industrial a partir da década de 1870 e uma concorrente dos poderes hegemônicos da época (Grã-Bretanha e, secundariamente, França) e do país que aspirava a se tornar hegemônico (Estados Unidos). Após a derrota de 1918, precisou lidar com as consequências de seu fracasso em alcançar seus desejos de hegemonia. Hitler formulou claramente seu plano: estabelecer sobre a Europa, incluindo a Rússia e talvez além, a dominação hegemônica da "Alemanha", ou seja, o capitalismo monopolista que apoiou a ascensão do nazismo. Hitler estava disposto a fazer um compromisso com seus principais oponentes: Europa e Rússia seriam dadas a ele, China ao Japão, o resto da Ásia e África à Grã- -Bretanha e a América para os Estados Unidos. Seu erro foi pensar que tal acordo era possível: a Grã-Bretanha e os Estados Unidos não aceitaram, enquanto o Japão, ao contrário, apoiou.

O fascismo japonês pertence à mesma categoria. Desde 1895, o Japão capitalista moderno aspirava impor seu domínio sobre todos países do leste asiático. Aqui, o deslocamento foi feito "suavemente", da forma "imperial" de gerenciar um capitalismo nacional emergen- te – baseado em instituições aparentemente "liberais" (uma Dieta eleita), mas de fato completamente controladas pelo imperador e pela aristocracia transformada pela modernização – para uma forma brutal, gerenciada diretamente pelos militares do Alto Comando. A Alemanha nazista fez uma aliança com o Japão imperial/fascista, enquanto a Grã-Bretanha e os Estados Unidos (depois de Pearl Harbor, em 1941) colidiu com Tóquio, assim como com a resistência na China – as deficiências do Guomindang sendo compensadas pelo apoio dos comunistas maoístas.

2) O fascismo das potências capitalistas de segunda linha

A Itália de Mussolini (o inventor do fascismo, incluindo seu nome) é o principal exemplo. O mussolinismo foi a resposta da direita italiana (a antiga aristocracia, a nova burguesia e as classes médias) à crise dos anos 1920 e à crescente ameaça comunista. Mas nem o capitalismo italiano nem seu instrumento político, o fascismo de Mussolini, teve a ambição de dominar a Europa, muito menos o mundo. Apesar de todas as bravatas do Duce sobre a reconstrução do Império Romano (!), Mussolini entendeu que a estabilidade de seu sistema repousava em sua aliança – em posição subalterna – com a Grã-Bretanha (mestre do Mediterrâneo) ou a Alemanha nazista. A hesitação entre as duas alianças possíveis continuou até as vésperas da Segunda Guerra Mundial.

O fascismo de Salazar e Franco pertence a esse mesmo tipo. Ambos eram ditadores instalados pela direita e pela Igreja católica em resposta aos perigos dos liberais ou socialistas republicanos. Os dois nunca foram, por esse motivo, ostracizados por sua violência antidemocrática (sob o pretexto do anticomunismo) pelas principais potências imperialistas. Washington os reabilitou após 1945 (Salazar foi membro fundador da Otan e a Espanha permitiu a instalação de bases militares dos EUA), seguido pela Comunidade Europeia – garantidora, por natureza da ordem capitalista reacionária. Após a Revolução dos Cravos (1974) e a morte de Franco (1980), esses dois sistemas se juntaram ao campo das "democracias" de baixa intensidade de nossa era.

3) O fascismo dos poderes derrotados

Esses incluem o governo francês de Vichy, bem como o da Bélgica de Léon Degrelle e seu pseudogoverno "flamengo" apoiado pelos nazistas. Na França, a classe alta escolheu "Hitler em vez da Frente Popular" (consulte os livros de Annie Lacroix--Riz sobre esse assunto). Esse tipo de fascismo, conectado com derrota e submissão à "Europa alemã", foi forçado a recuar a um segundo plano após a derrota dos nazistas. Na França, deu lugar aos Conselhos da Resistência que, por um tempo, uniu comunistas com outros combatentes da resistência (Charles de Gaulle em particular). Sua evolução teve que esperar (com o início da construção europeia e da adesão da França ao Plano Marshall e à Otan, ou seja, à submissão voluntária à hegemonia dos EUA) pela direita conservadora e pelos social-democratas anticomunistas, e romper permanentemente com a esquerda radical que saiu da Resistência antifascista e potencialmente anticapitalista.

4) Fascismo nas sociedades dependentes do Leste europeu

Descemos vários graus quando examinamos sociedades capitalistas da Europa Oriental (Polônia, Estados Bálticos, Romênia, Hungria, Iugoslávia, Grécia e Ucrânia ocidental durante a era polonesa). Deveríamos falar aqui de trás para frente e, consequentemente, do capitalismo dependente. No período entre-guerras, as classes dominantes reacionárias desses países apoiaram os nazistas na Alemanha. É, no entanto, necessário examinar caso a caso a articulação política com o projeto de Hitler.

Na Polônia, a antiga hostilidade ao domínio russo (Rússia tsarista), que se tornou hostilidade à União Soviética comunista, encorajada pela popularidade do papado católico, teria normalmente transformado esse país em vassalo da Alemanha, ao modelo de Vichy. Mas Hitler não entendeu dessa maneira: os poloneses, como os russos, ucranianos e sérvios, eram pessoas destinadas ao extermínio, junto com judeus, ciganos e vários outros. Não havia, portanto, lugar para um fascismo polonês aliado a Berlim.

A Hungria de Horthy e a Romênia de Antonescu eram, em contraste, tratadas como aliados subalternos da Alemanha nazista. O fascismo nesses dois países foi o resultado de crises sociais específicas em cada um deles: medo do "comunismo" após o período Béla Kun, na Hungria, e a mobilização nacional chauvinista contra húngaros e rutenos, na Romênia. Na Iugoslávia, a Alemanha de Hitler (seguida pela Itália de Mussolini) apoiou uma Croácia "independente", confiada à gestão anti-Sérvia da Ustasha, com o apoio decisivo da Igreja Católica, enquanto os sérvios foram marcados para o extermínio.

A Revolução Russa havia obviamente mudado a situação no que diz respeito às perspectivas das lutas da classe trabalhadora e a resposta das classes proprietárias reacionárias, não apenas no território da União Soviética pré-1939, mas também nos territórios perdidos – os Estados bálticos e a Polônia. Após o Tratado de Riga em 1921, a Polônia anexou as partes ocidentais da Bielorrússia (Volhynia) e da Ucrânia (sul da Galícia centro-oriental, que havia sido da coroa austríaca; e norte da Galícia, antes uma província do Império tsarista).

Em toda a região, dois campos se formaram a partir de 1917 (e até em 1905, com a primeira Revolução Russa): o pró-socialista (que se tornou pró-bolchevique), popular em grande parte do campesinato (que aspirava a uma reforma agrária radical em seu benefício) e nos círculos intelectuais (judeus em particular); e o antissocialista (e consequentemente complacente no que diz respeito a governos antidemocráticos sob influência fascista) em todas as classes de proprietários de terras. A reintegração dos Estados Bálticos, Bielorrússia e Ucrânia Ocidental à União Soviética em 1939 enfatizou esse contraste.

O mapa político dos conflitos entre "pró-fascistas" e "antifascistas" nessa parte da Europa Oriental estava toldado, por um lado, pelo conflito entre o chauvinismo polonês (que persistiu em seu projeto de "polonizar" a Bielorrússia anexada e regiões ucranianas por meio de colônias) e os povos vitimados; e, por outro, pelo conflito entre os "nacionalistas" ucranianos, que eram, ao mesmo tempo, antipoloneses e antirussos (porque anticomunistas), e o projeto de Hitler, que não previa a Ucrânia como aliado subalterno, já que seu povo estava simplesmente marcado para extermínio.

Me refiro aqui à respeitada obra de Olha Ostriichouk, *Les Ukrainiens face à leur passé* [*Os ucranianos enfrentam seu passado*].[1] A rigorosa análise de Ostriitchouk da história contemporânea dessa região (Galícia austríaca, Ucrânia polonesa, Pequena Rússia, que se tornou a Ucrânia Soviética) fornece ao leitor uma compreensão das questões em jogo nos conflitos ainda em curso, bem como o lugar ocupado pelo fascismo local.

A visão complacente da direita ocidental com o fascismo do passado e do presente

A direita nos parlamentos europeus, entre as duas guerras mundiais, sempre foi complacente com o fascismo e até com o nazismo mais repugnante. O próprio Churchill, independentemente de seu extremo "britanismo", nunca escondeu sua simpatia por Mussolini. Presidentes dos EUA e o *establishment* democrata e republicano só descobriram tardiamente o perigo apresentado pela Alemanha de Hitler e, acima de tudo, pelo Japão imperial/fascista. Com todo o cinismo característico do *establishment* estadunidense, Truman declarou abertamente o que os outros pensavam em silêncio: permitir que a guerra desgastasse seus protagonistas – Alemanha, Rússia soviética e os europeus derrotados – e intervir o mais tarde possível para colher os benefícios. Essa não é de jeito nenhum a expressão de uma posição antifascista por princípio. Nenhuma hesitação foi demonstrada na reabilitação de Salazar e Franco, em 1945. Além disso, a convivência com o fascismo europeu era uma constante na política da Igreja Católica. Não seria exagero descrever Pio XII como colaborador de Mussolini e Hitler.

O próprio antissemitismo de Hitler despertou opróbrio apenas muito depois, quando alcançou o estágio final de sua insanidade assassina. A ênfase no ódio ao "judeu-bolchevismo", exaltado

---

[1] Olha Ostriitchouk, *Les Ukrainiens face à leur passé*, Brussels: P.I.E. Lang, 2013.

nos discursos de Hitler, era comum em muitos políticos. Foi só depois da derrota do nazismo que se tornou necessário condenar o antissemitismo por princípio. A tarefa foi facilitada porque os autoproclamados herdeiros do título de "vítimas da Shoah" tornaram-se sionistas de Israel, aliados ao imperialismo ocidental contra os palestinos e o povo árabe – que, no entanto, nunca haviam se envolvido nos horrores do antissemitismo europeu!

Obviamente, o colapso dos nazistas e da Itália de Mussolini obrigou as forças políticas de direita na Europa Ocidental (a oeste da "cortina") a se distinguirem daqueles que – dentro de seus próprios grupos – haviam sido cúmplices e aliados do fascismo. Ainda assim, movimentos fascistas foram forçados a recuar para um segundo plano e a se esconder nos bastidores, sem desaparecerem de fato.

Na Alemanha Ocidental, em nome da "reconciliação", o governo local e seus patronos (Estados Unidos e, secundariamente, Grã-Bretanha e França) deixaram no lugar quase todos os que tinham cometido crimes de guerra e crimes contra a humanidade. Na França, foram iniciados procedimentos legais contra a Resistência por "execuções abusivas por colaboração", quando os vichistas reapareceram na cena política com Antoine Pinay. Na Itália, o fascismo ficou em silêncio, mas ainda estava presente nas fileiras da democracia cristã e da Igreja Católica. Na Espanha, o compromisso de "reconciliação", imposto em 1980 pela Comunidade Europeia (que mais tarde tornou-se a União Europeia), pura e simplesmente proibiu qualquer lembrança dos crimes franquistas.

O apoio dos partidos socialistas e social-democratas da Europa Ocidental e Central às campanhas anticomunistas empreendidas pela direita conservadora compartilha a responsabilidade pelo retorno posterior do fascismo. Esses partidos da esquerda "moderada" tinham sido, no entanto, autêntica e resolutamente antifascistas. Ainda assim, tudo isso foi esquecido. Com a conversão desses partidos ao liberalismo social, seu apoio incondicional à

O RETORNO DO FASCISMO NO CAPITALISMO CONTEMPORÂNEO **151**

construção europeia – sistematicamente concebida como garantia para a ordem capitalista reacionária – e sua não menos incondicional submissão à hegemonia dos EUA (por meio da Otan, entre outros meios), se consolidou um bloco reacionário que combina a direita clássica e os liberais sociais; um bloco que poderia, se necessário, acomodar a nova extrema direita.

Posteriormente, a reabilitação do fascismo da Europa Oriental foi rapidamente empreendida a partir de 1990. Todos os movimentos fascistas dos países em questão tinham sido aliados fiéis ou colaboradores em graus variados do hitlerismo. Com a derrota se aproximando, um grande número de seus líderes ativos foi remanejado para o Ocidente e poderia, consequentemente, "render-se" às Forças Armadas dos EUA. Nenhum deles foi devolvido aos soviéticos, iugoslavos ou outros novos governos das novas democracias populares para serem julgados pelos crimes (violando acordos dos Aliados). Todos encontraram refúgio nos Estados Unidos e Canadá. E todos eles foram mimados pelas autoridades pelo seu feroz anticomunismo!

Em *Les Ukrainiens face à leur passé*, Ostriitchouk fornece tudo o que é necessário para definir irrefutavelmente o conluio entre os objetivos da política dos EUA (e, por trás, os da Europa) e aqueles dos fascistas locais da Europa Oriental (especificamente, Ucrânia). Por exemplo, o "Professor" Dmytro Dontsov, até sua morte (em 1975), publicou todas as suas obras no Canadá, as quais não são apenas violentamente anticomunistas (o uso do termo "judeu-bolchevismo" é corriqueiro para ele), mas também fundamentalmente antidemocráticas. Os governos dos chamados Estados democráticos do Ocidente apoiaram e até financiaram e organizaram a "Revolução Laranja" (isto é, a contrarrevolução fascista) na Ucrânia. E tudo isso continua. Antes, na Iugoslávia, o Canadá também abriu o caminho para os croatas da Ustasha.

A maneira inteligente pela qual a mídia "moderada" (que não pode reconhecer abertamente que apoia fascistas declarados) esconde seu apoio a esses fascistas é simples: usam o termo "nacionalista" em lugar de fascista. O professor Dontsov não é mais fascista, ele é um "nacionalista" ucraniano, assim como Marine Le Pen não é uma fascista, mas uma nacionalista (como escreveu o *Le Monde*, por exemplo)!

Esses autênticos fascistas são realmente "nacionalistas", simplesmente porque dizem isso? Isso é duvidoso. Os nacionalistas hoje merecem esse rótulo somente se questionarem o poder das forças realmente dominantes no mundo contemporâneo, isto é, o dos monopólios dos Estados Unidos e da Europa. Esses chamados "nacionalistas" são amigos de Washington, Bruxelas e da Otan. O "nacionalismo" deles equivale ao ódio chauvinista a povos vizinhos em grande medida inocentes, que nunca foram responsáveis por seus infortúnios: para os ucranianos, são os russos (e não o tsar); para os croatas, são os sérvios; para a nova extrema direita na França, Áustria, Suíça, Grécia e em outros lugares, são os "imigrantes".

O perigo representado pelo conluio entre as principais forças políticas dos Estados Unidos (republicanos e democratas) e da Europa (a direita parlamentar e os liberais sociais), por um lado, e os fascistas do Oriente, por outro, não pode ser subestimado. Hillary Clinton se estabeleceu como a porta-voz e líder desse conluio e empurra a histeria de guerra para o limite. Mais do que George W. Bush, se isso for possível, ela clama pela guerra preventiva com vingança (e não apenas pela repetição da Guerra Fria) contra a Rússia – com uma intervenção ainda mais aberta na Ucrânia, Geórgia e Moldávia, entre outros lugares – contra a China e contra os povos rebelados na Ásia, África e América Latina. Infelizmente, esse voo precipitado dos Estados Unidos, em resposta ao seu declínio, poderia encontrar apoio suficiente para permitir que Hillary Clinton se torne "a primeira presidente mulher dos Estados Unidos!". Não nos esqueçamos o que se esconde por trás dessa falsa feminista.

Indubitavelmente, o perigo fascista pode parecer ainda hoje não ser uma ameaça à ordem "democrática" nos Estados Unidos e na Europa, a oeste da antiga "cortina". O conluio entre a direita parlamentar clássica e os liberais sociais torna desnecessário para o capital dominante recorrer aos serviços da extrema direita que se segue ao despertar dos movimentos fascistas históricos. Mas então o que devemos concluir sobre os sucessos eleitorais da extrema direita na última década? Os europeus são claramente também vítimas da expansão do capitalismo monopolista generalizado.[2] Podemos ver por que, então, quando confrontados com conluios entre a direita e a assim chamada esquerda socialista, eles se refugiam na abstenção eleitoral ou no voto na extrema direita. A responsabilidade da esquerda potencialmente radical é, nesse contexto, enorme: se essa esquerda tivesse a audácia de propor avanços reais para além do capitalismo atual, obteria a credibilidade que lhe falta. Uma esquerda radical audaciosa é necessária para fornecer a coerência que ainda falta aos atuais e fragmentados movimentos e lutas defensivas. O "movimento" poderia, então, reverter o equilíbrio social de poder a favor das classes trabalhadoras e tornar avanços progressistas possíveis. As conquistas dos movimentos populares na América do Sul são a prova disso.

No estado atual das coisas, os sucessos eleitorais da extrema direita provêm do próprio capitalismo contemporâneo. Esses sucessos permitem que a mídia coloque no mesmo saco, com o mesmo opróbrio, os "populistas da extrema direita e os da extrema esquerda", obscurecendo o fato de que os primeiros são pró-capitalistas (como o termo extrema *direita* demonstra) e, portanto, possíveis aliados do capital, enquanto os últimos são os únicos potencialmente perigosos oponentes do sistema de poder do capital.

Observamos, *mutatis mutandis* [ressalvadas as mudanças necessárias], uma conjuntura semelhante nos Estados Unidos,

---

[2] Para uma elaboração mais precisa, ver Samir Amin, *The implosion of contemporary capitalism* [*A implosão do capitalismo contemporâneo*], New York: Monthly Review Press, 2013.

embora sua extrema direita nunca seja chamada de fascista. O macartismo de ontem, assim como os fanáticos do Tea Party e os promotores da guerra (como Hillary Clinton) de hoje, defendem abertamente "liberdades" – entendidas como pertencendo exclusivamente aos proprietários e gerentes de capital monopolista – contra "o governo", suspeito de ceder às demandas das vítimas do sistema.

Uma última observação sobre os movimentos fascistas: eles parecem ser incapazes de saber quando e como parar de fazer suas reivindicações. O culto ao líder e a obediência cega, a valorização acrítica e suprema de construções pseudoétnicas ou pseudorreligiosas e mitológicas que transmitem fanatismo, e o recrutamento de milícias para ações violentas, transformam o fascismo em uma força difícil de controlar. Erros, mesmo além dos desvios irracionais do ponto de vista dos interesses sociais atendidos pelos fascistas, são inevitáveis. Hitler era, de fato, uma pessoa com transtornos mentais, mas ainda assim podia forçar os grandes capitalistas que o colocaram no poder a segui-lo até o fim em sua loucura e mesmo obter apoio de uma grande parcela da população. Embora esse seja apenas um caso extremo, e Mussolini, Franco, Salazar e Pétain não tivessem transtornos mentais, um grande número de seus adeptos e capangas não hesitaram em perpetrar atos criminosos.

Fascismo no sul contemporâneo

A integração da América Latina ao capitalismo globalizado no século XIX foi baseada na exploração de camponeses reduzidos ao *status* de "peões" e na sujeição deles às práticas selvagens dos grandes proprietários de terras. O sistema de Porfirio Díaz no México é um bom exemplo. O avanço dessa integração no século XX produziu a "modernização da pobreza". O rápido êxodo rural, mais pronunciado e mais precoce na América Latina do que na Ásia e África, levou a novas formas de pobreza nas favelas urbanas contemporâneas, que substituíram as antigas formas de pobreza rural. Simultaneamente, formas de controle político das massas foram "modernizadas" estabelecendo ditaduras, abolição da democracia eleitoral, proibição de partidos e sindicatos, e conferindo aos serviços secretos "modernos" todos os direitos de prisão e tortura por meio de suas técnicas de inteligência. Claramente, essas formas de gestão política são visivelmente semelhantes às do fascismo encontrado nos países do capitalismo dependente no leste da Europa. As ditaduras da América Latina do século XX serviram ao bloco reacionário local (grandes latifundiários, burguesia compradora, e às vezes classes médias que se beneficiaram com esse tipo de desenvolvimento lúmpen), mas, acima de tudo, serviram ao capital estrangeiro dominante, especificamente aquele dos Estados Unidos que, por essa razão, apoiou essas ditaduras até sua reversão pela recente explosão de movimentos populares. O poder desses movimentos e dos avanços sociais e democráticos que impuseram excluem – pelo menos a curto prazo – o retorno de ditaduras parafascistas. Mas o futuro é incerto: o conflito entre o movimento das classes trabalhadoras e o capitalismo local e mundial apenas começou. Como em todos os tipos de fascismo, as ditaduras da América Latina não evitaram erros, alguns dos quais foram fatais. Estou pensando, por exemplo, em Leopoldo Fortunato Galtieri, que foi à guerra pelas Ilhas Malvinas para capitalizar o sentimento nacional argentino em benefício próprio.

A partir da década de 1980, a característica de desenvolvimento lúmpen da expansão do capitalismo monopolista generalizado assumiu os sistemas populistas nacionais da era Bandung (1955-1980) na Ásia e na África.[3] Esse desenvolvimento lúmpen também produziu formas semelhantes tanto em relação à modernização da pobreza quanto à modernização da violência repressiva. Os excessos dos sistemas pós-nasseristas e pós-baathistas no mundo árabe dão bons exemplos disso. Não devemos agrupar os regimes populistas nacionais da Era Bandung e os de seus sucessores, que entraram no vagão do neoliberalismo globalizado, só porque

---

[3] Para saber mais sobre o avanço do capitalismo monopolista generalizado, ver *ibid.*

ambos eram "não democráticos". Os regimes de Bandung, apesar de práticas políticas autocráticas, tiveram alguma legitimidade popular tanto por suas realizações reais, que beneficiaram a maioria dos trabalhadores, como por suas posições anti-imperialistas. As ditaduras que se seguiram perderam essa legitimidade assim que aceitaram se sujeitar ao modelo neoliberal globalizado e seguir o desenvolvimento lúmpen. A autoridade popular e nacional, ainda que não democrática, deu lugar à violência policial como tal, a serviço do projeto neoliberal, antipopular e antinacional.

As recentes revoltas populares, iniciadas em 2011, questionaram as ditaduras. Mas as ditaduras foram apenas questionadas. Uma alternativa apenas encontrará os meios para alcançar a estabilidade se conseguir combinar os três objetivos em torno dos quais as revoltas ocorreram: continuação da democratização da sociedade e da política, avanços sociais progressistas e afirmação da soberania nacional.

Ainda estamos longe disso. É por isso que existem várias alternativas possíveis no curto prazo visível. É possível um retorno ao modelo nacional e popular da era Bandung, talvez com uma pitada de democracia? Ou uma cristalização mais pronunciada de uma frente democrática, popular e nacional? Ou um mergulho em uma ilusão retrógrada que, nesse contexto, assume a forma de uma "islamização" da política e da sociedade?

No conflito entre – com muita confusão – essas três possíveis respostas ao desafio, as potências ocidentais (Estados Unidos e seus aliados europeus subalternos) fizeram sua escolha: deram apoio preferencial à Irmandade Muçulmana e/ou a outras organizações "salafistas" do Islã político. A causa disso é simples e óbvia: essas forças políticas reacionárias aceitam exercer seu poder dentro do neoliberalismo globalizado (e, portanto, abandonando qualquer perspectiva de justiça social e independência nacional). Esse é o único objetivo perseguido pelos poderes imperialistas.

Consequentemente, o programa do Islã político pertence ao tipo de fascismo encontrado nas sociedades dependentes. De fato, ele compartilha com todas as formas de fascismo duas características fundamentais: 1) não desafia os aspectos essenciais da ordem capitalista (o que, nesse contexto, equivale a não desafiar o modelo de desenvolvimento lúmpen vinculado à disseminação do capitalismo neoliberal globalizado); e 2) a escolha por formas de administração política antidemocráticas e via Estados-policiais (como a proibição de partidos e organizações, e islamização forçada dos costumes).

A opção antidemocrática das potências imperialistas (que desmente a retórica pró-democrática encontrada na propaganda massiva à qual estamos sujeitos), então, aceita os possíveis "excessos" dos regimes islâmicos em questão. Como outros tipos de fascismo e pelas mesmas razões, esses excessos estão inscritos nos "genes" de seus modos de pensamento: submissão inquestionável aos líderes, valorização fanática da adesão à religião do Estado e a formação de forças de choque usadas para impor a submissão. De fato, isso já pode ser visto, o programa "islâmico" faz progresso apenas no contexto de uma guerra civil (entre, por exemplo, sunitas e xiitas) e resulta em nada além de caos permanente. Esse tipo de poder islâmico é, então, a garantia de que as sociedades em questão permanecerão absolutamente incapazes de se afirmar no cenário mundial. É claro que um Estados Unidos em declínio desistiu de conseguir algo melhor – um governo local submisso – em favor da "segunda melhor" opção.

Desenvolvimentos e escolhas semelhantes são encontradas fora do mundo árabe-muçulmano, como a Índia hindu, por exemplo. O Partido Bharatiya Janata (BJP), que acabou de ganhar as eleições na Índia, é um partido religioso hindu reacionário que aceita a inclusão de seu governo no neoliberalismo globalizado. É o garantidor de que a Índia, sob seu governo, se retirará de seu projeto de ser uma potência emergente. Descrevê-lo como fascista, então, não é um exagero.

Conclui-se, assim, que o fascismo voltou ao Ocidente, Oriente e Sul; e esse retorno está naturalmente conectado à disseminação da crise sistêmica, do capitalismo monopolista generalizado e financeirizado. O real ou potencial recurso aos serviços do movimento fascista por parte dos centros dominantes desse sistema em crise exige a maior vigilância de nossa parte. Essa crise está destinada a piorar e, consequentemente, a ameaça da solução fascista se tornará um perigo real. O apoio de Hillary Clinton aos promotores da guerra de Washington não é um bom presságio para o futuro imediato.

1 de setembro de 2014.

Imperialismo contemporâneo

Lições do século XX

Lenin, Bukharin, Stalin e Trotsky, na Rússia, bem como Mao, Zhou Enlai e Deng Xiaoping, na China, moldaram a história das duas grandes revoluções do século XX.[1] Como líderes de partidos comunistas revolucionários e, depois, como líderes de Estados revolucionários, eles enfrentaram os problemas de uma revolução triunfante na periferia do capitalismo e foram forçados a "revisar" (eu uso deliberadamente esse termo, considerado um sacrilégio para muitos) a tese herdada do marxismo histórico e da Segunda Internacional. Lenin e Bukharin foram muito além de Hobson e Hilferding em suas análises do capitalismo monopolista e do imperialismo, e chegaram a essa grande conclusão política: a guerra imperialista de 1914-1918 (eles estavam entre os poucos, se não os únicos, a antecipá-la) tornou necessário e possível uma revolução liderada pelo proletariado.

Com o benefício da retrospectiva, indicarei aqui as limitações de suas análises. Lenin e Bukharin consideraram o imperialismo um novo estágio ("o superior") do capitalismo associado ao desenvolvimento de monopólios. Eu questiono essa tese e afirmo que o capitalismo histórico sempre foi imperialista, no sentido que levou a uma polarização entre centros e periferias desde sua origem (século XVI), que apenas aumentou ao longo de seu desenvolvimento globalizado posterior. O sistema pré-monopolista do século XIX não era menos imperialista. A Grã-Bretanha manteve

---

[1] Neste artigo, estou me limitando à análise das experiências da Rússia e China, sem a intenção de ignorar outras revoluções socialistas do século XX (Coreia do Norte, Vietnã, Cuba).

sua hegemonia precisamente por causa de sua dominação colonial da Índia. Lenin e Bukharin achavam que a revolução, iniciada na Rússia ("o elo mais fraco"), continuaria nos centros (Alemanha em particular). Sua esperança foi baseada em uma subestimação dos efeitos da polarização imperialista, que destruiu perspectivas revolucionárias nos centros.

Não obstante, Lenin, e mais ainda Bukharin, aprenderam rapidamente a lição histórica necessária. A revolução, feita em nome do socialismo (e comunismo), era de fato outra coisa: principalmente uma revolução camponesa. Então o que fazer? Como o campesinato pode se vincular à construção do socialismo? Fazendo concessões ao mercado e respeitando as propriedades camponesas recém-adquiridas e, assim, progredir lentamente em direção ao socialismo? A Nova Política Econômica (NEP) implementou essa estratégia.

Sim, mas... Lenin, Bukharin e Stalin também entenderam que as potências imperialistas nunca aceitariam a Revolução ou mesmo a NEP. Após as guerras quentes de intervenção, a Guerra Fria se tornou permanente, de 1920 a 1990.[2] A Rússia soviética, ainda que estivesse longe de ser capaz de construir o socialismo, foi capaz de se libertar da camisa de força que o imperialismo sempre se esforça em impor a todas as periferias do sistema mundial que domina. De fato, a Rússia soviética se desvinculou. O que fazer agora? A tentativa de pressionar pela coexistência pacífica, fazendo concessões se necessário e se abstendo de intervir ativamente

---

[2]   Antes da Segunda Guerra Mundial, Stalin havia procurado desesperadamente, e sem sucesso, uma aliança com as democracias ocidentais contra o nazismo. Depois da guerra, Washington escolheu exercer a Guerra Fria, enquanto Stalin procurava oferecer amizade às potências ocidentais, novamente sem sucesso. Ver Geoffrey Roberts, *Stalin's wars: from World War to Cold War, 1939-1953* [*As guerras de Stalin: da Guerra Mundial à Guerra Fria, 1939-1953*]. New Haven, C. T.: Yale University Press, 2007. Ver o importante prefácio de Annie Lacroix-Riz na edição francesa: *Les guerres de Staline: de la Guerre Mondiale à la Guerre Froide*, Paris: Les éditions Delga, 2014.

demais no cenário internacional? Ao mesmo tempo, era necessário estar armado para enfrentar novos e inevitáveis ataques. E isso implicava industrialização rápida, que, por sua vez, entrava em conflito com os interesses do campesinato e, portanto, ameaçava quebrar a aliança operário-camponesa, a fundação do Estado revolucionário.

É possível, então, entender os equívocos de Lenin, Bukharin e Stalin. Em termos teóricos, houve retornos de um extremo para o outro. Às vezes, uma atitude determinista inspirada na abordagem de fases herdada do primeiro marxismo (primeiro a revolução democrática burguesa, depois a socialista) predominou, às vezes uma abordagem voluntarista (ação política permitiria pular etapas). Finalmente, de 1930 a 1933, Stalin escolheu industrialização rápida e armamento (e essa escolha não deixou de ter alguma conexão com o aumento do fascismo). A coletivização foi o preço dessa escolha. Aqui, novamente, devemos tomar cuidado para não julgar rápido demais: todos os socialistas daquele período (e ainda mais os capitalistas) compartilhavam as análises de Kautsky sobre esse ponto e foram convencidos de que o futuro pertencia à agricultura em grande escala.[3] A ruptura na aliança operário-camponesa que essa escolha implicava estava por trás do abandono da revolução democrática e a virada autocrática.

Na minha opinião, Trotsky certamente não teria feito melhor. Sua atitude em relação à rebelião dos marinheiros de Kronstadt e seus equívocos posteriores demonstram que ele não era diferente de outros líderes bolcheviques no governo. Mas, depois de 1927, morando no exílio e não tendo mais a responsabilidade de administrar o Estado soviético, ele pôde se deliciar e repetir infinitamente os princípios sagrados do socialismo. Ele se tornou como muitos marxistas acadêmicos, que podem ser dar ao luxo

---

[3]   Me refiro as teses de Kautsky em *The agrarian question* [*A questão agrária*], 2 v., Londres: Pluto Press, 1988 (primeira edição: 1899).

162 Samir Amin

de afirmar seu apego a princípios sem ter que se preocupar com sua eficácia na transformação da realidade.[4]

Os comunistas chineses apareceram depois no cenário revolucionário. Mao pôde aprender com os equívocos bolcheviques. A China foi confrontada com os mesmos problemas que a Rússia soviética: a revolução em um país atrasado, a necessidade de incluir o campesinato na transformação revolucionária e a hostilidade das potências imperialistas. Mas Mao conseguiu ver mais claramente do que Lenin, Bukharin e Stalin. Sim, a revolução chinesa foi anti-imperialista e camponesa (antifeudal). Mas não era democrático-burguesa; era democrático-popular. A diferença é importante: o último tipo de revolução requer a manutenção da aliança entre trabalhadores e camponeses por um longo período. A China conseguiu, assim, evitar o erro fatal da coletivização forçada e inventou outra maneira: tornar todas as terras agrícolas propriedade estatal, dar ao campesinato acesso igualitário ao uso dessa terra e renovar a agricultura familiar.[5]

As duas revoluções tiveram dificuldade em alcançar estabilidade porque foram forçadas a reconciliar o apoio a uma perspectiva socialista e a fazer concessões ao capitalismo. Qual dessas duas tendências prevaleceria? Essas revoluções só alcançaram estabilidade após seu "Termidor", para usar o termo de Trotsky. Mas quando foi o Termidor na Rússia? Foi em 1930, como Trotsky disse? Ou foi na década de 1920, com a NEP? Ou foi a era do gelo do período Brejnev? E na China, Mao escolheu o Termidor

---

[4] Existem prazerosas exceções entre os intelectuais marxistas que, sem ter tido responsabilidades na liderança de partidos revolucionários ou, menos ainda, de Estados revolucionários, ainda assim continuaram atentos aos desafios enfrentados pelos socialismos estatais (estou pensando aqui em Baran, Sweezy, Hobsbawm e outros).

[5] Ver Samir Amin, "China 2013", *Monthly Review* 64, n. 10, mar. 2013, p. 14-33 (também incluído no presente volume), em particular para a análise em relação ao tratamento do maoísmo para a questão agrária.

a partir de 1950? Ou temos que esperar até Deng Xiaoping para falar do Termidor de 1980?

Não é por acaso que se faz referência às lições da Revolução Francesa. As três grandes revoluções dos tempos modernos (francesa, russa e chinesa) são ótimas exatamente porque olharam para além das exigências imediatas do momento. Com a ascensão da Montanha, liderada por Robespierre, na Convenção Nacional, a Revolução Francesa foi consolidada tanto como popular quanto burguesa e, assim como as revoluções russa e chinesa – que se esforçavam para chegar ao comunismo, mesmo que não estivesse na agenda devido à necessidade de evitar a derrota –, manteve a perspectiva de avançar muito mais posteriormente. Termidor não é a restauração. Este último ocorreu na França, não com Napoleão, mas apenas a partir de 1815. Ainda assim, deve-se lembrar que a restauração não poderia acabar completamente com a gigantesca transformação social causada pela revolução. Na Rússia, a restauração ocorreu ainda mais tarde em sua história revolucionária, com Gorbachev e Yeltsin. É importante notar que tal restauração permanece frágil, como pode ser visto nos desafios que Putin ainda deve enfrentar. Na China, não houve (ou ainda não!) uma restauração.[6]

Um novo estágio do capital monopolista

O mundo contemporâneo ainda enfrenta os mesmos desafios encontrados pelas revoluções do século XX. O aprofundamento contínuo do contraste centro/periferia, característico da expansão do capitalismo globalizado, ainda leva à mesma grande consequência política: a transformação do mundo começa com revoluções anti-imperialistas, nacionais, populares – e potencialmente antica-

---

[6] Ver Eric J. Hobsbawm, *Echoes of the Marseillaise*: Two Centuries Look Back on the French Revolution, Londres: Verso, 1990 [edição brasileira: *Ecos da Marselhesa:* dois séculos reveem a Revolução Francesa, São Paulo: Cia das Letras, 1996]; ver também as obras de Florença Gauthier. Esses autores não associam o Termidor à restauração, como a simplificação trotskista sugere.

pitalistas –, que são as únicas na agenda para um futuro próximo. Mas essa transformação só será capaz de ir além dos primeiros passos e prosseguir depois no caminho ao socialismo se e quando os povos dos centros, por sua vez, começarem a luta pelo comunismo, vista como um estágio mais elevado da civilização universal humana. A crise sistêmica do capitalismo nos centros dá uma chance para que essa possibilidade seja traduzida para a realidade.

Enquanto isso, há um desafio duplo sendo enfrentado pelos povos e Estados do Sul: 1) o desenvolvimento lúmpen que as forças do capitalismo contemporâneo empurram para todas as periferias do sistema não tem nada a oferecer para três quartos da humanidade; em particular, leva à rápida destruição de sociedades camponesas na Ásia e na África; consequentemente, a resposta dada à questão camponesa governará amplamente a natureza das mudanças futuras;[7] 2) a agressiva geoestratégia das potências imperialistas, que se opõem a qualquer tentativa dos povos e Estados da periferia de sair do impasse, força os povos a derrotar o controle militar do mundo pelos Estados Unidos e seus aliados subalternos europeus e japoneses.

A primeira longa crise sistêmica do capitalismo começou na década de 1870. A versão da extensão do capitalismo histórico sobre o longo período que apresentei sugere uma sucessão de três épocas: dez séculos de incubação, a partir do ano 1000 na China às revoluções do século XVIII na Inglaterra e na França; um curto século de florescimento triunfal (século XIX); provavelmente um longo declínio, compreendendo a primeira longa crise (1875-1945) e depois a segunda (iniciada em 1975 e ainda em andamento). Em cada uma dessas duas longas crises, o capital responde ao desafio com mesma fórmula tripla: concentração do controle do capital,

---

[7] No que diz respeito à destruição dos camponeses asiáticos e africanos atualmente em andamento, ver Samir Amin, "Contemporary imperialism and the agrarian question", *Agrarian South:* Journal of Political Economy 1, n. 1, abr. 2012, 11-26.

aprofundamento da globalização desigual, financeirização da gestão do sistema.[8] Dois grandes pensadores (Hobson e Hilferding) imediatamente compreenderam a enorme importância da transformação do capitalismo em capitalismo monopolista. Mas foram Lenin e Bukharin que tiraram a conclusão política dessa transformação, uma transformação que iniciou o declínio do capitalismo e, assim, colocou a revolução socialista na agenda.[9]

A formação primária do capitalismo monopolista remonta, assim, ao final do século XIX, mas nos Estados Unidos realmente se estabeleceu como um sistema apenas a partir da década de 1920, e conquistou depois a Europa Ocidental e o Japão dos "trinta anos gloriosos" após a Segunda Guerra Mundial. O conceito de excedente, trabalhado por Baran e Sweezy na década de 1950-1960, permite uma compreensão do que é essencial na transformação do capitalismo. Convencido no momento de sua publicação por esse trabalho que enriquece a crítica marxista do capitalismo, iniciei, já nos anos 1970, uma reformulação que exigiu, na minha opinião, a transformação do "primeiro" (1920-1970) capitalismo monopolista em capitalismo monopolista generalizado, analisado como uma fase qualitativamente nova do sistema.

Nas formas anteriores de concorrência entre empresas que produzem o mesmo valor de uso – numerosas na época, e independentes umas das outras –, as decisões eram tomadas pelos proprietários capitalistas dessas empresas com base em um preço de mercado reconhecido que se impunha como um dado externo. Baran e Sweezy observaram que os novos monopólios agiam de maneira diferente: eles estabelecem seus preços simultaneamente

---

[8] Eu discuto aqui apenas algumas das principais consequências da mudança para monopólios generalizados (financeirização, declínio da democracia). Quanto a questões ecológicas, refiro-me às obras notáveis de John Bellamy Foster.

[9] Nikolai Bukharin, *Imperialism and the world economy* [*Imperialismo e a economia mundial*], New York: Monthly Review Press, 1973 (escrito em 1915); V. I. Lenin, *Imperialismo, estágio superior do capitalismo*, São Paulo: Expressão Popular, 2012 (escrito em 1916).

à natureza e ao volume de sua produção. Então é um fim da "concorrência justa e aberta", que permanece, muito contrário à realidade, no coração da retórica da economia convencional! A abolição da concorrência – a transformação radical do significado desse termo, de seu funcionamento e resultados – separa o sistema de preços de sua base, o sistema de valores e, dessa maneira, oculta o quadro referencial que costumava definir a racionalidade do capitalismo. Embora os valores de uso se constituíssem, em grande parte, como realidades autônomas, eles se tornaram, no capitalismo monopolista, o objeto de fabricações reais produzidas sistematicamente por meio de estratégias de vendas agressivas e particularizadas (publicidade, marcas etc.). No capitalismo monopolista, uma reprodução coerente do sistema produtivo não é mais possível apenas pelo ajuste mútuo dos dois Departamentos discutidos no segundo volume d'*O capital*: é, portanto, necessário levar em consideração um Departamento III, concebido por Baran e Sweezy. Isso permite uma absorção adicional do excedente promovido pelo Estado – além do Departamento I (investimento privado) e além da parte do Departamento II (consumo privado) dedicado ao consumo capitalista. O clássico exemplo das despesas do Departamento III é o gasto militar. Contudo, a noção de Departamento III pode ser expandida para cobrir a ampla gama de gastos socialmente improdutivos promovidos pelo capitalismo de monopólio generalizado.[10]

A excrescência do Departamento III, por sua vez, favorece de fato o apagamento da distinção feita por Marx entre trabalho produtivo (mais-valia) e trabalho improdutivo. Todas as formas

---

[10] Para mais discussões sobre a análise do Departamento III e sua relação com a teoria de Baran e Sweezy da absorção do excedente, ver Samir Amin, *Three essays on Marx's value theory* [*Três ensaios sobre a teoria do valor de Marx*], New York: Monthly Review Press, 2013, pp. 67-76; e John Bellamy Foster, "Marxian crisis theory and the State" ["Teoria da crise marxiana e o Estado"], *in:* John Bellamy Foster e Henryk Szlajfer (eds), *The faltering economy* [*A economia vacilante*], New York: Monthly Review Press, 1984, p. 325-349.

de trabalho assalariado podem – o que de fato ocorre – se tornar fonte de possíveis lucros. Um cabeleireiro vende seus serviços a um cliente que o paga com sua receita. Mas se esse cabeleireiro se tornar o empregado de um salão de beleza, o negócio deve gerar lucro para seu proprietário. Se o país em questão coloca dez milhões de assalariados para trabalhar nos Departamentos I, II e III, fornecendo o equivalente a 12 milhões de anos de trabalho abstrato, e se os salários recebidos por esses trabalhadores permitem comprar bens e serviços que requerem apenas 6 milhões de anos de trabalho abstrato, a taxa de exploração de todos eles, produtivos e improdutivos juntos, são os mesmos 100%. Mas os 6 milhões de anos de trabalho abstrato pelos quais os trabalhadores não receberam não podem ser investidos inteiramente na aquisição de bens destinados a expandir os Departamentos I e II; parte deles será colocada na expansão do Departamento III.

Capitalismo monopolista generalizado (desde 1975)

A passagem do capitalismo monopolista inicial para sua forma atual (capitalismo monopolista generalizado) foi realizada em um curto período (entre 1975 e 2000) em resposta à segunda longa crise do capitalismo em declínio. Em 15 anos, o poder de centralização dos monopólios e sua capacidade de controle sobre todo o sistema produtivo atingiu picos incomparáveis com o que se tinha até então.

Minha primeira formulação do capitalismo monopolista generalizado data de 1978, quando propus uma interpretação das respostas do capital às questões de sua longa crise sistêmica, que se abriu a partir de 1971-1975. Nessa interpretação, acentuei as três direções dessa resposta esperada, que à época mal havia iniciado: fortalecimento da centralização do controle sobre a economia pelos monopólios, aprofundamento da globalização (e terceirização da indústria manufatureira para as periferias) e financeirização. A obra que eu e Andre Gunder Frank publicamos juntos em 1978 não chamou a atenção, provavelmente porque nossas teses estavam à frente de seu tempo. Hoje, porém, as três características em questão se tornaram ofuscantemente óbvias para todos.[11]

Um nome tinha de ser dado a essa nova fase do capitalismo monopolista. O adjetivo "generalizado" especifica o que há de novo: os monopólios estão, daí em diante, em uma posição que lhes dá a capacidade de reduzir todas (ou quase todas) as atividades econômicas ao *status* de subcontratadas. A agricultura familiar nos centros capitalistas é o melhor exemplo disso. Esses agricultores são controlados a montante pelos monopólios que fornecem seus insumos e financiamentos, e a jusante pelas cadeias de mercado, a ponto de as estruturas de preços impostas a eles acabarem com a receita de seu trabalho. Os agricultores sobrevivem apenas graças aos subsídios públicos pagos pelos contribuintes. Essa extração está, portanto, na origem dos lucros dos monopólios! Como também foi observado em falências bancárias, o novo princípio de gestão econômica é resumido em uma frase: privatização dos lucros dos monopólios, socialização de suas perdas! Continuar falando de "concorrência justa e aberta" e da "verdade dos preços revelados pelos mercados" é uma farsa.

O fragmentado e, por isso, concreto poder econômico de famílias burguesas proprietárias dá lugar a um poder centralizado exercido pelos diretores dos monopólios e seu grupo de servidores assalariados. O capitalismo monopolista generalizado envolve não a concentração da propriedade que, ao contrário, está mais dispersa que nunca, mas sim o poder de gerenciá-la. Por isso é enganoso anexar o adjetivo "patrimonial" ao capitalismo contemporâneo. É apenas na aparência que os "acionistas" governam. Os monarcas absolutos, os principais executivos dos monopólios, decidem tudo em seu nome. Além disso, o aprofundamento da globalização do sistema apaga a lógica holística (isto é, simultaneamente econômi-

---

[11] Andre Gunder Frank e Samir Amin, "Let's not wait for 1984" ["Não esperemos por 1984"], *in:* Frank, *Reflections on the world economic crisis* [*Reflexões sobre a crise econômica mundial*], New York: Monthly Review Press, 1981.

ca, política e social) dos sistemas nacionais sem colocar qualquer lógica global em seu lugar. Esse é o império do caos – o título de um dos meus trabalhos, publicado em 1991 e posteriormente adotado por outros: de fato, a violência política internacional assume o lugar da concorrência econômica.[12]

Financeirização da acumulação

A nova financeirização da vida econômica coroa essa transformação no poder do capital. Em vez de estratégias definidas por proprietários reais de capital fragmentado estão aquelas dos gestores de títulos de propriedade sobre capital. O que é vulgarmente chamado capital fictício (o valor estimado de certificados de propriedade) não passa de uma expressão desse deslocamento, dessa desconexão entre os mundos virtual e real.

Por sua própria natureza, a acumulação capitalista sempre foi sinônimo de desordem, no sentido que Marx deu a esse termo: um sistema que passa de desequilíbrio para desequilíbrio (engendrado pela luta de classes e conflitos entre os poderes) sem nunca tender a um equilíbrio. Mas essa desordem resultante da concorrência entre capitais fragmentados foi mantida dentro de limites razoáveis por meio da gestão do sistema de crédito realizado sob o controle do Estado nacional. Com o capitalismo contemporâneo financeirizado e globalizado, essas fronteiras desaparecem; a violência dos movimentos de desequilíbrio para desequilíbrio é reforçada. O sucessor da desordem é o caos.

A dominação pelo capital dos monopólios generalizados é exercida em escala mundial por meio da integração global do mercado monetário e financeiro, baseado de agora em diante no princípio de taxas de câmbio flexíveis e do não controle sobre o fluxo de capital. No entanto, essa dominação é questionada, em graus variados, pelas políticas de Estado dos países emergentes.

---

[12] Samir Amin, *Empire of chaos* [*O império do caos*], New York: Monthly Review Press, 1992.

O conflito entre essas últimas políticas e os objetivos estratégicos do imperialismo coletivo da tríade se torna, por esse fato, um dos eixos centrais para possivelmente colocar o capitalismo monopolista generalizado mais uma vez em julgamento.[13]

O declínio da democracia

Nos centros do sistema, o capitalismo monopolista generalizado tem trazido consigo a generalização da forma salarial. Gerentes superiores são, agora, empregados que não participam da formação da mais-valia, da qual se tornaram consumidores. No outro polo social, a proletarização generalizada que a forma salarial sugere é acompanhada pela multiplicação nas formas de segmentação da força de trabalho. Em outras palavras, o "proletariado" (em suas formas conhecidas no passado) desaparece no exato momento em que a proletarização se generaliza. Nas periferias, os efeitos da dominação pelo capital monopolista generalizado não são menos visíveis. Acima de uma estrutura social diversa, composta pelas classes dominantes locais e pelas classes subordinadas, encontra-se uma superclasse dominante que emerge da globalização. Essa superclasse é, por vezes, a dos "neocompradores"; por vezes, é a classe política governante (ou da classe-Estado-partido), ou uma mistura dos dois.

Longe de serem sinônimos, "mercado" e "democracia" são, ao contrário, antônimos. Nos centros, um novo consenso-cultura político (apenas aparente, talvez, mas ainda assim ativo), sinônimo de despolitização, assumiu o lugar da antiga cultura política baseada na confrontação direita-esquerda que costumava dar significado à democracia burguesa e à inscrição contraditória da luta de classes

---

[13] Em relação ao desafio à globalização financeira, ver Samir Amin, "From Bandung (1955) to 2015: new and old challenges for the peoples and states of the south" ["De Bandung (1955) a 2015: novos e antigos desafioss para os povos e Estados do Sul], artigo apresentado no Fórum Social Mundial, em Tunis, mar. 2015, e "The Chinese Yuan" ["O Yuan chinês"], publicado em chinês em 2013.

dentro de sua estrutura. Nas periferias, o monopólio do poder capturado pela superclasse dominante local também envolve, da mesma forma, a negação da democracia. A ascensão do Islã político fornece um exemplo de tal regressão.

A geoestratégia agressiva do imperialismo contemporâneo

O imperialismo coletivo da tríade;
o Estado no capitalismo contemporâneo

Nos anos 1970, Sweezy, Magdoff e eu já tínhamos desenvolvido nessa tese, formulada por mim e Andre Gunder Frank em uma obra publicada em 1978. Dissemos que o capitalismo monopolista estava entrando em uma nova era, caracterizada pelo gradual – mas rápido – desmantelamento dos sistemas nacionais de produção. A produção de um crescente número de mercadorias não pode mais ser definida pela etiqueta "fabricado na França" (ou na União Soviética ou nos Estados Unidos), mas se torna "fabricado no mundo", porque sua fabricação é agora dividida em segmentos, localizados aqui e ali em todo o mundo.

Reconhecer esse fato, agora um lugar comum, não implica a existência de apenas uma explicação para a principal causa da transformação em questão. Da minha parte, explico-a pelo salto adiante no grau de centralização do controle do capital pelos monopólios, que descrevi como a mudança do capitalismo monopolista para o capitalismo monopolista generalizado. A revolução da informação, entre outros fatores, fornece os meios que possibilitam a gestão desse sistema de produção globalmente disperso. Para mim, porém, esses meios são apenas implementados em resposta a uma nova necessidade objetiva criada pelo avanço no controle centralizado do capital.

A emergência desse sistema de produção globalizado elimina políticas coerentes de "desenvolvimento nacional" (diversas e desigualmente eficazes), mas não substitui uma nova coerência,

172 Samir Amin

que seria a do sistema globalizado. A razão para isso é a ausência de uma burguesia e um Estado globalizados, que examinarei mais tarde. Consequentemente, o sistema de produção globalizado é incoerente por natureza.

Outra consequência importante dessa transformação qualitativa do capitalismo contemporâneo é a emergência do imperialismo coletivo da tríade, que toma o lugar dos imperialismos nacionais históricos (dos Estados Unidos, Grã-Bretanha, Japão, Alemanha, França e alguns outros). O imperialismo coletivo encontra sua *raison d'être* [razão de ser] na consciência das burguesias das nações da tríade da necessidade de uma gestão conjunta do mundo, e particularmente das sociedades periféricas dominadas ou das que ainda serão dominadas.

Alguns traçam duas correlações a partir da tese da emergência de um sistema de produção globalizado: a emergência de uma burguesia globalizada e a emergência de um Estado globalizado, ambas as quais encontrariam sua base objetiva neste novo sistema de produção. Minha interpretação das mudanças e crises atuais me leva a rejeitar essas duas correlações.

Não existe burguesia globalizada (ou classe dominante) em processo de formação, seja em escala mundial, seja em países da tríade imperialista. Sou levado a enfatizar o fato de que a centralização do controle sobre o capital dos monopólios ocorre dentro dos Estados-nação da tríade (Estados Unidos, cada membro da União Europeia, Japão) muito mais do que nas relações entre os parceiros da tríade, ou mesmo entre membros da União Europeia. As burguesias (ou grupos oligopolistas) estão concorrendo dentro das nações (e os Estado nacionais administram essa concorrência, ao menos em parte) e entre as nações. Assim, os oligopólios alemães (e o Estado alemão) assumiram a liderança dos assuntos europeus, não tanto para o ganho igualitário de todos, mas antes de tudo para o seu próprio. No nível da tríade, é obviamente a burguesia dos Estados Unidos que lidera a aliança, mais uma vez com uma distribuição desigual de ganhos. A ideia de que uma causa objetiva

– o surgimento do sistema de produção globalizado – implica *ipso facto* [pelo próprio fato] o surgimento de uma classe dominante globalizada é baseada na hipótese subjacente de que o sistema deve ser coerente. Na realidade, é possível que não seja coerente. De fato, não é coerente e, portanto, esse sistema caótico não é viável.

Nas periferias, a globalização do sistema de produção ocorre em conjunto com a substituição do sistema de blocos hegemônicos de épocas anteriores por um novo bloco hegemônico dominado pelas novas burguesias compradoras, que não são elementos constitutivos de uma burguesia globalizada, mas apenas aliados subalternos das burguesias da tríade dominante. Assim como não há burguesia globalizada no processo de formação, também não há Estado globalizado no horizonte. A maior razão disso é que o atual sistema globalizado não atenua, mas na verdade acentua o conflito (já visível ou potencial) entre as sociedades da tríade e as do resto do mundo. Eu, de fato, quero dizer conflitos entre *sociedades* e, consequentemente, um *potencial* conflito entre Estados. A vantagem advinda da posição dominante da tríade (renda imperialista) permite ao bloco hegemônico, formado em torno dos monopólios generalizados, se beneficiar de uma legitimidade que se expressa, por sua vez, pela convergência de todos os principais partidos eleitorais, de direita e esquerda, e seu igual compromisso com as políticas econômicas neoliberais e a contínua intervenção nos assuntos das periferias. Em contrapartida, as burguesias neocompradoras das periferias não são legítimas nem dignas de credibilidade aos olhos de seu próprio povo (porque as políticas que entregam não tornam possível "recuperar o atraso" e, na maioria das vezes, levar ao impasse do desenvolvimento lúmpen). A instabilidade dos governos atuais é, portanto, a regra nesse contexto.

Assim como não há burguesia globalizada, mesmo no âmbito da tríade ou da União Europeia, também não há Estado globalizado nesses âmbitos. Em vez disso, existe apenas uma aliança de Estados. Estes, por sua vez, aceitam de bom grado a hierarquia que permite a aliança funcionar: a liderança geral é assumida por Washington e a liderança na Europa, por Berlim. O Estado nacional permanece na posição de servir a globalização como ela é.

Existe uma ideia circulando em correntes pós-modernos de que o capitalismo contemporâneo não precisa mais do Estado para gerenciar a economia mundial e, assim, que o sistema estatal está em processo de definhamento em benefício da emergência da sociedade civil. Eu não revisitarei os argumentos que já desenvolvi em outros lugares contra essa tese ingênua, além de propagada pelos governos dominantes e o clero midiático a seu serviço. Não há capitalismo sem o Estado. A globalização capitalista não poderia ser conquistada sem as intervenções das Forças Armadas dos Estados Unidos e a administração do dólar. Evidentemente, as Forças Armadas e o dinheiro são instrumentos do Estado, não o mercado.

Mas como não há Estado mundial, os Estados Unidos pretendem cumprir essa função. As sociedades da tríade consideram essa função legítima; outras sociedades, não. Mas qual a importância disso? A autoproclamada "comunidade internacional", ou seja, o G7 mais a Arábia Saudita, que certamente se tornou uma república democrática, não reconhece a legitimidade da opinião de 85% da população mundial!

Existe, assim, uma assimetria entre as funções do Estado nos centros imperialistas dominantes e as do Estado na periferia dominada, ou ainda a ser dominada. O Estado nas periferias compradoras é inerentemente instável e, consequentemente, um inimigo em potencial, quando já não o é.

Existem inimigos com os quais as potências imperialistas dominantes foram forçadas a coexistir – pelo menos até agora. É o caso da China, porque esta rejeitou (até agora) a opção neocompradora e prossegue em seu projeto soberano de desenvolvimento nacional integrado e coerente. A Rússia se tornou um inimigo assim que Putin recusou a se alinhar politicamente com a tríade e queria bloquear as ambições expansionistas desta última na Ucrânia, mesmo que ele não visualize (ou ainda não?) sair da rota do liberalismo econômico. A grande maioria dos Estados compradores do Sul (isto é, Estados a serviço de suas burguesias compradoras) é aliada, não inimiga – desde que cada um desses Estados compradores mantenha a aparência de estar no comando de seu país. Mas líderes em Washington, Londres, Berlim e Paris sabem que esses Estados são frágeis. Assim que um movimento popular de revolta – com ou sem uma estratégia alternativa viável – ameaça um desses Estados, a tríade arroga para si o direito de intervir. A intervenção pode até levar à contemplação da destruição desses Estados e, além deles, das sociedades envolvidas. Essa estratégia está atualmente em curso no Iraque, Síria e outros. A *raison d'être* [razão de ser] da estratégia por controle militar do mundo pela tríade, liderada por Washington, está totalmente localizada nessa visão "realista", que está em contraposição direta à visão ingênua – *à la* Negri – de um Estado globalizado em processo de formação.[14]

Respostas dos povos e Estados do Sul

A ofensiva em curso do imperialismo coletivo dos Estados Unidos/Europa/Japão contra todos os povos do Sul caminha sobre duas pernas: a econômica – o neoliberalismo globalizado imposto como a única política econômica possível – e a política – intervenções contínuas, incluindo guerras preventivas contra aqueles que rejeitam as intervenções imperialistas. Em resposta, alguns países do Sul, como os Brics, na melhor das hipóteses, andam com apenas uma perna: eles rejeitam a geopolítica do imperialismo, mas aceitam o neoliberalismo econômico. Permanecem, por esse motivo, vulneráveis, como mostra o caso atual da Rússia.[15]

---

[14] "Contra Hardt and Negri" [Contra Hardt e Negri"], *Monthly Review* 66, n. 6, nov. 2014, p. 25-36.

[15] A escolha de desvincular é inevitável. A extrema centralização do excedente em escala mundial, sob a forma de renda imperialista para os monopólios das potências imperialistas, é insuportável para todas as sociedades na periferia. É

Sim, eles precisam entender que "comércio é guerra", como Yash Tandon escreveu.[16]

Todos os países do mundo fora da tríade são inimigos ou inimigos em potencial, exceto aqueles que aceitam a submissão completa à sua estratégia econômica e política. Nesse quadro, a Rússia é "um inimigo".[17] Seja qual for a nossa avaliação sobre o que foi a União Soviética, a tríade a combateu simplesmente porque era uma tentativa de desenvolvimento independente do capitalismo/imperialismo dominante. Após o colapso do sistema soviético, algumas pessoas (na Rússia, em particular) pensavam que o "Ocidente" não antagonizaria com uma "Rússia capitalista" – assim como a Alemanha e o Japão "haviam perdido a guerra, mas ganhado a paz". Eles esqueceram que as potências ocidentais apoiaram a reconstrução dos antigos países fascistas precisamente para enfrentar o desafio das políticas independentes da União Soviética. Agora, tendo desaparecido esse desafio, o alvo da tríade é a submissão completa, para destruir a capacidade da Rússia de resistir. O atual desenvolvimento da tragédia na Ucrânia ilustra a realidade do alvo estratégico da tríade. Aquilo que a tríade organizou em Kiev deveria ser chamado de "golpe europeu/nazista". A retórica das mídias ocidentais, alegando que as políticas da tríade visam a promoção da democracia, é *simplesmente uma mentira*. A Europa Oriental tem sido "integrada" à União Europeia não como parceiros iguais, mas como "semicolônias" das principais potências capitalistas e imperialistas da Europa Ocidental e

---

necessário desconstruir esse sistema com a perspectiva de reconstruí-lo mais tarde sob outra forma de globalização compatível com o comunismo, entendido como o estágio mais avançado da civilização universal. Tenho sugerido, nesse contexto, uma comparação com a necessária destruição da centralização do Império Romano, que abriu o caminho para a descentralização feudal.

[16] Yash Tandon, *Trade is war* [*Comércio é guerra*], New York: OR Books, 2015.

[17] Samir Amin, "Russia in the world system" ["Rússia no sistema mundial"], capítulo 7, *in: Global history*: a view from the South [História global: um olhar a partir do sul], London: Pambazuka Press, 2010; O retorno do fascismo no capitalismo (ver, *supra*, p. 143-158)..

Central. A relação entre Ocidente e Oriente no sistema europeu é, em certo grau, semelhante àquela que rege as relações entre os Estados Unidos e a América Latina!

Portanto, a política da Rússia de resistir ao projeto de colonização da Ucrânia deve ser apoiada. Mas essa "política internacional" positiva russa *está destinanda ao fracasso* se não for apoiada pelo povo russo. E esse apoio não pode ser conquistado exclusivamente com base no "nacionalismo". O apoio só pode ser conquistado se a política econômica e social interna adotada promover os interesses da maioria dos trabalhadores. Uma política orientada para o povo implica, portanto, afastar-se, tanto quanto possível, da receita "liberal" e da farsa eleitoral associada a ela, que afirma dar legitimidade às políticas sociais regressivas. Eu sugeriria a criação de um novo capitalismo de Estado em seu lugar, com uma dimensão social (digo social, não socialista). Esse sistema abriria o caminho para eventuais avanços em direção à socialização da gestão da economia e, portanto, avanços novos e autênticos em direção à criação de uma democracia que responda aos desafios da economia moderna.

O poder estatal russo, permanecendo dentro dos estritos limites da receita neoliberal, aniquila as chances de sucesso de uma política externa independente e as chances da Rússia se tornar um país realmente emergente e atuante como um importante ator internacional. O neoliberalismo pode produzir para a Rússia apenas um trágico cenário econômico de regressão social, um padrão de "desenvolvimento lúmpen" e um *status* crescente de subordinação à ordem imperialista global. A Rússia poderia fornecer à tríade petróleo, gás e alguns recursos naturais; suas indústrias seriam reduzidas ao *status* de subcontratadas para o benefício dos monopólios financeiros ocidentais. Em tal posição, que não está muito longe da Rússia de hoje no sistema global, tentativas de agir de forma independente na área internacional permanecerão extremamente frágeis, ameaçada por "sanções" que fortalecerão o desastroso alinhamento da oligarquia econômica dominante às demandas dos monopólios dominantes da tríade. A atual fuga de "capital russo", associada à crise da Ucrânia, ilustra o perigo. Restabelecer o controle estatal sobre os movimentos de capitais é a única resposta eficaz a esse perigo.

Fora da China, que está implementando um projeto nacional de desenvolvimento industrial moderno em conexão com a renovação da agricultura familiar, os outros assim chamados países emergentes do Sul (os Brics) ainda andam apenas com uma perna: eles se opõem às depredações da globalização militarizada, mas permanecem aprisionados na camisa de força do neoliberalismo.[18]

1 de julho de 2015

---

[18] Sobre as respostas inadequadas da Índia e do Brasil, ver Samir Amin, *The implosion of capitalism* [*A implosão do capitalismo*], New York: Monthly Review Press, 2013, capítulo 2, e "Latin America confronts the challenge of globalization" [A América Latina enfrenta o grande desafio da globalização"], *Monthly Review* 66, n. 7, dezembro de 2014, p. 1-6.

Ler *O capital*, ler capitalismos históricos

I

O capital, de Marx, apresenta uma rigorosa análise científica do modo capitalista de produção e da sociedade capitalista, e como se diferem de formas anteriores. O livro I investiga o cerne do problema. Esclarece diretamente o significado da generalização de trocas de mercadorias entre proprietários privados (e essa característica é única no mundo moderno capitalista, mesmo que trocas de mercadorias existissem anteriormente), especificamente a emergência e domínio do valor e do trabalho social abstrato. A partir desse fundamento, Marx nos leva a entender como a venda da força de trabalho do proletariado ao "homem com dinheiro" garante a produção da mais-valia que o capitalista expropria, e que, por sua vez, é a condição para a acumulação de capital. O domínio do valor governa não apenas a reprodução do sistema econômico do capitalismo; governa todos os aspectos da vida social e política moderna. O conceito de alienação aponta para o mecanismo ideológico por meio do qual a unidade global da reprodução é expressa.

O livro II demonstra por que e como a acumulação de capital funciona; mais especificamente, por que e como a acumulação integra com êxito a exploração do trabalho em sua reprodução e supera os efeitos da contradição social que representa. A conveniente divisão do trabalho social entre a produção dos meios produção e produção de bens de consumo garante o equilíbrio geral de oferta e demanda de bens e serviços produzidos exclusivamente dentro do contexto de relações sociais do sistema capitalista. Eu tenho argumentado mais especificamente que:

1) o mecanismo de acumulação requer um adiantamento de crédito cujo volume possa ser calculado com base nas taxas de progresso na produtividade do trabalho social para cada um dos dois departamentos de produção em questão (e essa foi minha resposta à pergunta mal colocada por Rosa Luxemburgo sobre a realização da mais-valia); 2) a realização de um equilíbrio dinâmico de crescimento requer que o próprio salário real (o valor da força de trabalho) aumente a uma taxa que possa ser calculada com base no crescimento da produtividade; e 3) consequentemente, o modelo apresentado no livro II não nos permite dizer nada sobre a tendência de queda da taxa de lucro (*The Law of Worldwide value* [*Lei do Valor Mundial*], capítulo 1).

Em conjunto, os livros I e II d'*O capital* não fornecem informações específicas sobre a história da emergência do capitalismo que eles analisam. Como o próprio Marx diz, seu objetivo é oferecer uma análise da essência do capitalismo, sua "média ideal". Ele não considera, portanto, as relações entre o espaço controlado por esse modo capitalista (o único espaço analisado nesses dois livros) e outros espaços de produção social, anteriores ou até contemporâneos à existência do capitalismo histórico concreto, na Inglaterra ou em qualquer outro lugar.

Esse foco no modo de produção capitalista permite que Marx mostre como esse modo é a base para uma "ciência econômica" que propõe delinear as condições para um equilíbrio geral entre oferta e demanda de mercadorias capitalistas, e como o modo capitalista antecipa aquela ciência como a nova forma de pensamento social dominante. A alienação de mercadorias é o segredo desse triunfo. Inverte as relações entre a instância econômica, que se torna dominante, e as instâncias políticas e ideológicas, que consequentemente perdem a dominância característica que tinham em sociedades anteriores. Esse é o significado da minha leitura do subtítulo d'*O capital* ("Crítica da Economia Política"): uma leitura que revela o *status* da ciência econômica no pensamento social moderno.

O livro III d'*O capital* é diferente. Aqui Marx se desloca da análise do capitalismo em seus aspectos fundamentais (sua "média ideal") à realidade histórica do capitalismo. Ele faz isso apenas parcialmente, lidando com três conjuntos de perguntas. O primeiro conjunto diz respeito à renda da terra, ou seja, o direito dos proprietários de terras a uma fração da mais-valia produzida pela exploração capitalista do trabalho. Estamos aqui mergulhados no cerne da questão relativa à história do surgimento do capitalismo histórico. O capitalismo não caiu do céu sobre uma terra virgem. Foi forjado por meio de seu conflito com a sociedade feudal do *ancien régime* [antigo regime] – na Inglaterra, França e alguns outros lugares da Europa. Traços desse conflito podem ser encontrados em formações capitalistas (distintas do modo de produção capitalista) que existiam na era de Marx.

O segundo conjunto se refere a perguntas sobre o funcionamento do dinheiro (mercadoria-mercadoria – o equivalente geral da troca – e crédito, do qual o dinheiro-mercadoria é o suporte). A distinção entre juros sobre o dinheiro (e sua taxa) e lucro sobre o capital emerge dessa análise. Isso é tanto um complemento inseparável da análise do modo de produção capitalista (ou seja, um complemento com o qual os livros I e II contribuem para essa análise) como uma abertura para considerações históricas. Nessa conexão, Marx oferece várias observações sobre a gestão do dinheiro pelos bancos da Inglaterra e da França e sobre as teorias realizadas nessa área por outros.

O terceiro conjunto se concentra nos ciclos e crises de acumulação, examinados no contexto da história concreta da Inglaterra e da Europa desse período. Aqui, faço referência ao leitor ao que tenho escrito sobre a análise de Marx dessas questões, tanto em sua dimensão teórica geral e suas expressões históricas concretas (*Lei...*, capítulos 2 e 3). Além disso, observe que não há análise sistemática no livro III de dois conjuntos de questões principais: primeiro, as lutas de classes características do modo de produção capitalista e dos capitalismos históricos, bem como a interação dessas lutas com o processo de acumulação; segundo, as novas relações internacionais, característica dos capitalismos históricos, incluindo a tendência do capitalismo à globalização, e a interação dessas distintas relações internacionais com as lutas de classes e o processo de acumulação. Marx fornece apenas observações dispersas sobre esse assunto.

II

Passar da leitura d'*O capital* (e particularmente dos livros I e II) para a dos capitalismos históricos em momentos sucessivos de sua implantação tem suas próprias demandas, para além da leitura do conjunto da obra de Marx e Engels. Teóricos e militantes marxistas têm sempre expressado sua admiração pelos escritos de Marx e Engels, tornaram reconhecidas, explicitamente ou implicitamente, suas leituras desses escritos e queriam ser inspirados por eles como parte de sua resposta aos desafios que enfrentavam em suas lutas. Não tenho nenhuma intenção, aqui, de revisar essas diversas leituras, a não ser para formular o que, na minha leitura dos capitalismos históricos, deveria ser retido e discutido por todos aqueles – marxistas ou não – que acreditam que "outro mundo melhor é necessário".

A leitura d'*O capital* que propus é certamente compartilhada por outros. Mas não é a que prevalece nas correntes dominantes dos marxismos históricos da Segunda e Terceira Internacionais. O sucesso do marxismo em círculos revolucionários anticapitalistas do mundo moderno envolvia necessariamente uma dose de simplificação e popularização. Kautsky produziu o primeiro do que poderia ser chamado de manual do marxismo, algo que o marxismo soviético popularizou ainda mais. Em contraste com essas simplificações, algumas obras marxológicas restauram o que, na minha opinião, é o status legítimo d'*O capital*. Mas ainda é fato, porém, que a marxologia quase sempre favorece a exegese em detrimento de um confronto entre teoria e realidade.

O reconhecimento dessa dupla fraqueza – popularização e exegese – deve facilitar a compreensão dos motivos por trás do abandono do marxismo, algo característico de nossa era. *O capital* analisa o capitalismo inglês do século XIX e uma leitura dele não nos permite entender a natureza do capitalismo contemporâneo. A obra de Marx é, assim, descrita como "desatualizada". Essa não é a minha opinião – não porque considere Marx um profeta infalível, mas simplesmente porque *O capital* nos permite compreender os fundamentos essenciais do capitalismo além de suas formas históricas e seu desenvolvimento. Nesse sentido, a leitura d'*O capital* continuará a nos guiar na percepção acerca da diversidade de formas em que a história do capitalismo está expressa, mas nada mais. Ainda é necessário interpretar o capitalismo histórico, algo que não se encontra n'*O capital*.

Encontraremos tal interpretação em outros escritos de Marx e Engels, talvez parcialmente no livro III d'*O capital*? Acredito que a resposta para essa pergunta é não. Certamente, Marx dedicou muitos de seus escritos à análise dos capitalismos históricos de sua época. Ele examinou as complexas lutas políticas e sociais que os atravessam, sem reduzi-las à luta de classes entre o proletariado e a burguesia. Ele reconheceu a importância dos conflitos com as aristocracias dos *anciens régimes* [antigos regimes] da Inglaterra e da França, mas também em outros lugares da Europa (Alemanha, Rússia e outros). Ele deu sentido total às lutas camponesas e sua posição na formação de capitalismos históricos. Ele concedeu total significado às diferenças nas formas de gestão da vida política nas diversas nações e enfatizou as nuances em suas expressões ideológicas, sem deixar de lado os conflitos entre as nações emergentes do capitalismo e suas conquistas coloniais.

No mesmo espírito, Marx abordou as origens e o surgimento histórico concreto do capitalismo na Inglaterra, na Europa Ocidental e nos Estados Unidos. Além disso, ele iniciou o estudo do capitalismo colonial na Europa Oriental e nas Américas. Foi precisamente porque ele tinha entendido melhor do que ninguém o que define a natureza do capitalismo (livros I e II d'*O capital*) que foi capaz de entender o significado das mudanças nas sociedades anteriores, aquelas que permitiram o surgimento do capitalismo histórico em alguns lugares e não permitiram em outros.

Ler todos esses escritos penetrantes é sempre estimulante e cheio de ensinamentos. Mas não é suficiente por duas razões. Primeiro, porque todas essas proposições que podem ser definidas como peças para a construção de uma leitura materialista da história permanecem – e permanecerão – sujeitas a sucessivas leituras críticas à luz dos avanços em nosso conhecimento sobre o passado. Mais uma vez, Marx não é um profeta que está imune a erros. A segunda razão é ainda mais importante: o capitalismo histórico foi continuamente desenvolvido e sendo transformado, para além de Marx. O novo não está escrito em Marx; deve ser descoberto.

Certamente não sou o primeiro, ou o único, a adotar essa abordagem para prosseguir o trabalho iniciado por Marx. Os social-democratas, Lenin, Mao e muitos teóricos marxistas (como Baran ou Sweezy) compartilharam essa abordagem. Não vou mencionar aqui teóricos não marxistas ou mesmo antimarxistas que também se dedicaram ao objetivo de analisar a realidade contemporânea, independentemente de descrevê-la como capitalista. Mais uma vez, eu não revisarei essas várias interpretações do mundo contemporâneo, apenas expressarei meu ponto de vista sobre a questão.

III

A análise anterior deve permitir que o leitor situe minha leitura do capitalismo histórico em relação a Marx e aos marxismos históricos. Pretendo descrevê-la em linhas gerais a seguir, enfatizando minha leitura sobre o capitalismo contemporâneo, sua crise sistêmica e possíveis respostas a essa crise.

Acho que é útil aqui resumir brevemente minha interpretação da emergência do capitalismo histórico (na Europa) (*Classe e nação*). Rejeitei a teoria dos cinco estágios da história universal (comunismo primitivo, escravidão, feudalismo, capitalismo, socialismo), bem como o "modo de produção asiático", defendido por várias escolas do marxismo histórico. Tendo definido o feudalismo como uma forma incompleta (periférica) da família dos modos de produção tributários, baseei minha explicação sobre a emergência precoce do capitalismo europeu, que então se impôs ao mundo, no conceito de desenvolvimento desigual (os caminhos para novos avanços estão mais pavimentados nas periferias de um sistema do que em seus centros). Os sistemas tributários mais avançados (centrais) também incluíram os pré-requisitos para o surgimento do capitalismo (contrário ao preconceito eurocêntrico). O fracasso das primeiras ondas do movimento nessa direção (China, Oriente Próximo, cidades italianas) me pareceu ser a expressão de uma regra geral na história humana: o novo não surge repentina e milagrosamente; o caminho para o novo é pavimentado com dificuldade por meio de sucessivos avanços e recuos. O mesmo se aplica à necessária e possível superação do capitalismo. Eu não acredito que minha argumentação sobre desenvolvimento desigual pode ser encontrada em Marx, que parece ser continuamente indeciso sobre o assunto. Minha leitura de *Formen die der Kapitalistischen Produktion vorhergehen* [*Formações econômicas pré-capitalistas*] me deixou insatisfeito. Minha visão geral do materialismo histórico (observe que uso "visão" e não "teoria") me levou a esclarecer o significado que dei à "subdeterminação" e propor, nessa base, uma interpretação de modos de articulação entre as instâncias da realidade particular de cada formação histórica. O significado que eu dou à instância cultural obviamente não é o mesmo que aquele atribuído a ela pelas teorias culturalistas atualmente na moda. Eu defino comunismo, entendido como um estágio superior da civilização e não como capitalismo "civilizado" ou capitalismo sem parasitas capitalistas, precisamente como o domínio da instância cultural. Os títulos dos capítulos em *Spectres of capitalism* [*Espectros do capitalismo*] demonstram minhas intenções. Aqui eu só posso encaminhar ao leitor essas análises (*Spectres of capitalism*, capítulos 3, 4, 5).

A expansão globalizada do capitalismo sempre polarizou, em cada estágio de seu desenvolvimento, no sentido de que construiu continuamente a oposição entre os centros dominantes imperialistas e as periferias dominadas. A acumulação primitiva é contínua. O pensamento social dominante, que atua como um apologista do capitalismo, é forçado a ignorar essa realidade para que possa prometer aos povos das periferias um impossível "alcance" no e por meio do capitalismo. Atualmente, o pensamento da moda promoveu o forte ressurgimento dessa ilusão fatal. O imperialismo, que as correntes pós-modernas contemporâneas dizem estar em processo de desaparecimento, é supostamente apenas um parêntese na história, um que empreende a globalização real e homogeneizadora do modelo capitalista avançado. Os países emergentes são supostamente prova dessa possibilidade. Rejeitei essa visão ingênua e apologética e analisei as formas emergentes como um novo estágio de polarização (*The Implosion of contemporary capitalism* [*Implosão do capitalismo contemporâneo*], capítulo 2). Eu não acredito que Marx estava absolutamente convencido de que o poder da expansão capitalista acabaria necessariamente por homogeneizar o planeta, mesmo que ele pareça sugerir essa visão em algumas observações dispersas. Em outras ocasiões, ele não hesitou em denunciar o impasse construído pelo colonialismo, delineando a possibilidade da emergência do socialismo nas periferias do sistema moderno globalizado, como mostra alguns de seus escritos sobre a Rússia.

A realidade do sistema capitalista globalizado e polarizador nos obriga a levar em consideração as lutas sociais locais à medida que elas estão articuladas com grandes conflitos internacionais, tanto aqueles entre os centros imperialistas e as periferias que lutam por sua libertação, como aqueles entre as potências centrais dominantes. Marx pretendia lidar com essa questão nos dois livros d'*O capital* que, no final, não foram escritos. Formular uma teoria econômica crítica do sistema mundial é, em minha opinião, algo inerentemente destinado ao fracasso. É por isso que argumentei que, em algum momento, Marx teria desistido desse projeto (*Three essays on Marx's value theory* [*Três ensaios sobre a Teoria do Valor de*

Marx], parte I). Certamente, a ciência econômica do capitalismo globalizado que nos é oferecida nada mais é do que uma apologia às práticas imperialistas. Ainda assim, outra teoria meramente econômica do sistema mundial é impossível. Aqui devemos nos colocar dentro do campo mais amplo do materialismo histórico. Dessa forma, nós podemos articular classes, nações e Estados em um todo que faz sentido e nos permite entender como o sistema mundial moderno funciona considerando todas as suas dimensões econômicas, políticas e ideológicas. O que eu acabei de dizer sobre o grande conflito do nosso tempo (que se inicia no século XX) é igualmente válido para os conflitos entre as nações centrais dominantes nos séculos XIX e XX. Desde que o capitalismo histórico foi formado com base no surgimento de nações centrais (Reino Unido, França, Alemanha, Estados Unidos e alguns outros), o conflito entre essas nações não pode ser reduzido à sua concorrência em um mercado em processo de globalização por meios econômicos. Marx também propôs lidar sistematicamente com a luta de classes em um livro d'*O capital* que não escreveu. Seus escritos dispersos sobre esse assunto importante não preenche o vazio.

No livro 2 d'*O capital*, Marx demonstra que o processo de acumulação em uma sociedade reduzida ao modo de produção capitalista exige um aumento de salários em paralelo ao aumento da produtividade do trabalho social. Caso contrário, o equilíbrio geral é impossível. Haveria um excesso na produção de bens de capital e bens de consumo em relação a uma demanda insuficiente. O capitalismo carrega essa contradição fatal: a posição dominante da burguesia e a concorrência entre empresas capitalistas torna impossível o aumento dos salários reais na proporção necessária. O capitalismo não pode nunca superar essa crise permanente. E, no entanto, conseguiu substituir sua expansão horizontal em formas produção que o precedeu (pequena produção agrícola e artesanal, pequena propriedade rural, pequeno comércio, etc.) por essa demanda insuficiente. A conquista colonial externa produziu efeitos análogos. Sweezy observa com precisão que o problema não são as crises do capitalismo, mas os momentos de prosperidade em que essas crises são superadas. Para entender por que é assim, devemos nos colocar além da análise econômica do modo de produção capitalista e no campo mais amplo do materialismo histórico. Os momentos de prosperidade são explicados por guerras, a unidade alemã e italiana, ondas de grandes inovações (máquinas têxteis, ferrovias, eletricidade, automóvel e avião, tecnologia da informação). É por isso que eu não vejo o capitalismo como o fim da história, mas como um curto parênteses (*Ending the crisis of capitalism or ending capitalism* [*Fim da crise do capitalismo ou fim com o capitalismo?*]). Da minha parte, tentei situar as lutas sociais nesse contexto mais amplo, em particular a grande luta de classes entre proletariado e burguesia, e oferecer algumas observações sistemáticas sobre o assunto a respeito dos efeitos dessas lutas sobre acumulação de capital (*The law...*, capítulos 1, 4; *Three essays...*, parte I).

IV

A interpretação do capitalismo contemporâneo que proponho começa com as observações de Baran e Sweezy sobre a necessidade de um terceiro departamento para absorver o excedente produzido pela contradição fatal do capitalismo. Eu já disse que isso era, para mim, uma contribuição decisiva que enriqueceu as análises de Marx sobre o capitalismo histórico (*Three essays...*, parte II). Vou resumir meus argumentos centrais sobre as transformações do capitalismo imperialista contemporâneo nos dois pontos seguintes.

1. Passamos do capitalismo monopolista tal como este se desenvolveu entre 1890 e 1970, para uma nova etapa caracterizada por um nível qualitativamente maior de centralização do controle sobre o capital. Consequentemente, todas as formas de produção foram reduzidas ao *status* de subcontrato, permitindo que os monopólios (que eu chamo de "generalizados" por essa razão) se apropriem de uma fração sempre crescente da mais-valia sob a forma

de renda monopolista (*The implosion...*, capítulo 1). Esse salto qualitativo, realizado em um período relativamente curto entre 1975 e 1990, é expresso pelo poder assumido por uma oligarquia (vários milhares de indivíduos) que monopolizam todo poder econômico e político. Passamos, assim, das formas históricas de capitalismos "concretos" (a descrição que proponho para designar o sistema operacional de uma classe burguesa composta de numerosos proprietários privados de segmentos do capital nacional) ao que chamarei de "capitalismo abstrato". Refiro-me aqui à minha análise em termos da transformação da lei do valor e, com esse desenvolvimento, a separação do sistema de preços do sistema de valores (*The implosion...*, capítulo 1 e *Three essays...*, parte I).

2. Essa transformação levou ao declínio do antigo conflito entre as potências imperialistas e sua substituição por um novo imperialismo coletivo da tríade (Estados Unidos, Europa, Japão). As potências imperialistas não têm mais outra maneira de perpetuar sua dominação sobre as imensas periferias do sistema (85% da população mundial), que se tornaram zonas de agitação permanente. A emergência desse imperialismo coletivo de maneira alguma significa que houve a emergência concomitante de uma "burguesia mundial" (mesmo no nível da tríade ou da Europa) e um "Estado mundial" que administraria um capitalismo globalizado, como sugerido por certas teorias que critiquei (*Pambazuka news*). Estado e burguesia permanecem nacionais: americanos, britânicos, japoneses, alemães etc. Não existe um acordo necessário entre os requisitos de funcionamento da base econômica do sistema e os das instâncias políticas e ideológicas que realizam suas funções de gerenciamento. Não há sobredeterminação de instâncias. Ao contrário, é a sua subdeterminação que caracteriza o desenvolvimento da vida social. O conceito

de sobredeterminação implica uma visão linear e determinista da história. Subdeterminação – que parece muito mais próxima da visão de Marx – nos permite entender possíveis obstáculos na evolução das sociedades e as várias respostas alternativas àqueles desafios. Um bom exemplo dessa contradição é a atual crise do sistema europeu, incapaz de superar a realidade dos governos nacionais e a implosão previsível da União Europeia (*The implosion...*, capítulo 3).

As mudanças que descrevi aqui implicam em consequências extremamente importantes para as formas de gestão política de todos os sistemas nacionais. Nos centros (a tríade), o monopólio de poder exercido pelas novas oligarquias (que não são exclusivamente russas, como a propaganda ocidental gostaria que acreditássemos!) já esvaziou a democracia eleitoral representativa de qualquer significado relativamente positivo que adquiriu no passado. O alinhamento da social democracia, que se tornou social-liberalismo, com as posições da direita clássica – em outras palavras, a contaminação de tudo pelo vírus liberal – já minou a credibilidade e legitimidade dessa democracia. Essa trágica evolução abre o caminho para o renascimento do fascismo em sociedades que estão cada vez mais em total desordem. O poder absoluto da oligarquia contemporânea é uma nova realidade na história do capitalismo. Com efeito, sua ditadura aboliu até mesmo a própria existência de partidos políticos de direita e de esquerda, condenou sindicatos à impotência e escravizou uma mídia reduzida a nada mais que um clero dedicado a servir exclusivamente à oligarquia. Infelizmente, essa ditadura tem sido bastante eficaz, ao menos até agora. Nessas condições, o discurso grandiloquente sobre o surgimento da "sociedade civil" é risível. A sociedade civil em questão é tolerada – e até encorajada – simplesmente porque deixa as pessoas desamparadas e impotentes (*The implosion...*, capítulo 1).

Nas periferias, em geral, os governos não são mais do que uma ferramenta dos servos locais da dominação pelos monopólios imperialistas da tríade. Essa nova oligarquia subalterna, que substituiu os blocos históricos nacionais anteriores, não possui legitimidade suficiente para basear seu poder e só pode recorrer ao exercício permanente da violência. Essa observação geral, no entanto, não descreve com precisão a situação em vários países emergentes (China em particular) e em países que ainda resistem à dominação imperialista (Cuba, Vietnã, alguns países latino--americanos). É claro que o imperialismo coletivo não tolera qualquer recusa de submissão completa às exigências da forma de globalização que construiu. A ambição de qualquer governo que queira se afirmar no cenário mundial como capitalismo nacional (não estou falando de projetos socialistas que querem ir além do capitalismo) e se tornar um participante ativo do sistema mundial encontra a firme determinação da tríade de negar esse direito, como podemos ver na feroz hostilidade em relação à Rússia. Outra globalização, baseada na multipolaridade, é simplesmente inaceitável para a tríade. Consequentemente, os poderes da tríade estão envolvidos em uma guerra permanente contra o resto do mundo porque nenhuma nação pode tolerar indefinidamente a submissão incondicional exigida.

O atual sistema de globalização liberal não é viável. A extrema centralização do poder em benefício exclusivo das oligarquias se manifesta no aumento interminável da distribuição desigual de renda e riqueza, funcionando em uma base econômica estagnada nos centros históricos e, é claro, também se manifesta na su-perexploração do trabalho nas periferias dominadas e no saque de seus recursos naturais. Essa contradição só é superada pela corrida interminável por maior financeirização da vida econômica. Pode-se pensar que um sistema assim é irracional. Nesse sentido, reformadores como Joseph Stiglitz, Amartya Sen e outros afirmam que seria apenas necessário controlar a financeirização para sair do impasse. Eles simplesmente esquecem que a oligarquia tira seus privilégios desse sistema, o que pode ser absurdo para todos os outros, mas os beneficia justamente por isso.

A crise atual, então, envolve a centralização do controle sobre o capital. É, portanto, uma crise sistêmica. Em crises comuns, caracterizadas por uma curva em U, a mesma lógica econômica que produz recessão funciona, por sua vez, para promover a recuperação após um intervalo relativamente curto de alguns anos durante os quais os ajustes são feitos por meio da desvalorização do capital e da liquidação de empresas não competitivas. Por outro lado, em uma crise sistêmica, caracterizada por uma curva em forma de L, a possível recuperação requer grandes transformações estruturais. No presente contexto, isso seria precisamente a descentralização do controle econômico, tanto em âmbito nacional nos centros quanto em âmbito do sistema mundial. Diante da oposição determinada da oligarquia, uma reforma eficaz implica necessariamente a formulação de um projeto radical, que abre caminho para um questionamento do próprio capitalismo (*The implosion...*, capítulo 4). Como não há nada que indique que tal radicalização esteja na agenda, a crise sistêmica, que começou na década de 1970, está longe de ter chegado ao fim.

O mundo moderno experimentou sua primeira crise sistêmica exatamente um século antes da segunda. O capital respondeu dando um salto adiante na concentração de capital (os primeiros monopólios do final do século XIX), no aprofundamento da globalização colonial e na financeirização gerenciada pela City daquela época, exatamente como fez para lidar com a atual crise sistêmica e com resultados igualmente pouco convincentes (*Ending the crisis...*, Introdução). A *belle époque* (para o capital!) das ilusões (1900-1914) foi bastante curta. A resposta que a história deu a essa primeira crise sistêmica foi: a Primeira Guerra Mundial, a Revolução Russa, a crise de 1929, nazismo, a Segunda Guerra Mundial, a Revolução Chinesa e a reconquista da independência pelos povos da Ásia e África. Nada menos! Essas respostas foram, assim, distribuídas por um amplo espectro: revolução socialista, fascismo, reformismo consistente e independência nacional. Por que, então, esta segunda crise que estamos vivendo agora não exige respostas tão variadas: uma segunda onda de revoluções socialistas, mas também uma segunda onda de fascismos?

Como sempre, é impossível dar uma resposta definitiva a questão do futuro, sempre aberta. Mas podemos – e até mesmo devemos – tentar delinear possíveis respostas ao analisar continuamente as atuais lutas sociais, políticas e ideológicas e sua articulação com conflitos internacionais, particularmente o conflito central entre o imperialismo coletivo da tríade e o resto do mundo. Podemos começar examinando as gigantescas transformações na composição social dos países no Norte, Sul e Leste. Aqui, descreverei o que acredito ser os pontos mais essenciais.

Nos centros desenvolvidos, diz-se que a classe operária – reduzida a essa fração concentrada nas grandes fábricas da era fordista – está em declínio numérico e político. No entanto, ao mesmo tempo, o *status* proletário – definido como a situação de um trabalhador que não tem nada para vender além de sua força de trabalho – está se tornando mais disseminado. Mais de 80% dos trabalhadores já são assalariados entre os quais considero útil distinguir aqueles que produzem mais-valia (a grande maioria) daqueles que não (minoria) ou são (pequena minoria) servidores diretos dos gestores do capital (*Three essays...*, parte III). Trabalhadores independentes também são vendedores de força de trabalho. A independência deles é apenas aparente porque, de fato, vendem seus serviços como subcontratados do capital.

Mas, simultaneamente com o aumento da proletarização, há sua segmentação extrema baseada em vários critérios (mulheres, jovens, imigrantes, precarizados e desempregados etc.) (*The implosion...*, capítulo 1). A consequência imediata de tal segmentação implementada sistematicamente pelas políticas em curso é a imensa dificuldade das lutas de passar de posturas de defesa dos direitos adquiridos à formulação de reformas radicais e seu distanciamento da vida dos partidos políticos em decadência. Essa situação resulta na difusão de ilusões, das quais as mais graves incentivam o renascimento de vários tipos de fascismo. Mas também resulta na ideia ingênua reforçada pelas correntes pós-modernos de que a sociedade civil é capaz de "mudar a vida", embora nem seja capaz de "mudar o governo"! O centro de gravidade das lutas, então, desloca-se para campos de ação vistos como críticos a certos aspectos da vida social, particularmente por desafios de gênero e ecológicos. Quero deixar claro que não acredito que esses sejam problemas menores, muito longe disso. Marx já incluiu em sua crítica o desequilíbrio produzido pela lógica do capitalismo no metabolismo entre natureza e seres humanos, um desequilíbrio que se tornou desde então extremamente perigoso. O que muitos ecologistas contemporâneos não entendem, infelizmente, é que restabelecer o equilíbrio é impossível sem uma ruptura radical com a lógica do capital. Além disso, infelizmente é historicamente verdade que os movimentos socialistas raramente reconhecem a importância central das relações entre homens e mulheres. "Primeiro, façamos a revolução, depois, lidamos com esse problema". Não, as lutas nessas duas frentes são inseparáveis. Nenhum avanço social é possível sem o avanço simultâneo nas relações de gênero, em cada estágio do movimento da humanidade em direção à emancipação. Nenhum avanço sólido será possível sem a articulação das lutas em um movimento consciente geral, que então será capaz de atacar e destruir a fortaleza do capitalismo monopolista generalizado.

Infelizmente, está claro que as atuais lutas no Ocidente estão ocorrendo sem nenhum interesse no que está acontecendo em outros lugares no mundo. A solidariedade anti-imperialista desapareceu. Guerras lançadas pelas oligarquias imperialistas são ainda apoiadas e há pouca consciência da mentira que esconde a realidade dos objetivos de tais guerras. Este não é o menor dos êxitos da ditadura das oligarquias e o uso que fazem do clero midiático.

As mudanças que afetam as sociedades do Sul e do antigo Leste socialista nas últimas décadas têm sido igualmente grandes. Embora essas transformações sociais pareçam diferentes de um país para outro, todos seguem a mesma lógica, imposta pela globalização imperialista neoliberal. Consequentemente, essas mudanças têm sido muito mais dramáticas em seus aspectos sociais, políticos e econômicos que nos centros dominantes.

A principal tendência dominante tem sido acelerar os processos que destroem as sociedades camponesas que anteriormente abrangeram uma grande maioria da população na Ásia e na África. A questão camponesa levanta imediatamente, com violenta clareza, a questão relacionada às relações desiguais entre homens e mulheres porque a destruição das sociedades rurais sempre termina em mais pobreza e opressão feminina. Analisei as formas dessa destruição acelerada e extremamente brutal em outro lugar (*Ending the crisis...*, capítulo 5). Essa destruição não é compensada pela taxa necessária de aumento do emprego urbano para aliviar a tragédia humana resultante – e nem pode ser. O capitalismo imperialista histórico não tem nada a oferecer senão a construção de um planeta de favelas. Obviamente, pressões migratórias desesperadas são também uma consequência desse processo de pauperização em larga escala. Nas áreas urbanas, a pauperização é expressa no crescimento muito rápido de atividades de sobrevivência, descritas como emprego informal. As políticas sistemáticas de exclusão planejada que são implementadas tornam possível a superexploração do trabalho subcontratado para o ganho do capital monopolista.

Concomitantemente a esses trágicos desenvolvimentos que afetam a grande maioria das pessoas nesses países – 60 a 80% da população –, o processo de globalização liberal incentiva o rápido crescimento de novas classes médias compostas por uma minoria que é integrada ao sistema de produção. Essa minoria – na maior parte das vezes números insignificantes há 50 anos – hoje às vezes abrange cerca de um quinto da população desses países. Essa minoria está claramente ciente de que é o único beneficiário do sistema. Os elogios indiscriminados prestados pelos instrumentos pró-imperialistas de propaganda (Banco Mundial e outros) sobre a ascensão dessa nova classe média simplesmente ignora que seu preço não é nada menos que a pauperização da maioria.

Esta forma específica de proletarização ou pauperização cria uma situação política difícil de gerenciar. A ditadura das oligarquias locais, sujeitas aos comandos da tríade imperialista, tornou-se, consequentemente, a única maneira de gerenciar essa crise permanente. A equipe política que tinha responsabilidade pelos governos populares nacionais no estágio inicial – a era de Bandung e não alinhamento, entre 1960 e 1980 –, em geral se alinharam posteriormente à nova globalização na esperança de permanecer no poder e de ser tolerada pelos senhores da tríade, como podemos ver com as guinadas dos sucessores de Nasser no Egito, Hafez al-Assad na Síria, Boumedienne na Argélia, ou com as mudanças no CNA na África do Sul, ou no PT no Brasil, entre outros. Mas o poder das oligarquias locais, mesmo quando apoiadas pela classe média que se beneficia do sistema, permanece ilegítimo aos olhos da maioria pauperizada, como demonstrado pela explosão de inquietação no mundo árabe e em outros lugares. No entanto, esses movimentos não têm ainda conseguido ir além do estágio de explosões de raiva. O caráter viscoso da estrutura de classes produzido pelo modelo lúmpen de desenvolvimento em questão certamente explica a fraqueza estrutural das revoltas. Assim, o caminho é facilmente aberto para o triunfo de curto prazo de alternativas falsas e retrógradas, baseadas em religião ou etnia.

V

Tentei delinear, nessas análises, minha interpretação do caráter duplo da atual crise sistêmica: uma crise no poder da oligarquia ligada a um modelo econômico inviável e uma crise da maioria das pessoas que são vítimas, mas incapazes de formular uma alternativa coerente. Essa duplo caráter da crise elimina, em um futuro previsível, a possibilidade de avanços revolucionários que abririam o caminho para a superação do capitalismo senil. Apresentei algumas proposições sobre os primeiros passos possíveis para um movimento que deseja ir além do capitalismo (*The implosion...*, capítulo 4).

Há algum tempo, fiquei impressionado com a analogia entre nossa situação e a da queda do Império Romano do Ocidente. Eu dei um título evocativo para a conclusão do meu livro *Classe e nação* (1979): "Revolução ou decadência?". Esse livro remonta ao início da longa crise sistêmica ainda em andamento. O império romano estabeleceu um sistema que centralizou a drenagem e o uso do excedente tributário que extraía da exploração dos povos que compunham o império, um excedente que superava as demandas para reproduzir e desenvolver as forças produtivas daquela época: tudo foi para Roma e suas províncias italianas. Essa drenagem excessivamente centralizada do excedente eliminou as possibilidades de progresso nas províncias do império ("periferias" de Roma). Para superar esse progresso bloqueado, era necessário implodir o império, isto é, as províncias precisavam se "desvincular". Simultaneamente, a redistribuição parcial do excedente aos plebeus romanos, corrompidos pela política de "pão e circo", eliminou qualquer perspectiva revolucionária no centro do sistema. O Império Romano, portanto, colapsou em caos. O sistema feudal, caracterizado precisamente pela descentralização da drenagem e da utilização do excedente, teve o caminho pavimentado apenas por "força das circunstâncias", com as invasões bárbaras e caos político que ocorriam há séculos. Isso é por que não nos referimos a uma "revolução feudal", mas à decadência romana. Passaram quase dez séculos antes do novo sistema descentralizado dar origem a um renascimento da civilização em roupas feudais, baseada em progressos disseminados em toda a Europa.

O sistema contemporâneo também sofre de uma excessiva centralização do excedente, agora drenado nas formas do capitalismo globalizado. Essa centralização excessiva enfraquece as aspirações de pessoas nos centros imperialistas por uma transformação radical do sistema e, simultaneamente, condena as pessoas das periferias a um desenvolvimento lúmpen e sem perspectivas. A resposta a isso requer que as periferias desvinculem e substituam o ajuste interminável ao impasse decorrente das exigências da globalização imperialista pelos projetos de soberania nacionais.

A analogia me inspirou uma reflexão duas formas possíveis de transição de um sistema para um estágio superior de civilização. A forma superior, que poderia ser chamada de revolucionária, é produzida quando, diante de um modo de produção que esgotou seu potencial histórico, as sociedades em questão, consciente e intencionalmente, constroem uma alternativa possível e eficaz. Em graus variados, as revoluções burguesas e a primeira onda de revoluções socialistas podem ser vistas dessa maneira e, portanto, merecem sua descrição como revoluções. Mas a história nos obriga a tomar em consideração a outra forma de transição, que ocorre sem a intervenção ativa e consciente dos atores sociais. A passagem ao feudalismo europeu fornece um bom exemplo. É precisamente a existência histórica real dessas duas formas possíveis de evolução social o que me levou a rejeitar a interpretação determinista de algumas escolas marxistas históricas, e enfatizar a subdeterminação de instâncias.

Certamente, nem a descentralização feudal nem o que estou propondo hoje por meio de uma desconstrução da forma atual de globalização constitui "o fim da história". A desconstrução feudal foi superada gradualmente por uma reconstrução de um excedente centralizado. Essa reconstrução ocorreu em dois estágios. No primeiro, as monarquias absolutas do *ancien régime* [antigo regime] impuseram uma nova centralização nacional, em estreita relação com o sistema mercantilista europeu, em si mesmo uma verdadeira transição para completar o capitalismo histórico. Na segunda etapa, nos séculos XIX e XX, a construção da globalização capitalista/imperialista completou a centralização, agora operando em uma escala mundial. De maneira semelhante, poderíamos imaginar a longa transição ao comunismo, visto como um estágio superior da civilização, ocorrendo em duas etapas: primeiro, por meio da desconstrução da globalização imperialista seguida pela reconstrução de uma globalização verdadeiramente alternativa, baseada no princípio fundamental da solidariedade entre indivíduos e povos no lugar do princípio da competição entre capitais e nações. Não vou me aventurar mais em uma tentativa vã de descrever um futuro melhor e especificar o que seria uniforme em uma escala mundial e o que felizmente não seria. O futuro está aberto e será o que as pessoas fizerem dele. Eu me dou por satisfeito em abordar questões relacionadas ao que é imediato, necessário e possível em relação ao desafio, ou seja, estratégias para as etapas iniciais em um possível avanço na direção desejada.

Infelizmente, não há razão para excluir a alternativa do "suicídio da civilização". A história está cheia de cadáveres de sociedades que não foram capazes de superar suas contradições, que então se tornaram fatais. Marx já fez essa observação, escolhendo resolutamente uma visão não determinista da história. Uma incompatibilidade entre as instâncias pode se tornar fatal. Isso se expressa por meio da renovação contínua de alienações que se sobrepõem uma a outra. A alienação das mercadorias, característica do capitalismo, e as alienações da história anterior reforçam mutuamente uma a outra. Clareza de consciência, ou seja, a capacidade de entender a natureza das contradições e questões do sistema e, nesse sentido, formular uma alternativa coerente e estratégias eficazes de ação, parece estar ausente da história contemporânea. O ator social lúcido desapareceu. Foi o que aconteceu no Império Romano. As pessoas da época pagaram o preço, afundando-se em barbárie por séculos. Mas se a Europa de então conseguiu sobreviver ao desastre, aconteceria o mesmo em nossa época, quando os governos estabelecidos têm meios incomparáveis de destruição?

Talvez entre as duas situações extremas descritas aqui (a maior consciência revolucionária possível ou sua total ausência) existem outras possibilidades "intermediárias": percepções parciais emergem de lutas particulares, por exemplo, das lutas camponeses ou de mulheres em defesa de bens comuns humanos ou a luta pelo respeito à soberania popular. O progresso da convergência desses tipos específicos de conscientização tornaria possível avançar na formulação de novas formas de superar o capitalismo. Mas note: não se trata de simplesmente fugir de um otimismo forçado. O avanço na consciência não acontecerá por meio de sucessivas adaptações às exigências da acumulação capitalista, mas por meio da consciência da necessidade de romper com aquelas demandas. Os segmentos mais esclarecidos do movimento não devem se isolar brandindo seu desdém pelos outros. Em vez disso, eles devem se envolver em todas as lutas de modo a ajudar os outros a avançarem em sua compreensão.

Posfácio

O leitor atento verá rapidamente que este artigo deve muito à linha de pensamento à qual Paul Baran, Paul Sweezy e Harry Magdoff tiveram contribuições decisivas. O texto os menciona apenas de passagem, mas sempre em conexão com pontos de importância primordial. Como já observei em outro lugar, li e reli atentamente *O capital* quatro vezes durante a minha vida. Foi na década de 1960 que li pela primeira vez as obras de Baran e Sweezy, e depois os conheci pessoalmente. Como resultado, uma nova luz foi lançada na minha segunda leitura d'*O capital*. Desde então, todos as minhas principais obras seguiram a linha de pensamento pioneiro de Baran e Sweezy em *Capitalismo monopolista*. Como eles, compreendi que era necessário ir além da leitura d'*O capital* e de Marx de maneira mais geral para estudar o capitalismo; que deveríamos deixar para trás a exegese e ousar ir além dos textos fundadores. Aqui, eu gostaria de observar alguns pontos importantes a respeito da nossa comunidade de pensamento.

- O exame de um modelo abstrato de capitalismo "puro" demonstra que esse sistema não é viável. A reprodução ampliada do capital requer um crescimento dos salários reais proporcional ao aumento da produtividade. A sujeição dos trabalhadores à ditadura do capital não permite isso. É por isso que Sweezy estava certo ao dizer (se bem me lembro) que não são as crises que requerem uma explicação, mas a existência de períodos de prosperidade. A descoberta da realidade do excedente e sua conceituação são essenciais para quem quer interpretar a realidade em seu desenvolvimento histórico, isto é, interpretar o capitalismo. No entanto, essa maneira de interpretar a história do desenvolvimento do capitalismo ainda é uma posição minoritária dentro da variedade de marxismos históricos.

- A interpretação do capitalismo histórico só pode ser a do capitalismo globalizado, e não dos diferentes segmentos (nacionais) examinados isoladamente. No debate sobre as origens do capitalismo, Sweezy já havia adotado claramente essa posição, também uma visão minoritária nas escolas do marxismo histórico.

- As proposições que fiz para conceituar uma lei de valor globalizado tenta especificar as condições da absorção do excedente em escala global. Nessa visão, a renda imperialista é um aspecto decisivo da renda monopolista operacional na lei do valor globalizado. Refiro-me a isso brevemente na análise anterior e com mais detalhes em algumas das minhas outras análises publicadas na *Monthly Review*.

1 de julho de 2016.

Trabalhos de Amin citados no texto

Class and nation, historically and in the current crisis [*Classe e nação na história e na crise contemporânea*]. Monthly Review Press, 1980.

Ending the crisis of capitalism or ending capitalism? [*Fim da crise do capitalismo ou fim com o capitalismo?*] London: Pambazuka Press, 2010. (Introdução; capítulo 5: Peasant agriculture and modern family agriculture)

The implosion of contemporary capitalism [*Implosão do capitalismo contemporâneo*]. Monthly Review Press, 2013.

The law of worldwide value [*Lei do Valor Mundial*]. New York: Monthly Review Press, 2013.

Spectres of capitalism: a critique of current intellectual fashions [*Espectros do capitalismo: uma crítica às modas intelectuais atuais*]. Monthly Review Press, 1988.

(Capítulo 3: Is social history marked by over-determination or under-determination; capítulo 4: Social revolution and cultural revolution; capítulo 5: From the dominance of economics to the dominance of culture: the withering away of the law of value and the transition to communism)

Three essays on Marx's value theory [*Três ensaios sobre a Teoria do Valor de Marx*]. Monthly Review Press, 2013. (I: Social Value and the price-income system; II: The surplus in monopoly capitalism and the imperialist rent; III: Abstract labour and the wage-scale)

"Is transnational capitalism in the process of emerging" ["O capitalismo transnacional está no processo de emergência?"]; *Pambazuka News*, March 23, 2011.

'Contemporary imperialism' [Imperialismo contemporâneo]. *Monthly Review 67*, n. 3, jul.-ago. 2015, p. 23-36.

Revolução do norte ao sul

O conflito Norte-Sul entre centros e periferias é um fator central em toda a história do desenvolvimento capitalista. O capitalismo histórico se funde com a história da conquista do mundo pelos europeus e seus descendentes, que foram vitoriosos de 1492 a 1914. Esse sucesso proporcionou as bases de sua própria legitimidade. Com a presunção de superioridade, o sistema europeu tornou-se sinônimo de modernidade e progresso. O eurocentrismo floresceu nessas circunstâncias e os povos dos centros imperialistas foram convencidos de seu direito "preferencial" à riqueza do mundo.

Temos testemunhado uma transformação fundamental nesta fase da história. O Sul tem despertado lentamente, claramente aparente durante o século XX, das revoluções realizadas em nome do socialismo, primeiro na semiperiferia russa, depois nas periferias da China, Vietnã e Cuba, aos movimentos de libertação nacional na Ásia e África e os avanços na América Latina. As lutas de libertação dos povos do Sul – cada vez mais vitoriosas – foram e ainda são intimamente ligadas ao enfrentamento do capitalismo. Essa conjunção é inevitável. Os conflitos entre capitalismo e socialismo e entre o Norte e o Sul são inseparáveis. Nenhum socialismo é imaginável fora do universalismo, o que implica a igualdade de povos.

Nos países do Sul, a maior parte das pessoas é vítima do sistema, enquanto no Norte, a maioria se beneficia dele. Ambos o conhecem perfeitamente bem, embora muitas vezes estejam resignados em relação a ele (no Sul) ou o desejam (no Norte). Não por acaso, então, essa transformação radical do sistema não está na agenda do Norte, enquanto o Sul ainda é a "zona de tempestades", de revoltas contínuas, algumas das quais são potencialmente revolucionárias. Consequentemente, as ações dos povos do Sul têm sido decisivas na transformação do mundo. Tomar nota deste fato nos permite contextualizar adequadamente as lutas de classes no Norte: elas têm se concentrado em reivindicações econômicas que geralmente não questionam a ordem mundial imperialista. Por outro lado, revoltas no Sul, quando radicalizadas, se deparam com os desafios do subdesenvolvimento. Seus "socialismos", consequentemente, sempre incluem contradições entre as intenções iniciais e a realidade do que é possível. A conjunção possível, mas difícil, entre as lutas dos povos do Sul e do Norte é a única maneira de superar as limitações de ambos.

O marxismo europeu da Segunda Internacional ignorou esse aspecto essencial da realidade capitalista. Ele viu a expansão capitalista como homogeneizadora (ao passo que é polarizadora) e consequentemente atribuiu uma função histórica positiva ao colonialismo. Lenin rompeu com essa interpretação simplificada do marxismo, que lhe permitiu liderar uma revolução socialista na semiperiferia daquela época – seu "elo fraco". Mas Lenin pensou que a revolução rapidamente se espalharia de seu país para os centros europeus avançados. Isso não aconteceu. Lenin havia subestimado os efeitos devastadores do imperialismo nessas sociedades. Mao foi além em sua concepção e implementou uma estratégia revolucionária em um país ainda mais periférico que a Rússia.

A realidade central do caráter imperialista do capitalismo histórico implica um correlato inescapável: a longa transição ao socialismo ocorre por meio de avanços desiguais, originados principalmente nas periferias do sistema mundial. Não há "revolução mundial" na agenda cujo centro de gravidade se encontra nos centros avançados. Lenin, Mao, Ho Chi Minh e Castro entenderam isso e aceitaram o desafio de "construir o socialismo em um só país". Trotsky nunca entendeu isso. Os limites do que era possível nessas condições, começando com a herança do capitalismo "atrasado" encontrado nas periferias explica a história posterior das grandes revoluções do século XX, incluindo seus desvios e falhas.

Nos outros países das periferias, as primeiras lutas vitoriosas que transformaram o mundo foram produto dos grandes movimentos populares anti-imperialistas. No entanto, os líderes desses movimentos não haviam avaliado adequadamente a necessidade de combinar os objetivos da libertação nacional com uma ruptura com a lógica capitalista. Em vez disso, esses movimentos promoveram o mito de "alcançar" os centros por meios capitalistas dentro do capitalismo globalizado com o objetivo de construir capitalismos nacionais desenvolvidos na mesma linha dos encontrados nos centros. Consequentemente, as mudanças que poderiam ter sido alcançadas pelo que chamei de governos "nacionais populares" eram, na realidade, bastante limitadas, e sua rápida exaustão logo colapsou-se em caos.

O desafio das revoluções socialistas reside na direção fascista assumida pela contrarrevolução nos centros imperialistas. O fascismo aguçou simultaneamente os conflitos interimperialistas, particularmente entre a Alemanha nazista e o Japão, de um lado e seus principais oponentes – Estados Unidos e Grã-Bretanha – de outro. Essas circunstâncias explicam a aliança de conveniência entre URSS, Estados Unidos, e Reino Unido durante a Segunda Guerra Mundial. É fácil de entender, portanto, por que essa aliança foi encerrada pelas potências do Ocidente em 1945.

O esgotamento das possibilidades nas transições socialistas nacionais e populistas não abriu, por si só, o caminho para novos avanços no Leste, Sul ou Oeste. As forças políticas importantes por trás dos êxitos originais, e, *a fortiori,* os povos envolvidos, não avaliaram adequadamente as razões por trás das limitações inerentes aos avanços do século XX. É por isso que a contrarrevolução atual liderada pelas potências imperialistas históricas (Estados Unidos, Europa e Japão) conseguiu explorar o caos resultante. Por enquanto, esse caos incentiva, ao contrário, respostas ilusórias adotadas por projetos da chamada "emergência" por parte de alguns países do Sul, bem como os desvios irracionais e consequentemente fascistas desvios de outros (como mostra o exemplo do Islã político e hinduísmo político, ambos reacionários). Nos próprios centros imperialistas, a capitulação dos projetos socialistas e populistas nacionais não incentivou qualquer análise crítica do capitalismo, mas, ao contrário, reforça ilusões sobre as virtudes do capitalismo avançado. Aqui a vitória da contrarrevolução e o retrocesso de realizações anteriores (Estado de bem-estar social) incentiva, por sua vez, o renascimento de respostas neofascistas.

Neste artigo, discutirei as razões por trás da impotência das classes trabalhadoras nos países da tríade imperialista central: Estados Unidos, Europa e Japão. Essa análise enfatiza as culturas políticas dos povos envolvidos. Uma cultura política é o produto de uma longa história, que é sempre, é claro, específica para cada país. Talvez o leitor considerará meus "julgamentos" um pouco severos. De fato, o são. Minhas observações sobre o Sul também o são. Aliás, culturas políticas não são invariantes trans-históricas. Elas mudam, às vezes, para pior, mas com a mesma frequência para melhor. Além do mais, acredito que a construção da "convergência na diversidade" dentro de uma perspectiva socialista requer tal mudança.

Estados Unidos

A cultura política dos Estados Unidos não é a mesma da que se formou na França, primeiro com o Iluminismo e, acima de tudo, com a Revolução. A herança desses dois eventos-símbolo marcou, em diversas proporções, a história de uma grande parte do continente europeu. A cultura política dos Estados Unidos possui características bem diferentes. A forma particular de protestantismo estabelecida na Nova Inglaterra serviu para legitimar a nova sociedade estadunidense e sua conquista do continente nos termos descritos na Bíblia. O genocídio dos povos originários da América é uma parte natural da missão divina do novo povo escolhido. Consequentemente, os Estados Unidos estenderam ao mundo inteiro o projeto de realizar o trabalho que "deus" ordenou que eles conquistassem. O povo dos Estados Unidos vive como "o povo escolhido".

Claro, a ideologia americana não é a causa da expansão imperialista estadunidense. Esta segue a lógica da acumulação de capital e serve aos interesses do capital (que são bastante materiais). Mas essa ideologia é perfeitamente adequada a esse processo. Ela confunde a questão. A "Revolução Americana" foi apenas uma guerra de independência sem implicação social. Em sua revolta contra a monarquia inglesa, os colonialistas estadunidenses de nenhuma maneira quiseram transformar as relações sociais e econômicas, mas simplesmente não queriam mais dividir os lucros dessas relações com a classe dominante do país-mãe. O principal objetivo era, acima de tudo, expandir em direção ao oeste. Manter a escravidão era também, nesse contexto, inquestionável. Muitos dos principais líderes da revolução eram senhores de escravos e seus preconceitos nessa seara eram inabaláveis.

Ondas sucessivas de imigração também tiveram um papel de reforçar a ideologia americana. Os imigrantes certamente não eram responsáveis pela pobreza e opressão que causou sua partida para os Estados Unidos. Mas a emigração os levou a desistir da luta coletiva para mudar as condições compartilhadas de sua classe ou grupos em seus países de origem, e a adotar, no lugar, a ideologia do sucesso individual de seu novo país. A adoção de tal ideologia postergou a aquisição de consciência de classe. Uma vez que começou a amadurecer, essa consciência em desenvolvimento precisou enfrentar uma nova onda de imigrantes, resultando em um novo fracasso para alcançar a consciência política necessária. Simultaneamente, essa imigração encorajou a "comunitarização" da sociedade estadunidense. "Sucesso individual" não exclui a inclusão na comunidade de origem, sem a qual o isolamento individual pode se tornar insuportável. O reforço dessa dimensão da identidade – que o sistema estadunidense reivindica e encoraja – é feito em detrimento da consciência de classe e da formação de cidadãos. Ideologias comunitaristas não podem substituir a falta de uma ideologia socialista na classe trabalhadora. Isso é verdade mesmo nos casos mais radicais, como naquele da comunidade negra.

A combinação específica de fatores na formação histórica da sociedade estadunidense – ideologia dominante religiosa e "bíblica" e a falta de um partido operário – resultou no governo por um partido único *de facto*, o partido do capital. Os dois segmentos que formam esse partido único compartilham o mesmo liberalismo. Ambos focam sua atenção apenas em uma minoria que "participa" da truncada e impotente vida democrática existente. Cada um possui apoiadores nas classes médias, já que as classes trabalhadoras raramente votam, e adaptou sua linguagem a elas. Cada um engloba um conglomerado de interesses capitalistas segmentados (os "*lobbies*") e apoiadores de diversas "comunidades". A democracia americana é hoje o modelo avançado do que eu chamo "democracia de baixa intensidade". Ela opera por meio de uma completa separação entre a gestão da vida política, baseada na prática da democracia eleitoral, e a gestão da vida econômica, governada pelas leis da acumulação de capital. Além do mais, essa separação não é questionada de forma substantiva, mas é, ao contrário, parte do que é chamado de consenso geral. Essa separação ainda elimina todo o potencial criativo encontrado na democracia política. Ela debilita as instituições representativas (parlamentos e outros), que perdem seu poder diante do mercado, cujas ordens devem ser aceitas. Marx pensou que a construção de um capitalismo "puro" nos Estados Unidos, sem nenhum precedente pré-capitalista, era uma vantagem para a luta socialista. Penso, ao contrário, que os efeitos devastadores desse capitalismo "puro" são os mais sérios obstáculos imagináveis.

O objetivo declarado da nova estratégia hegemônica dos Estados Unidos é não tolerar a existência de qualquer poder capaz de resistir aos comandos de Washington. Para alcançá-lo, procura enfraquecer todos Estados considerados "muito grandes" e criar o maior número possível de Estados débeis, presas fáceis para o estabelecimento de bases estadunidenses para garantir sua "proteção". Apenas um Estado tem o direito de ser "grande": os Estados Unidos. Sua estratégia global tem cinco objetivos: neutralizar e subjugar os outros parceiros da tríade (Europa e Japão) e minimizar sua habilidade de agir fora do controle dos EUA; estabilizar o controle militar da Otan sobre "latino-americanizá-lo" partes do antigo mundo soviético; assumir sozinho o controle do Oriente Médio e da Ásia Central e suas fontes de petróleo; enfraquecer a China e garantir a subordinação de outros Estados grandes (Brasil, Índia) e prevenir a formação de blocos regionais que possam ser capazes de negociar os termos da globalização; e marginalizar regiões do Sul sem interesse estratégico. As ambições hegemônicas dos Estados Unidos são em última instância baseadas mais na importância significativa do seu poder militar que nas "vantagens" de seu sistema econômico. Pode então posar como líder incontestе da Tríade fazendo de seu poder militar e da Otan, que domina, o "punho visível" encarregado de impor a nova ordem imperialista a todas resistências possíveis.

Por trás dessa fachada ainda há um povo, claro, apesar de sua evidente fraqueza política. Entretanto, minha intuição é que a iniciativa por mudança não virá de lá, ainda que não seja impossível que o desejo americano por hegemonia entre subsequentemente em choque com outros, o que poderia iniciar um movimento por uma transformação fundamental.

Podem o Canadá ou a Austrália ser algo a mais que uma província externa dos Estados Unidos? É difícil imaginar outro Canadá, apesar das tradições políticas do Canadá inglês e a especificidade cultural do Quebec. As maiores forças políticas – polarizadas na dimensão linguística de sua resistência – não vislumbram uma desvinculação entre a economia canadense e aquela de seu vizinho ao sul.

Japão

O Japão possui uma economia capitalista dominante e, ao mesmo tempo, uma ancestralidade não europeia. A questão é qual dessas duas dimensões irá se sobressair: solidariedade com seus parceiros da tríade (EUA e Europa) contra o resto do mundo, ou o desejo por independência, apoiado pelo asianismo? Análises – e mesmo as suposições mais selvagens – sobre esse tema poderiam encher toda uma biblioteca.

Uma análise geopolítica do mundo contemporâneo me leva a concluir que o Japão continuará a seguir Washington, assim como a Alemanha, e pelas mesmas razões. Assinalo aqui o significado a longo prazo das escolhas estratégicas de Washington após a Segunda Guerra Mundial. Os Estados Unidos escolheram, naquele momento, não destruir seus dois inimigos – os únicos que ameaçaram o crescimento inexorável dos EUA em direção à hegemonia mundial – mas, ao contrário, deu assistência às reconstruções dos dois países os forçou a se tornarem seus fiéis aliados. A razão óbvia é que, naquele momento, havia uma ameaça "comunista" real. Mas ainda hoje Beijing permanece um inimigo como pode ser visto no conflito pelas ilhas no mar da China ao sul.

Existem indícios de uma reação nacional e popular? Certamente, a desaceleração do milagre econômico e a ossificação de um único partido no poder não abalou as estruturas do conformismo. Mas por trás disso talvez esteja escondido um complexo de inferioridade em relação à China, que frequentemente reaparece. Ainda assim, uma reaproximação com a China, possivelmente motivada por um desafio a esse conformismo, não parece provável. Primeiro, porque o capital imperialista dominante japonês continua sendo o que é. Segundo, porque chineses e coreanos sabem disso, para além mesmo de sua suspeita justificada em relação ao seu antigo inimigo.

Reino Unido e França

Há mais chances de mudanças começarem na Europa do que dos EUA? Intuitivamente, acredito que sim. A primeira razão para esse otimismo relativo é porque as nações da Europa possuem uma rica história, como indica o incrível acúmulo de seus imponentes vestígios medievais. Minha interpretação dessa história não é certamente a mesma do eurocentrismo dominante, cujos mitos rejeitei. A contra tese que desenvolvi é que as mesmas contradições características da sociedade medieval que foram superadas pelo advento da modernidade ocorre em outros lugares. Ainda assim, rejeitei com igual determinação o inflamado discurso "antieuropeu" de alguns intelectuais do terceiro mundo que provavelmente querem ser convencidos de que suas sociedades eram mais avançadas do que aquelas da "atrasada" Europa medieval, ignorando o fato de que o mito de uma Idade Média atrasada é ele próprio um produto de uma visão posterior da modernidade europeia. De qualquer forma, tendo sido a primeira a cruzar o limiar da modernidade, a Europa desde então adquiriu vantagens que acredito ser absurdo negar. Claro, a Europa é diversa, apesar de uma homogeneização em curso e um discurso "europeu". A Inglaterra e a França são os pioneiros da modernidade. Essa afirmação direta não significa que a modernidade não tenha tido raízes anteriores, particularmente nas cidades italianas e, mais tarde, nos Países Baixos.

A Inglaterra passou por um período bastante tumultuado de sua história durante o nascimento das novas relações capitalistas (ou, mais precisamente, mercantilistas). Foi transformada da medieval "Merry England" em uma sisuda nação puritana, executou seu rei e proclamou uma república no século XVII. Depois, veio a calmaria. Inventou a democracia moderna, ainda que com restrições, no século XVIII e, depois, no século XIX, experimentou uma inconclusa acumulação de capital durante a Revolução Industrial sem grandes revoltas. Certamente, isso não ocorreu sem conflito entre as classes, que culminou no movimento cartista em meados do século XIX. Mas esses conflitos não eram politizados a ponto de colocar todo o sistema em questão.

A França, em contraste, cruzou os mesmos estágios por meio de uma série ininterrupta de violentos conflitos políticos. Foi a Revolução Francesa que inventou as dimensões políticas e culturais da modernidade contraditória do capitalismo. As classes trabalhadoras francesas não estavam tão claramente desenvolvidas como na Inglaterra, que possuía os únicos verdadeiros proletários daquela época. Ainda assim, suas lutas eram mais politizadas, começando em 1793, e depois em 1848, 1871 e, muito depois, em 1936. Neste último período, estavam organizados em torno de objetivos socialistas, no forte sentido do termo.

Há diversas explicações que já foram dadas para esses dois caminhos diferentes. Marx tinha conhecimento disso e não é por acaso que ele dedicou boa parte de sua atenção na análise dessas duas sociedades, oferecendo uma crítica da economia capitalista a partir da experiência da Inglaterra e uma crítica da política moderna a partir da experiência francesa.

O passado britânico, talvez, explique o presente, a paciência com a qual o povo britânico suporta a degradação de sua sociedade. Talvez essa passividade possa ser explicada pela forma como o orgulho nacional britânico foi transferido para os Estados Unidos. Este, para os britânicos, não é um país estrangeiro como os outros. É seu filho pródigo. Desde 1945, a Inglaterra tem escolhido alinhar-se incondicionalmente a Washington. O extraordinário domínio mundial de seu idioma ajuda os britânicos a viverem esse declínio sem, talvez, vivenciá-lo em toda sua extensão. Os ingleses revivem seu passado de glória pela proximidade com os Estados Unidos.

O Reino Unido permanece um poder chave para o futuro da Europa. Embora o Brexit anuncie o inevitável desmantelamento da absurda construção europeia, as correntes políticas que estão por trás da vitória no referendo não questionam nem a ordem social reacionária e liberal ou o alinhamento aos EUA. Ademais, no sistema de liberalismo globalizado, a City, parceira privilegiada de Wall Street, permanece em uma forte posição, e o capital financeiro no continente não pode sobreviver sem seus serviços. Entretanto, a história não chegou ao seu fim na Grã-Bretanha, assim como não o fez em nenhum lugar. Mas minha opinião é que esse país será capaz de reencontrar o caminho para a mudança quando cortar o cordão umbilical que o liga aos Estados Unidos. Hoje, nenhum sinal desse corte é visível.

Alemanha

A Alemanha e o Japão são os dois confiáveis tenentes dos Estados Unidos, formando a verdadeira tríade, o G3 – EUA, Japão e Alemanha, em vez de América do Norte, Europa e Japão.

Alemanha, Itália ou Rússia não teriam conseguido chegar à modernidade capitalista sem o caminho pioneiramente percorrido pela Inglaterra e França. Essa afirmação não deve ser compreendida de modo a nos fazer crer que os povos desses países fossem, por alguma razão misteriosa, incapazes de inventar a modernidade capitalista, reservada unicamente aos gênios ingleses e franceses. Na verdade, as possibilidades de uma invenção similar existiram apenas em outras regiões do mundo – China, Índia ou Japão, por exemplo. Mas uma vez que um povo se insere na modernidade capitalista, seu caminho foi traçado, levando à criação de um novo centro ou de uma periferia dominada.

Interpreto a história da Alemanha utilizando esse método fundamental. Assim, entendo o nacionalismo alemão, impulsionado pelas ambições prussianas, como uma compensação pela mediocridade de sua burguesia, que Marx deplorava. O resultado foi uma forma autocrática de administrar o novo capitalismo. Entretanto, apesar de seu tom etnicista, esse nacionalismo (em contraste com as ideologias universalistas encontradas na Inglaterra e, acima de tudo, na França e, mais tarde, na Rússia) não teve êxito em unir todos germânicos (por isso o problema eterno do *Anschluss* austríaco, algo não resolvido até hoje). Isso, então, tornou-se um fator que favoreceu os excessos criminosos e ensandecidos do nazismo. Mas também houve, após o desastre, uma poderosa motivação para construir o que alguns chamam de "capitalismo do Reno", apoiado pelos Estados Unidos. Essa é uma forma capitalista que deliberadamente escolheu a democratização copiada do modelo anglo-francês-estadunidense. Mas se dá sem raízes profundas, locais e históricas, mesmo considerando a breve existência da República de Weimar (o único período democrático prévio na história alemã) e as ambiguidades, para dizer o mínimo, do socialismo na Alemanha Oriental. "Capitalismo do Reno" não é um "bom capitalismo" em contraste com o modelo anglo-americano extremamente liberal ou o "estatismo" da França jacobina. Cada um tem suas peculiaridades, mas todos sofrem da mesma doença, isto é, um capitalismo que alcançou um estágio caracterizado pela predominância de seus aspectos destrutivos. Além do mais, o sol parece ter se posto para os capitalismos "do Reno" e "estatista". O capitalismo globalizado anglo-estadunidense impôs seu modelo em toda a Europa e Japão.

No curto prazo, a posição da Alemanha na globalização sob a hegemonia dos EUA, assim como a do Japão, parece ser confortável. A retomada da expansão ao Leste por meio de uma espécie de "latino-americanização" dos países do Leste europeu pode encorajar a ilusão de que a escolha de Berlim é a última possível. Essa escolha é facilmente satisfeita com uma democracia de baixa intensidade e mediocridade econômica e social, e é reforçada pelo apoio à União Europeia e ao Euro. Se as classes políticas da democracia cristã, direita liberal e social-democracia de esquerda continuarem em sua teimosa busca desse beco sem saída, não devemos excluir o surgimento de populismo de direita e mesmo populismos do tipo fascista, ainda que isso não signifique que necessariamente reeditariam o nazismo. O sucesso eleitoral da Frente Nacional na França ilustra a realidade desse perigo na Europa.

No longo prazo, as dificuldades de Alemanha provavelmente piorarão, em vez de melhorar. Os atuais ativos econômicos alemães estão baseados em métodos padrão de produção industrial (mecânicos, químicos) que se modernizam pela incorporação crescente de *softwares* criados em outros lugares. Mas, como em outros países, sempre há a possibilidade que o povo alemão se conscientize da necessidade de iniciar uma grande mudança para fora da zona de conforto. Acredito que se a França (que carregaria a Alemanha junto com ela) e a Rússia tomassem mais iniciativa, outro futuro para a Europa seria possível. Essa escolha também pode levar a uma retomada de movimentos positivos para a mudança no Mediterrâneo e na Europa nórdica, o que falhou até agora.

Sul da Europa

A Itália foi momentaneamente colocada no centro da ação e da análise crítica durante o "longo 1968" da década de 1970. O poder do movimento foi suficiente para influenciar, de certa maneira, o Estado de "centro-esquerda" da época, apesar do autoconfinamento do Partido Comunista Italiano. Essa fase feliz da história italiana acabou. Agora só podemos examinar as fraquezas da sociedade que a tornou possível. O senso de cidadania nacional incompletamente desenvolvido pode, talvez, ser explicado pelo fato de que os governantes dos Estados italianos eram quase sempre estrangeiros. As pessoas geralmente viam neles apenas adversários a serem enganados o máximo possível. Essa fraqueza foi expressa no surgimento de um populismo que se alimentava de um crescente fascismo. Na Itália, como na França, a luta pela libertação durante a Segunda Guerra Mundial foi uma guerra quase civil. Consequentemente, os fascistas foram forçados a se esconder nas décadas seguintes a 1945, sem ter realmente desaparecido. A economia do país, apesar do "milagre" que deu aos italianos um bom padrão de vida até a crise atual, permanece frágil. Mas o apoio sem reservas pela escolha europeia, que domina completamente todo o espaço político italiano, é, acredito, a principal razão do beco sem saída em que o país se encontra.

O mesmo apoio impensado ao projeto europeu contribui fortemente para a que os movimentos populares que colocaram um fim ao fascismo na Espanha, Portugal e Grécia não percebam seu potencial radical.

Esse potencial era limitado na Espanha, onde o franquismo simplesmente morreu da morte silenciosa de seu líder, enquanto a transição havia sido bem preparado pela mesma burguesia que havia conformado o principal apoio do fascismo espanhol. Os três componentes do movimento operário e popular – socialista, comunista e anarquista – haviam sido erradicados por uma ditadura que seguiu sua sangrenta repressão até o final da década de 1970, apoiada pelos Estados Unidos em troca do anticomunismo e da concessão de bases para o exército dos EUA. Em 1980, a Europa estabeleceu como condição para que a Espanha ingressasse à Comunidade Europeia sua adesão à Otan, ou seja, que formalizasse por completo sua submissão à hegemonia de Washington! O movimento dos trabalhadores tentou desempenhar um papel na transição por meio de seus "comitês de trabalhadores" formados clandestinamente na década de 1970. Infelizmente, era óbvio que, não tendo conseguido obter o apoio de outros segmentos das classes populares e de intelectuais, essa ala radical do movimento não poderia impedir a burguesia reacionária de controlar a transição.

A revolta das Forças Armadas em Portugal, que terminou no salazarismo em abril de 1974, foi seguida por uma grande explosão popular, cuja espinha dorsal estava formada por comunistas, tanto do Partido Comunista oficial como das correntes maoístas. A derrota dessa tendência dentro do grupo dominante eliminou a liderança comunista em benefício de socialistas tímidos demais. Desde então, a esfera política voltou a hibernar.

Também na Grécia, a escolha a favor da Europa não era óbvia após a queda dos coronéis. Durante a Segunda Guerra Mundial, o Partido Comunista havia conseguido, assim como na Iugoslávia, formar uma frente única antifascista. Grécia e Iugoslávia não apenas "resistiram" aos invasores alemães, como outros fizeram; eles travaram continuamente uma guerra real que desempenhou um papel decisivo no colapso instantâneo dos exércitos italianos em 1943, forçando assim os alemães a manter muitas tropas em seus territórios. A resistência grega, que se tornou uma revolução em 1945, foi derrotada pela intervenção conjunta dos Estados Unidos e da Grã-Bretanha. A direita grega, além disso, responsável pela integração de seu país à Otan, dentro da qual o projeto europeu tomou forma, tudo para o benefício exclusivo da burguesia compradora "cosmopolita".

O aprofundamento da crise sistêmica do capitalismo monopolista levou a um desastre social sem paralelo nos frágeis países do sul da Europa. Também atingiu fortemente os países do Leste Europeu, reduzidos a pouco mais que semicolônias da Europa Ocidental, particularmente a Alemanha. É fácil entender, assim, a recente emergência de movimentos imensamente populares (Syriza na Grécia, Podemos na Espanha) que tiveram vitórias estimulantes em sua rejeição às políticas de austeridade impostas por Berlim e Bruxelas. No entanto, devemos reconhecer que a opinião geral nesses países ainda não vislumbra a necessidade de desconstruir o sistema europeu; a maioria das pessoas prefere enfiar suas cabeças no buraco e convencerem-se a si mesmas que essa Europa é reformável. Consequentemente, seus movimentos continuam sendo paralisados.

Europa Setentrional

Por diferentes razões, os países nórdicos mantiveram, até agora, uma atitude suspeita em relação ao projeto europeu.

Sob a liderança de Olof Palme, a Suécia tentou seguir um caminho globalista, internacionalista e neutralista. A começar pela mais recente escolha pela Europa e a guinada à direita de suas forças sociais-democráticas, a inversão foi bastante abrupta. Essa inversão, entretanto, nos força a olhar mais atentamente os pontos fracos da excepcional experiência sueca: talvez o papel muito pessoal de Palme, as ilusões da juventude que, longamente confinada a esse país relativamente isolado, descobriu tardiamente o mundo com uma boa dose de ingenuidade depois de 1968, bem como o passado manchado e longamente escondido do país durante a Segunda Guerra Mundial.

A sociedade norueguesa era formada de pequenos camponeses e pescadores, sem a presença de uma classe aristocrática como na Suécia ou Dinamarca. Dessa forma, sempre esteve atenta a questões relacionadas à igualdade. Isso sem dúvida explica o poder relativo de seu partido de extrema esquerda e as inclinações radicais das forças sociais-democráticas que, até agora, têm resistido ao canto da sereia europeu. Os Verdes apareceram nesse país antes de começar a se organizar em outros. Entretanto, a adesão do país à Otan e a afluência financeira do petróleo do Mar do Norte (uma afluência que de alguma forma está se corrompendo no longo prazo) certamente se contrapõe a essas tendências positivas.

A independência que a Finlândia conquistou sem lutas durante a Revolução Russa (Lenin já havia, sem hesitar, a aceitado) não foi tanto o produto de uma reivindicação unânime como se diz com frequência. O *Grand Duchy* (Grande Ducado) já se beneficiou de uma grande autonomia no Império Russo, o que era considerado bastante satisfatório pela opinião da época. Suas classes dominantes serviam ao tsar com tanta sinceridade como aquelas dos países bálticos. As classes trabalhadoras não estavam alheias ao programa da Revolução Russa. É por isso que a independência não resolveu os problemas do país, que foram enfrentados apenas com o final da guerra civil, um conflito ganho por pouco pelas forças reacionárias (com o apoio da Alemanha imperial e depois dos Aliados). Essas forças depois foram em direção ao fascismo e se aliaram aos poderes fascistas durante a Segunda Guerra Mundial. O que foi chamado de "finlandização", que a propaganda da Otan apresentou como inaceitável, foi de fato apenas um neutralismo (certamente imposto originalmente pelo tratado de paz) que poderia ter formado uma das bases para uma melhor reconstrução europeia do que aquela da aliança atlanticista. As pressões europeias, que triunfaram na área monetária (com a participação da Finlândia no Euro), terão êxito na incorporação dessa interessante herança histórica?

Pode-se esperar algo da Dinamarca, sendo sua economia tão dependente da Alemanha? Essa dependência é experimentada de forma neurótica, como podemos ver na ambígua e confusa série de votos sobre a questão do Euro. De qualquer forma, eu não acredito que forças sociais democratas tão típicas podem oferecer um enfrentamento ao atual curso das coisas. A "aliança vermelha-verde" está, consequentemente, bastante isolada.

É sabido que a Holanda foi o local da revolução burguesa original no século XVII, antes da Inglaterra ou França. Mas o tamanho modesto das Províncias Unidas impediu que esse país alcançasse aquilo que seus pupilos e competidores foram capazes de fazer. Embora a herança cultural dessa história não esteja perdida, hoje o sistema econômico e financeiro dos Países Baixos funciona dentro do ambiente do marco/euro.

Qual o futuro para a Europa?

Nas décadas de 1970 e 1980, pensei que a formação de um eixo neutralista Norte-Sul na Europa, formado pela Suécia, Finlândia, Áustria, Iugoslávia e Grécia era possível, com efeitos positivos nos países tanto da Europa do Leste como do Oeste. Isso poderia ter encorajado esta última a repensar seu alinhamento atlanticista e poderia ter encontrado um eco favorável na França. Infelizmente, De Gaulle não estava mais presente e os gaullistas esqueceram completamente a reservas do general sobre a Otan. Tal eixo poderia ter aberto possibilidades para os países do Leste europeu moverem-se em direção a posições de centro-direita, evitando, assim, sua posterior queda à direita. Esse projeto poderia ter iniciado a construção de uma "outra Europa" autêntica, verdadeiramente social e, portanto, aberta à formulação de um socialismo do século XXI que respeitasse seus elementos nacionais, independente dos Estados Unidos, e facilitasse reformas que fizessem jus ao nome nos países do bloco soviético. Essa construção era possível, concomitante com a Europa de Bruxelas, naquele momento apenas uma comunidade econômica limitada. Tive até mesmo a oportunidade de expor essas ideias para as lideranças da esquerda dos países em questão e tive a impressão que a ideia não os desagradava. Mas não houve continuidade.

As esquerdas europeias não avaliaram adequadamente o que estava em jogo e apoiaram o desenvolvimento do projeto europeu liderado por Bruxelas. Esse é um projeto reacionário desde o princípio, imaginado por Monnet (cujas ferozes opiniões antidemocráticas são bem conhecidas, como mostra o livro *La faute de Monsieur Monnet* [*A culpa do sr. Monnet: a república e a Europa*], de J.P. Chevènement).[1] O projeto europeu, junto com o Plano Marshall elaborado por Washington, foi desenhado para reabilitar forças de direita (sob a fachada da "democracia cristã") ou mesmo fascistas, reduzidas ao silêncio pela Segunda Guerra Mundial, para anular qualquer escopo para a prática da democracia política. Os partidos comunistas entenderam isso. Mas, naquela altura, a alternativa de uma Europa "soviética" já não era crível. A posterior e incondicional adesão desses partidos ao projeto não foi melhor, ainda que disfarçada de "Eurocomunismo".

Hoje, a União Europeia não só colocou os povos do continente em um impasse, consolidado na escolha "liberal" e atlanticista da Otan, mas também se tornou um instrumento de "americanização" da Europa, substituindo a cultura de "consenso" dos EUA pela tradição da cultura política europeia do conflito. A adesão final da Europa ao atlanticismo não é impensável, baseada na consciência das vantagens de explorar o planeta para benefício do imperialismo coletivo da tríade. O "conflito" com os Estados Unidos gira em torno do compartilhamento do espólio, não mais que isso. Se o projeto alguma vez foi levado a cabo contra alguém, então as instituições europeias se tornariam o principal obstáculo para o progresso dos povos da Europa.

A reconstrução europeia, portanto, requer a desconstrução do atual projeto. É até mesmo imaginável, hoje, questionar o projeto europeu-atlanticista como ele se apresenta e construir uma Europa

---

[1]   Jean-Pierre Chevènement, *La faute de Monsieur Monnet: la république et l'Europe*, Paris: Fayard, 2006.

alternativa que seria tanto social quanto não imperialista em relação ao resto do mundo? Acredito que sim, e até mesmo acho que o início de um projeto alternativo originado em qualquer lugar pode gerar repercussões favoráveis pela Europa no curto prazo. Uma esquerda autêntica, de qualquer forma, não deve pensar o oposto. Se ousar fazê-lo, então eu sou um dos que acreditam que os povos da Europa podem demonstrar que ainda têm um papel importante em moldar um mundo futuro. Sem isso, a maior possibilidade é o colapso do projeto europeu em caos, o que não desagradaria a Washington. A Europa será socialista, se as forças de esquerda ousarem fazê-lo, ou simplesmente não será.

Acredito que essa mudança pode se iniciar apenas se a França tomasse algumas iniciativas corajosas na direção correta. Isso faria com que a Alemanha se movesse para a mesma direção e, consequentemente, o resto da Europa. O caminho então estaria aberto para uma reaproximação com a China e Rússia. O status da Europa na cena política internacional está condenado à insignificância devido ao seu apoio ao projeto de Washington de dominação mundial. Caso siga o caminho descrito anteriormente, poderia explorar seu poder econômico para reconstruir um mundo autenticamente multipolar. Se isso falhar, o "Ocidente" continuará estadunidense, a Europa continuará alemã, o conflito Norte-Sul continuará sendo central, e qualquer avanço possível será largamente confinado nas periferias do sistema global; em outras palavras, um *"remake"* do século XX.

Concluindo, assinalarei de novo que o sistema da globalização neoliberal entrou em sua última fase; sua implosão é claramente visível, como indicado por, entre outras coisas, o Brexit, a eleição de Trump, e a ascensão de várias formas de neofascismo. O final inglório desse sistema abre uma potencial situação revolucionária em todas as partes do mundo. Mas esse potencial se tornará realidade apenas se as forças radicais da esquerda souberem aproveitar as oportunidades oferecidas e souberem elaborar e implementar uma corajosa estratégia ofensiva baseada na reconstrução do internacionalismo dos trabalhadores e dos povos em face o cosmopolitanismo dos poderes imperialistas do capital financeiro. Se isso não ocorrer, então, as forças de esquerda do Leste, Oeste e Sul também compartilharão da responsabilidade pelo desastre que se seguirá.

1 de julho de 2017

Revolução ou decadência?
Ideias sobre a Transição entre modos de produção por ocasião do bicentenário de Marx

Introdução

Karl Marx é um pensador gigantesco, não apenas para o século XIX, mas sobretudo para entender nosso tempo contemporâneo. Nenhuma outra tentativa de desenvolver uma compreensão da sociedade foi tão fértil, permitindo que os "marxistas" pudessem ir além da "marxologia" (simplesmente repetindo o que Marx pôde escrever em relação a seu próprio tempo) e buscassem seu método de acordo com novos desenvolvimentos na história. O próprio Marx desenvolveu e revisou continuamente seus pontos de vista durante sua vida.

Marx nunca reduziu o capitalismo a um novo modo de produção. Ele considerava todas as dimensões da sociedade moderna capitalista, entendendo que a lei do valor não regula apenas a acumulação capitalista, mas todos os aspectos da civilização moderna. Essa visão única lhe permitiu oferecer a primeira abordagem científica vinculando as relações sociais ao reino mais amplo da antropologia. Nessa perspectiva, ele incluiu em suas análises o que hoje é chamado de "ecologia", redescoberta um século depois de Marx. John Bellamy Foster, melhor do que qualquer um, desenvolveu claramente essa precoce intuição de Marx.

Tenho dado prioridade a outra intuição de Marx, relacionada ao futuro da globalização. Da minha tese de doutorado em 1957 ao meu último livro, tenho devotado meus esforços ao desenvolvimento desigual resultante de uma formulação globalizada da lei de acumulação. Derivei daí uma explanação para as revoluções em nome do socialismo, a começar pelas periferias do sistema global. A contribuição de Paul Baran e Paul Sweezy, ao introduzir o conceito de excedente, foi decisiva na minha tentativa.

Também compartilho de uma outra intuição de Marx – expressa claramente já em 1848 e depois reformulada até seus últimos escritos – segundo a qual o capitalismo representa apenas um pequeno parêntese na história, sendo a sua função histórica a criação, em um curto período (um século), das condições para que se possa chegar ao comunismo, entendido como o estágio superior da civilização.

Marx afirma no *Manifesto* (1848) que a luta de classes sempre resulta ou em "uma reconstrução revolucionária da sociedade inteira, ou na destruição das duas classes em conflito". Essa sentença tem estado na vanguarda do meu pensamento por muito tempo.

Por esse motivo, ofereço minhas reflexões sobre "Revolução ou decadência?", o capítulo de conclusão do meu próximo livro, lançado em ocasião do bicentenário do nascimento de Marx.

I

O movimento operário e socialista tem se nutrido de uma visão sobre uma série de revoluções iniciadas nos países capitalistas avançados. Das críticas que Marx e Engels fizeram os programas da social democracia alemã às conclusões tiradas pelo bolchevismo a partir da experiência da Revolução Russa, o movimento operários e socialista nunca concebeu a transição ao socialismo em escala mundial de nenhuma outra maneira.

No entanto, nos últimos 75 anos, a transformação do mundo tomou outros caminhos. A perspectiva de uma revolução desapareceu do horizonte nos países avançados do Ocidente, ao passo que as revoluções socialistas ficaram limitadas à periferia do sistema. Elas inauguraram desenvolvimentos ambíguos o suficiente para que algumas pessoas as enxergassem apenas como um estágio na expansão do capitalismo em escala mundial. Uma análise do sistema em termos de desenvolvimento desigual tenta dar uma resposta diferente. Começando com o sistema imperialista contemporâneo, essa análise nos obriga a considerar também a natureza e o sentido do desenvolvimento desigual em estágios históricos prévios.

A história comparativa da transição de um modelo de produção a outro nos convoca a questionar o modo de transição em termos gerais e teóricos. Assim, similaridades entre a situação atual e a era do fim do Império Romano levaram aqueles historiadores que não são adeptos do materialismo histórico a desenhar paralelos entre as duas situações. Por outro lado, uma certa interpretação dogmática do marxismo usou a terminologia do materialismo histórico para obscurecer os pensamentos acerca desse tema. Assim, os historiadores soviéticos falaram da "decadência de Roma", ao passo que apresentavam a "revolução socialista" como a única forma de substituição das relações capitalistas por novas relações de produção. A análise comparativa da forma e conteúdo da antiguidade e a crise capitalista nas relações de produção direcionam essa questão. A diferença entre essas duas crises justifica tratar uma em termos de "decadência" e outra em termos de "revolução"?

Meu argumento central é que existe um paralelo definitivo entre essas duas crises. Em ambos casos o sistema está em crise porque a centralização do excedente que organiza é excessiva, isto é, está além das relações de produção subjacentes. Portanto, o desenvolvimento das forças produtivas na periferia do sistema necessita a dissolução do próprio sistema e a substituição por um sistema descentralizado para coletar e utilizar o excedente.

II

A tese mais comumente aceita dentro do materialismo histórico é a da sucessão de três modos de produção: o escravista, o feudal e o capitalista. Nesse quadro, a decadência de Roma seria apenas a expressão da transição entre escravidão e servidão. Ficaria ainda a dúvida do porquê não falamos em "revolução feudal" tal como falamos de revoluções burguesas e socialistas.

Eu considero essa formulação como centrada no Ocidente em sua generalização exagerada das características específicas de sua história e sua rejeição à história de outros povos em todas as suas particularidades. A partir da escolha de derivar as leis do materialismo histórico da experiência universal, propus uma formulação alternativa de um modo pré-capitalista, um modo tributário, em direção ao qual todas sociedades de classes tendem a ir. A história do Ocidente – a construção de uma antiguidade romana, sua desintegração, o estabelecimento da Europa feudal e, finalmente, a cristalização de Estados absolutistas no período mercantilista – expressa de uma forma particular a mesma tendência básica que em outros lugares se expressa na construção menos descontínua de Estados tributários e completos, sendo a China o exemplo mais forte. O modo escravista não é universal, como são os modos tributário e capitalista; é particular e aparece estritamente em conexão com a extensão das relações mercantis. Adicionalmente, o modo feudal é a forma primitiva e incompleta do modo tributário.

Essa hipótese vê o estabelecimento e subsequente desintegração de Roma como uma tentativa prematura de construção tributária. O nível de desenvolvimento das forças produtivas não requeria centralização tributária na escala do Império Romano. A primeira tentativa interrompida foi, então, seguida por uma transição forçada para a fragmentação feudal, com base na qual a centralização foi mais uma vez restaurada dentro do marco das monarquias absolutistas do Ocidente. Só então o modo de produção no Ocidente se aproximou do modelo tributário completo. Foi, além do mais, somente no início desse estágio que o nível anterior de desenvolvimento das forças produtivas no Ocidente alcançou aquele do modo tributário completo da China imperial; isso sem dúvida não é uma coincidência.

O atraso do Ocidente, expresso pela interrupção de Roma e pela fragmentação feudal, certamente lhe conferiu vantagem histórica. De fato, a combinação de elementos específicos do antigo modo tributário e dos modos comunais bárbaros caracterizaram o feudalismo e deram ao Ocidente sua flexibilidade. Isso explica a velocidade com a qual a Europa passou pela fase tributária completa, rapidamente ultrapassando o nível de desenvolvimento das forças produtivas do Ocidente, que foram ultrapassadas, passando ao capitalismo. Essa flexibilidade e velocidade contrastou com a evolução relativamente rígida e lenta dos modos tributários completos no Oriente.

Indubitavelmente, o caso romano-ocidental não é o único exemplo de uma construção tributária interrompida. Podemos identificar ao menos três outros casos desse tipo, cada um com suas condições específicas: o caso bizantino-árabe-otomano, o indiano, o mongol. Em cada um desses casos, tentativas de instalar sistemas tributários de centralização estavam muito longe das demandas de desenvolvimento das forças produtivas a serem firmemente estabelecidas. Em cada caso, as formas de centralização eram provavelmente combinações específicas de meios estatais, para-feudais e mercantis. No Estado islâmico, por exemplo, a centralização mercantil teve um papel decisivo. Os sucessivos fracassos indianos devem estar relacionados ao conteúdo da ideologia hindu, que eu contrapus ao confucionismo. Em relação à centralização do império de Genghis Khan, como sabemos, teve vida extremamente curta.

III

O sistema imperialista contemporâneo é também um sistema de centralização de excedentes em escala global. Essa centralização opera com base nas leis fundamentais do modo capitalista e nas condições de sua dominação em relação aos modos pré-capitalistas da periferia sujeitada. Formulei a lei de acumulação de capital em escala global como uma forma de expressão da lei do valor operando nessa escala. O sistema imperialista para a centralização do valor é caracterizado pela aceleração da acumulação e pelo desenvolvimento das forças produtivas no centro do sistema, enquanto na periferia este último é contido e deformado. Desenvolvimento e subdesenvolvimento são dois lados da mesma moeda.

Assim, podemos ver que esse maior desenvolvimento das forças produtivas nas periferias requer a destruição do sistema imperialista de centralização do excedente. Uma fase necessária de descentralização, o estabelecimento da transição socialista dentro das nações, deve preceder a reunificação em um nível mais alto de desenvolvimento, que uma sociedade planetária sem classes constituiria. Essa tese central possui diversas consequências para a teoria e para a estratégia da transição socialista.

Na periferia, a transição socialista não é diferente da libertação nacional. Tornou-se claro que esta última é impossível sob a liderança das burguesias locais, tornando-se assim um estágio democrático no processo de revolução ininterrupta por estágios, liderado pelas massas de trabalhadores e camponeses. Essa fusão dos objetivos de libertação nacional e socialismo engendra, por sua vez, uma série de novos problemas que devemos avaliar. A ênfase vai de um aspecto a outro, a que se deve o fato de que movimento real da sociedade alterna entre progresso e regressão, ambivalências e alienação, particularmente na forma nacionalista. Aqui, novamente, nós podemos fazer uma comparação com a atitude dos bárbaros em relação ao Império Romano: eles eram ambivalentes em relação a ele, notadamente em sua imitação formal, até mesmo servil, do modelo romano contra o qual eles estavam se revoltando.

Ao mesmo tempo, o caráter parasita da sociedade central se intensifica. Em algumas, o tributo imperial corrompeu os plebeus e paralisou suas revoltas. Nas sociedades do centro imperialista, uma crescente porção da população é beneficiada por empregos improdutivos e posições privilegiadas, ambos lá concentrados devido aos efeitos da desigual divisão internacional do trabalho. Assim, é difícil visualizar um desmonte por parte do sistema imperialista e a formação de uma aliança anti-imperialista capaz de derrubar a aliança hegemônica e inaugurar a transição ao socialismo.

IV

A introdução de novas relações de produção parece mais fácil na periferia que no centro do sistema. No Império Romano, as relações feudais se firmaram rapidamente na Gália e Germânia, mas apenas lentamente na região da Itália e no Leste. Foi Roma que inventou a servidão que substituiu a escravidão. Mas a autoridade feudal desenvolvida em outros lugares e as relações feudais nunca se desenvolveram totalmente na região da Itália.

Hoje o sentimento de uma revolta latente contra as relações capitalistas é muito forte no centro, mas tem pouco poder. As pessoas querem "mudar suas vidas", mas sequer conseguem mudar seus governos. Assim, o progresso ocorre na área da vida social mais do que na organização da produção ou no Estado. A revolução silenciosa dos estilos de vida, a falência da família, o colapso dos valores burgueses demonstra esse aspecto contraditório do processo. Na periferia, costumes e ideias são frequentemente menos avançadas, entretanto, Estados socialistas foram ali estabelecidos.

A tradição marxista vulgar efetuou um reducionismo mecanicista da dialética da mudança social. A revolução – cujo conteúdo objetivo é a abolição das antigas relações de produção e o estabelecimento de novas relações, precondição para o maior desenvolvimento das forças produtivas – é transformada em uma lei natural: a aplicação ao âmbito social da lei na qual quantidade se torna qualidade. A luta de classes revela essa necessidade objetiva: somente a vanguarda – o partido – está acima do embate, faz e domina a história, não é alienada. O momento político que define a revolução é aquele no qual a vanguarda toma o Estado. O próprio leninismo não está totalmente imune dos reducionismos positivistas do marxismo da Segunda Internacional.

Essa teoria que separa a vanguarda da classe não é aplicável às revoluções do passado. A revolução burguesa não teve essa forma: nela, a burguesia cooptou a luta dos camponeses contra os senhores feudais. A ideologia que possibilitou que eles fizessem isso, longe de ser um meio de manipulação, era ela mesma alienante. Nesse sentido, não houve "revolução burguesa" – o próprio termo é produto da ideologia burguesa – mas apenas uma luta de classes liderada pela burguesia ou, no máximo, por vezes uma revolução camponesa cooptada pela burguesia. Há menos ainda a dizer sobre a "revolução feudal", na qual a transição foi feita inconscientemente.

A revolução socialista será de um tipo diferente e pressuporá uma consciência desalienada, pois terá pela primeira vez o objetivo de abolir todas as formas de exploração e não a substituição de velhas formas por novas formas de exploração. Mas isso só será possível se a ideologia que a motivar se tornar algo diferente da consciência das exigências de desenvolvimento das forças produtivas. Isso não quer dizer que o modo estatista de produção, como uma nova forma de relação de exploração, não é uma resposta possível às demandas desse desenvolvimento.

V

Somente os povos fazem sua própria História. Nem animais ou objetos inanimados controlam sua própria evolução; encontram-se submetidos a ela. O conceito de práxis é próprio da sociedade, como expressão da síntese entre o determinismo e a intervenção humana. A relação dialética entre infraestrutura e superestrutura é também própria da sociedade e não tem um equivalente na natureza. Essa relação não é unilateral. A superestrutura não é reflexo das necessidades da infraestrutura. Se assim fosse, a sociedade sempre estaria alienada e não vejo como poderia se libertar.

É por isso que proponho a distinção entre dois tipos qualitativamente diferentes de transição de um modo a outro. Quando a transição é realizada inconscientemente ou por consciências alienadas, isto é, quando a ideologia que alimenta as classes não as permite dominar o processo de mudança, que parece estar operando como algo natural, como se a ideologia fosse parte da natureza. Para esse tipo de transição nós podemos aplicar a expressão "modelo de decadência". Em contraste, se, e somente se, a ideologia expressar a dimensão total e real da mudança almejada, podemos falar de revolução.

A revolução socialista em que nossa era está envolvida é do tipo decadente ou revolucionária? Sem dúvida, não podemos ainda responder a essa pergunta definitivamente. Em certos aspectos, a transformação do mundo moderno tem incontestavelmente um caráter revolucionário como definido anteriormente. A Comuna de Paris e as revoluções na Rússia e na China (e, particularmente, a Revolução Cultural) foram momentos de intensa desalienação e consciência social. Mas não estaríamos envolvidos com outro tipo de transição? As dificuldades que tornam o desmonte dos países imperialistas quase inconcebível hoje e os impactos negativos disso nos países periféricos que seguem o caminho socialista (levando a uma possível restauração capitalista, evoluções em direção a um modo estatista, regressão, alienação nacionalista etc.) nos faz questionar o antigo modelo bolchevique.

Algumas pessoas se resignam a isso e acreditam que nosso tempo não é de transição socialista, mas de expansão mundial do capitalismo que, a partir desse "cantinho da Europa", está apenas começando a se estender para o Sul e o Leste. No final dessa transferência, a fase imperialista não terá sido a última, a etapa superior do capitalismo, mas uma fase de transição para o capitalismo universal. E ainda que alguém continue acreditando que a teoria leninista do imperialismo é verdadeira e que a libertação nacional faz parte da revolução socialista e não da revolução burguesa, não poderiam existir exceções, ou seja, o surgimento de novos centros capitalistas? Essa teoria enfatiza as restaurações ou as evoluções em direção a um modo estatista nos países do Leste. Ela caracteriza como processos objetivos de expansão capitalista que foram somente pseudorrevoluções socialistas. Aqui, o marxismo aparece como uma ideologia alienante que mascara o verdadeiro caráter desses desenvolvimentos.

Aqueles que sustentam essa opinião acreditam que devemos esperar até que o nível de desenvolvimento das forças produtivas do centro seja capaz de se espalhar para o mundo inteiro para então colocar a questão da abolição das classes na agenda. Os europeus deveriam, portanto, permitir a criação de uma Europa supranacional para que a superestrutura do Estado possa ser ajustada às forças produtivas. Sem dúvida, será necessário aguardar o estabelecimento de um Estado planetário que corresponda ao nível das forças produtivas em escala mundial, antes de atingir as condições objetivas necessárias para a sua substituição.

Outros, eu incluso, veem as coisas de forma diferente. A revolução ininterrupta por etapas ainda está na agenda da periferia. Restaurações no curso da transição socialista não são irrevogáveis. E rupturas na frente imperialista não são inconcebíveis nos elos fracos do centro.

1 de maio de 2018

O *Manifesto comunista*
170 anos depois

I

Não há outro texto de meados do século XIX que tenha se sustentado tão bem quanto *O Manifesto do Partido Comunista*, de 1848, de Karl Marx e Friedrich Engels. Ainda hoje, parágrafos inteiros do texto correspondem à realidade contemporânea melhor do que correspondiam à daquela de 1848. Partindo de premissas que eram dificilmente visíveis em suas épocas, Marx e Engels chegaram a conclusões que os desenvolvimentos de 170 anos de história verificaram totalmente.

Eram Marx e Engels profetas inspirados, mágicos capazes de olhar para uma bola de cristal, seres intuitivos excepcionais? Não. Eles simplesmente entenderam melhor do que ninguém, no tempo deles e no nosso, a essência daquilo que define e caracteriza o capitalismo. Marx dedicou toda a sua vida ao aprofundamento dessa análise por meio de um duplo exame da nova economia, a partir do exemplo da Inglaterra, e da nova política, a partir do exemplo da França.[1]

O capital, de Marx, apresenta uma rigorosa análise científica do modo capitalista de produção e da sociedade capitalista, e como se diferem de formas anteriores. O livro I investiga o cerne do problema. Esclarece diretamente o significado da generalização de trocas de mercadorias entre proprietários privados (e essa característica é única no mundo moderno capitalista, mesmo que

---

[1] Escrevi sobre esse tema no capítulo 3 do meu livro *October 1917 Revolution: a century later* [Revolução de Outubro de 1917: um século depois], Montreal: Daraja, 2017.

trocas de mercadorias existissem anteriormente), especificamente a emergência e domínio do valor e do trabalho social abstrato. A partir desse fundamento, Marx nos leva a entender como a venda da força de trabalho do proletariado ao "homem com dinheiro" garante a produção da mais-valia que o capitalista expropria, e que, por sua vez, é a condição para a acumulação de capital. O domínio do valor governa não apenas a reprodução do sistema econômico do capitalismo; governa todos os aspectos da vida social e política moderna. O conceito de alienação aponta para o mecanismo ideológico por meio do qual a unidade global da reprodução é expressa.

Esses instrumentos intelectuais e políticos, validados pelo desenvolvimento do marxismo, demonstraram seu valor ao prever corretamente a evolução histórica geral da realidade capitalista. Nenhuma tentativa de pensar essa realidade fora do marxismo – ou, frequentemente, em oposição a ele – levou a resultados comparáveis. As críticas de Marx às limitações do pensamento burguês e, em particular, de sua ciência econômica, que ele corretamente descreveu como "vulgar", é magistral. Uma vez que é incapaz de entender o que é o capitalismo em sua real essência, esse pensamento alienado também é incapaz de imaginar para onde as sociedades capitalistas caminham. O futuro será forjado pelas revoluções socialistas que colocarão um fim à dominação do capital? Ou o capitalismo conseguirá prolongar seus dias, abrindo assim o caminho para a decadência da sociedade? O pensamento burguês ignora essa questão colocada pelo *Manifesto*.

De fato, lemos no *Manifesto* que há uma luta que "que terminou sempre com a transformação revolucionária da sociedade inteira ou com o declínio conjunto das classes em conflito".[2]

Essa frase atraiu minha atenção por um longo tempo. A partir dela, venho progressivamente formulando uma leitura do

---

[2] Karl Marx, Friedrich Engels, *O Manifesto do Partido Comunista*, São Paulo: Expressão Popular, 2008, p. 8.

O MANIFESTO COMUNISTA, 170 ANOS DEPOIS **235**

movimento da história focado no conceito de desenvolvimento desigual e nos possíveis diferentes processos para sua transformação, originando-se mais provavelmente das periferias e não dos centros. Também fiz algumas tentativas de esclarecer cada um dos dois modelos de resposta ao desafio: o caminho revolucionário e o caminho da decadência.[3]

A partir da escolha de derivar as leis do materialismo histórico da experiência universal, propus uma formulação alternativa de um único modo pré-capitalista, isto é, o modo tributário, em direção ao qual todas sociedades de classes tendem a ir. A história do Ocidente – a construção da antiguidade romana, sua desintegração, o estabelecimento da Europa feudal e, finalmente, a cristalização dos Estados absolutistas da era mercantilista – expressa, de uma forma particular, a mesma tendência básica apresentada em outros lugares em direção a uma construção menos descontínua de Estados completos e tributários, sendo a China o exemplo mais forte. O modo escravista não é universal em nossa leitura da história, como são os modos tributários e capitalistas; é particular e aparece estritamente em conexão à extensão das relações mercantis. Além disso, o modo feudal é a forma primitiva e incompleta do modo tributário.

Essa hipótese vê o estabelecimento e subsequente desintegração de Roma como uma tentativa prematura de construção tributária. O nível de desenvolvimento das forças produtivas não requeria centralização tributária na escala do Império Romano. A primeira tentativa interrompida foi, então, seguida por uma transição forçada para a fragmentação feudal, com base na qual a centralização foi mais uma vez restaurada dentro do marco das monarquias absolutistas do Ocidente. Só então o modo de produção no Ocidente se aproximou do modelo tributário completo. Foi, além do mais, somente no início desse estágio que o nível

---

[3]   Escrevi mais sobre essa questão na conclusão do meu livro, *Class and nation* [Classe e nação], New York: Monthly Review Press, 1980.

anterior de desenvolvimento das forças produtivas no Ocidente alcançou aquele do modo tributário completo da China imperial; isso sem dúvida não é uma coincidência.

O atraso do Ocidente, expresso pela interrupção de Roma e pela fragmentação feudal, certamente lhe conferiu vantagem histórica. De fato, a combinação de elementos específicos do antigo modo tributário e dos modos comunais bárbaros caracterizaram o feudalismo e deram ao Ocidente sua flexibilidade. Isso explica a velocidade com a qual a Europa passou pela fase tributária completa, rapidamente ultrapassando o nível de desenvolvimento das forças produtivas do Ocidente, que foram ultrapassadas, passando ao capitalismo. Essa flexibilidade e velocidade contrastou com a evolução relativamente rígida e lenta dos modos tributários completos no Oriente.

Indubitavelmente, o caso romano-ocidental não é o único exemplo de uma construção tributária interrompida. Podemos identificar ao menos três outros casos desse tipo, cada um com suas condições específicas: o caso bizantino-árabe-otomano, o indiano, o mongol. Em cada um desses casos, tentativas de instalar sistemas tributários de centralização estavam muito longe das demandas de desenvolvimento das forças produtivas a serem firmemente estabelecidas. Em cada caso, as formas de centralização eram provavelmente combinações específicas de meios estatais, para-feudais e mercantis. No Estados islâmicos, por exemplo, a centralização mercantil teve um papel decisivo. Os sucessivos fracassos indianos devem estar relacionados ao conteúdo da ideologia hindu, que eu contrapus ao Confucionismo. Em relação à centralização do império de Genghis Khan, como sabemos, teve vida extremamente curta.

O sistema imperialista contemporâneo é também um sistema de centralização de excedentes em escala global. Essa centralização opera com base nas leis fundamentais do modo capitalista e nas condições de sua dominação em relação aos modos pré-capitalistas da periferia sujeitada. Formulei a lei de acumulação de capital em escala global como uma forma de expressão da lei do valor operando nessa escala. O sistema imperialista para a centralização do valor é caracterizado pela aceleração da acumulação e pelo desenvolvimento das forças produtivas no centro do sistema, enquanto na periferia este último é contido e deformado. Desenvolvimento e subdesenvolvimento são dois lados da mesma moeda.

Somente os povos fazem sua própria História. Nem animais ou objetos inanimados controlam sua própria evolução; encontram-se submetidos a ela. O conceito de práxis é próprio da sociedade, como expressão da síntese entre o determinismo e a intervenção humana. A relação dialética entre infraestrutura e superestrutura é também própria da sociedade e não tem um equivalente na natureza. Essa relação não é unilateral. A superestrutura não é reflexo das necessidades da infraestrutura. Se assim fosse, a sociedade sempre estaria alienada e não vejo como poderia se libertar.

É por isso que proponho a distinção entre dois tipos qualitativamente diferentes de transição de um modo a outro. Quando a transição é realizada inconscientemente ou por consciências alienadas, isto é, quando a ideologia que alimenta as classes não as permite dominar o processo de mudança, que parece estar operando como algo natural, como se a ideologia fosse parte da natureza. Para esse tipo de transição nós podemos aplicar a expressão "modelo de decadência". Em contraste, se, e somente se, a ideologia expressar a dimensão total e real da mudança almejada, podemos falar de revolução.

O pensamento burguês precisa ignorar essa questão para ser capaz de pensar no capitalismo como um sistema racional por toda a eternidade, para ser capaz de pensar no "fim da história".

II

Marx e Engels, ao contrário, sugerem fortemente, desde a época do *Manifesto*, que o capitalismo constitui apenas um breve parêntese na história da humanidade. No entanto, o modo capitalista de produção não se estendeu para além da Inglaterra, Bélgica, uma pequena região ao norte da França ou a parte ocidental da Vestefália prussiana. Não havia nada comparável em outras regiões da Europa. Apesar disso, Marx já imaginava que revoluções socialistas aconteceriam na Europa "em breve". Essa expectativa é evidente em cada linha do *Manifesto*. Marx não sabia, é claro, em que país a revolução começaria. Seria na Inglaterra, o único país já avançado no capitalismo? Não. Marx não achou isso possível, exceto se o proletariado inglês se emancipasse de seu apoio à colonização da Irlanda. Seria a França, menos avançada em termos de desenvolvimento capitalista, mas mais avançada em termos da maturidade política de seu povo, herdada de sua grande revolução? Talvez, e a Comuna de Paris de 1871 confirmou sua intuição. Pela mesma razão, Engels esperava muito da Alemanha "atrasada": a revolução proletária e a revolução burguesa poderiam aqui colidir. No *Manifesto*, eles observam esta conexão:

> Os comunistas dirigem sua atenção principalmente para a Alemanha, porque o país está às vésperas de uma revolução burguesa e porque essa reviravolta ocorre sob as condições avançadas da civilização europeia, com um proletariado muito mais desenvolvido que o da Inglaterra do século XVII e o da França do século XVIII. Por isso, a revolução burguesa alemã pode ser o prelúdio de uma revolução proletária.[4]

Isso não ocorreu: a unificação sob o bandido histórico-mundial (Bismarck) da Prússia reacionária, e a covardia e mediocridade política da burguesia alemã permitiu ao nacionalismo triunfar e marginalizar a revolta popular. Ao final de sua vida, Marx voltou sua atenção à Rússia, que ele esperava poder empreender o caminho revolucionário, como sua correspondência com Vera Zasulich atesta.

---

[4] Karl Marx, Friedrich Engels, *O Manifesto do Partido Comunista*, São Paulo: Expressão Popular, 2008, p. 65.

O MANIFESTO COMUNISTA, 170 ANOS DEPOIS **239**

Marx, assim, tinha a intuição que a transformação revolucionária poderia começar a partir da periferia do sistema – os "elos fracos", como depois definiu Lenin. Marx, entretanto, não tirou, em seu tempo, todas as conclusões que se impuseram em relação a esse tema. Foi necessário esperar pela história avançar ao longo do século XX para ver, com V. I. Lenin e Mao Zedong, os comunistas se tornarem capazes de imaginar uma nova estratégia, qualificada como "a construção do socialismo em um só país". Essa é uma expressão inapropriada, para qual reservo uma grande paráfrase: "avanços desiguais no longo caminho de transição socialista, localizados em alguns países, contra os quais a estratégia do imperialismo dominante é lutar contra continuamente e procurar isolar severamente".

O debate relativo à longa transição histórica do socialismo em direção ao comunismo, e o escopo universal desse movimento, coloca uma série de questões sobre a transformação do proletariado de classe em si em classe para si, as condições e efeitos da globalização capitalista, o papel do campesinato na longa transição, e a diversidade de expressões de pensamentos anticapitalistas.

III

Marx, mais do que qualquer pessoa, entendeu que o capitalismo tinha a missão de conquistar o mundo. Ele escreveu sobre isso em um momento em que essa conquista estava longe de estar completa. Ele considerou essa missão a partir de suas origens, a descoberta das Américas, que inaugurou a transição dos três séculos de mercantilismo para uma forma final e madura do capitalismo.

Como escreveu no *Manifesto*, "a grande indústria criou o mercado mundial, preparado pela descoberta da América",[5] e mais adiante: "pela exploração do mercado mundial, a burguesia

---

[5] Karl Marx, Friedrich Engels, *O manifesto do Partido Comunista*, São Paulo: Expressão Popular, 2008, p. 11

imprime um caráter cosmopolita à produção e ao consumo em todos os países".[6]

Marx saudou essa globalização, o novo fenômeno na história da humanidade. Numerosas passagens no *Manifesto* atestam isso. Por exemplo: "onde passou a dominar [a burguesia], destruiu as relações feudais, patriarcais e idílicas".[7] Ou ainda:

> a burguesia submeteu o campo à cidade [...] e, dessa forma, arrancou uma grande parte da população do embrutecimento da vida do campo. Assim como colocou o campo sob o domínio da cidade, também pôs os povos bárbaros e semibárbaros na dependência dos civilizados, as nações agrárias sob o jugo das burguesas, o Oriente sob o Ocidente.[8]

As palavras são claras. Marx nunca se voltava ao passado, nostálgico de um bom e velho tempo. Sempre expressou um ponto de vista moderno, a ponto de parecer eurocentrista. Ele percorreu um longo caminho nessa direção. Ainda assim, não foi a barbarização do trabalho urbano tão estupidificante para os proletários? Marx não ignorava a pobreza urbana que acompanhava a expansão capitalista.

O Marx do *Manifesto* mediu corretamente as consequências políticas da destruição do campesinato na Europa e, mais, nos países colonizados? Retorno a essas questões em relação direta ao caráter desigual do desenvolvimento mundial do capitalismo.

Marx e Engels, no *Manifesto*, ainda não sabiam que o desenvolvimento mundial do capitalismo não é a homogeneização que eles imaginam, isto é, dando ao Oriente conquistado sua chance de sair do impasse no qual sua história o fechou e tornar-se, de acordo com a imagem dos países ocidentais, nações "civilizadas" ou países industrializados. Alguns textos de Marx apresentam a colonização da Índia sob uma visão consoladora. Mas Marx mais

---

[6]   *Ibidem*, p. 12.
[7]   *Ibidem*, p. 12.
[8]   *Ibidem*, p. 15.

O MANIFESTO COMUNISTA, 170 ANOS DEPOIS **241**

tarde mudou de ideia. Essas alusões, em vez de constituírem uma argumentação sistematicamente elaborada, testemunha os efeitos destrutivos da conquista colonial. Marx gradualmente toma consciência do que eu chamo de desenvolvimento desigual, em outras palavras, a sistemática construção do contraste entre os centros dominantes e as periferias dominadas e, com isso, a impossibilidade de "sair do atraso" dentro da estrutura da globalização capitalista (imperialista por sua natureza) com as ferramentas do capitalismo.

Nesse sentido, se fosse possível "sair do atraso" dentro da globalização capitalista, nenhuma força política, social ou ideológica seria capaz de se opor a isso exitosamente.

No que diz respeito à questão da "abertura" da China, no *Manifesto*, Marx diz que "os preços baratos de suas mercadorias são a artilharia pesada com a qual ela derruba todas as muralhas da China e faz capitular até os povos bárbaros mais hostis aos estrangeiros".[9]

Sabemos que não era assim que essa abertura funcionava: foram os canhões da marinha britânica que "abriram" a China. Produtos chineses eram frequentemente mais competitivos que os ocidentais. Nós sabemos também que não foi a mais avançada indústria inglesa que permitiu o bem-sucedido domínio da Índia (novamente, os tecidos indianos eram de melhor qualidade que os ingleses). Ao contrário, foi a dominação sobre a Índia (e a destruição organizada de suas indústrias) que deram à Grã-Bretanha sua posição hegemônica no sistema capitalista do século XIX.

No entanto, um Marx mais velho aprendeu a abandonar o eurocentrismo de sua juventude. Marx sabia como mudar de opinião, à luz da evolução do mundo.

Em 1848, Marx e Engels imaginaram, portanto, a forte possibilidade de uma ou mais revoluções socialistas na Europa de seu tempo, confirmando que o capitalismo representa apenas um curto parêntese na história. Os fatos logo provaram que estavam certos.

---

[9] *Ibidem*, p. 15.

A Comuna de Paris de 1871 foi a primeira revolução socialista. No entanto, foi também a última revolução realizada em um país capitalista desenvolvido. Com o estabelecimento da Segunda Internacional, Engels não perdeu a esperança em novos avanços revolucionários, na Alemanha em particular. A história provou que ele estava errado. Contudo, a traição da Segunda Internacional em 1914 não deveria ter surpreendido ninguém. Além de sua tendência reformista, o alinhamento de partidos operários em toda a Europa na época com políticas colonialistas expansionistas e imperialistas de suas burguesias indicava que não havia muito o que esperar dos partidos da Segunda Internacional. A linha de frente para a transformação do mundo mudou-se para o Leste, para a Rússia, em 1917, e depois para a China. Marx certamente não previu isso, mas seus textos posteriores nos permitem supor que ele provavelmente não ficaria surpreso com a Revolução Russa.

Em relação à China, Marx pensou que era uma revolução burguesa que estava na agenda. Em janeiro de 1850, ele escreveu: "Quando nossos reacionários europeus [...] finalmente chegarem à Grande Muralha da China [...], quem sabe eles não encontrarão escritos nela a legenda: *République chinoise, Liberté, Egalité, Fraternité [República chinesa, liberdade, igualdade, fraternidade]*".[10] O Guomindang da revolução de 1911, de Sun Yat-sen, também imaginou isso, como Marx, proclamando a República (burguesa) da China. Entretanto, Sun não teve êxito nem em derrotar as forças do antigo regime, cujos senhores da guerra retomaram o território, nem em afastar o domínio das forças imperialistas, especialmente o Japão. A mudança do Guomindang de Jiang Jieshi (Chiang Kai-shek)confirmou os argumentos de Mao e de Lenin de que não há mais espaço para uma autêntica revolução burguesa; nossa era é a da revolução socialista. Assim como a Revolução Russa de fevereiro de 1917 não teve um futuro, pois não

---

[10] Karl Marx, Friedrich Engels. *On Colonialism*, New York: International Publishers, 1972, p. 18.

conseguiu triunfar sobre o antigo regime, conclamando, assim, a Revolução de Outubro, a Revolução Chinesa de 1911 apelou à revolução dos comunistas maoístas, os únicos capazes de responder às expectativas de libertação, simultaneamente nacional e social.

A Rússia foi, assim, o "elo fraco" do sistema, que iniciou a segunda revolução socialista após a Comuna de Paris. No entanto, a Revolução Russa de outubro não foi apoiada pelo movimento operário europeu, mas sim combatida. Rosa Luxemburgo usou uma dura expressão em relação a essa posição do movimento operário europeu. Ela falou do fracasso, da traição e da "falta de maturidade do proletariado alemão no cumprimento de suas tarefas históricas".[11]

Abordei esse recuo da classe trabalhadora no Ocidente desenvolvido, em que suas tradições revolucionárias foram abandonadas, enfatizando os efeitos devastadores da expansão imperialista do capitalismo e os ganhos que as sociedades imperiais como um todo (e não apenas suas burguesias) obtiveram a partir de suas posições dominantes. Por isso, considerei necessário dedicar um capítulo inteiro em minha leitura da importância universal da Revolução de Outubro à análise do desenvolvimento que levou as classes trabalhadoras europeias a renunciarem às suas tarefas históricas, para usar os termos de Luxemburgo. Me refiro ao capítulo 4 do meu livro *October 1917 Revolution* [*Revolução de outubro de 1917*].

IV

Avanços revolucionários no longo caminho da transição socialista ou comunista, sem dúvida se originarão exclusivamente nas sociedades da periferia do sistema mundial, precisamente nos países em que uma vanguarda entenda não ser possível "recuperar o atraso" integrando-se à globalização capitalista, e que, por esse motivo, algo mais deve ser feito, ou seja, avançar em uma transição

---

[11] Rosa Luxemburgo, *A revolução russa*, 1918 [Disponível em *Rosa Luxemburgo e o protagonismo das lutas de massas*. São Paulo: Expressão Popular, 2018].

de natureza socialista. Lenin e Mao expressaram essa convicção, proclamando que nosso tempo não é mais o das revoluções burguesas, mas, daqui por diante, a época das revoluções socialistas. Essa conclusão exige outra: as transições socialistas acontecerão necessariamente em um país, que também permanecerá fatalmente isolado em razão do contra-ataque do imperialismo mundial. Não há alternativa; não haverá revolução mundial simultânea. Portanto, as nações e Estados envolvidos nesse caminho serão confrontados com um duplo desafio: 1) resistir à guerra permanente (quente ou fria) conduzida pelas forças imperialistas; e 2) associar-se com sucesso à maioria camponesa para avançar no novo caminho para o socialismo. Nem o *Manifesto*, nem Marx e Engels, subsequentemente, estavam em posição de dizer algo sobre essas questões; é responsabilidade do marxismo atual fazê-lo.

Essas reflexões me levam a avaliar os pontos de vista que Marx e Engels desenvolveram no *Manifesto* sobre os camponeses. Marx situa-se dentro de seu tempo, que ainda era o tempo de revoluções burguesas inacabadas na própria Europa. Nesse contexto, o *Manifesto* diz: "Nessa fase, portanto, os proletários não lutam contra seus inimigos, mas contra os inimigos de seus inimigos: os restos da monarquia absoluta, os proprietários de terras [...] cada vitória conquistada nessas condições é uma vitória burguesa".[12]

Mas a revolução burguesa deu terra aos camponeses, como demonstrado particularmente no caso exemplar da França. Portanto, o campesinato em sua grande maioria se torna aliado da burguesia dentro do campo dos defensores do caráter sagrado da propriedade privada e se torna o adversário do proletariado.

Contudo, a transferência do centro de gravidade da transformação socialista do mundo, indo de países centrais dominantes e imperialistas para as periferias dominadas, modifica radicalmente a questão camponesa. Avanços revolucionários tornam-se possíveis

---

[12] Karl Marx, Friedrich Engels, *O Manifesto do Partido comunista*, São Paulo: Expressão Popular, 2008, p. 22.

O MANIFESTO COMUNISTA, 170 ANOS DEPOIS 245

nas condições de sociedades que ainda permanecem, em grande parte, camponesas, somente se as vanguardas socialistas forem capazes de implementar estratégias que integrem a maioria dos camponeses no bloco de luta contra o capitalismo imperialista.

V

Marx e Engels nunca acreditaram, nem ao editar o *Manifesto*, nem depois, no potencial revolucionário espontâneo das classes trabalhadoras, já que "as ideias dominantes de uma época sempre foram as ideias da classe dominante".[13] Devido a esse fato, trabalhadores, como outros, aderem à ideologia da concorrência, uma pedra angular do funcionamento da sociedade capitalista e, portanto, a "organização dos proletários em classe e, com isso em partido político, pode ser destruída em qualquer momento pela concorrência entre os próprios trabalhadores".[14]

Portanto, a transformação do proletariado de uma classe em si em uma classe para si requer a intervenção ativa de uma vanguarda comunista: "os comunistas são, na prática, a parcela mais decidida e mais avançada dos partidos operários de cada país; eles compreendem teoricamente, adiante da massa de proletários, as condições, a evolução e os resultados mais gerais do movimento proletário".[15]

A afirmação do papel inevitável das vanguardas não significa para Marx uma defesa em favor do partido único. Como ele escreve no *Manifesto*, "os comunistas não constituem um partido especial, separado dos demais partidos operários [...] Não defendem princípios particulares, com os quais queiram moldar o movimento proletário".[16]

---

[13] *Ibidem*, p. 42.
[14] *Ibidem*, p. 24.
[15] *Ibidem*, p. 31.
[16] *Ibidem*, p. 30.

E mais tarde, em sua concepção do que deveria ser uma Internacional Proletária, Marx considerou necessário integrar a essa todos os partidos e correntes de pensamento e ação que se beneficiasse de um público realmente popular e trabalhador. A Primeira Internacional incluiu entre seus membros, os blanquistas franceses, os lassalistas alemães, sindicalistas ingleses, Proudhon, anarquistas, Bakunin. Marx certamente não poupou suas críticas, muitas vezes duras, a muitos de seus parceiros. Pode-se provavelmente dizer que a violência desses debates está na raiz da breve vida dessa Internacional. Seja como for, essa organização foi a primeira escola de formação para os futuros quadros envolvidos na luta contra o capitalismo.

Duas observações levam à questão do papel do partido e dos comunistas.

A primeira aborda a relação entre o movimento comunista e a nação. Como podemos ler no *Manifesto*:

> os trabalhadores não têm pátria. Não se lhes pode tomar uma coisa que não possuem. Porém, ao conquistar o poder político, ao se constituir em classe dirigente nacional, o proletariado precisa se constituir ele mesmo em nação; assim, ele continua sendo nacional, embora de modo algum no sentido burguês.[17]

E ainda, "a luta do proletariado contra a burguesia – não pelo seu conteúdo, mas pela forma – é em primeira instância nacional".[18]

No mundo capitalista, os proletários não compartilham o nacionalismo de seu país; eles não pertencem a essa nação. A razão é que, no mundo burguês, a única função do nacionalismo é dar legitimidade, por um lado, à exploração de trabalhadores de um determinado país e, por outro lado, à luta da burguesia contra seus concorrentes estrangeiros e o cumprimento de suas ambições

---

[17]   *Ibidem*, p. 40.
[18]   *Ibidem*, p. 28.

imperialistas. No entanto, com o triunfo da eventual revolução socialista, tudo mudaria.

O que antecede se refere aos primeiros longos estágios da transição socialista nas sociedades das periferias. Também expressa respeito pela necessária diversidade das estradas percorridas. Além disso, o conceito do objetivo final do comunismo fortalece a importância dessa diversidade nacional das nações proletárias. O *Manifesto* já formulou a ideia de que o comunismo se baseia na diversidade de indivíduos, coletivos e nações. A solidariedade não exclui, mas implica o livre desenvolvimento de tudo. O comunismo é a antítese do capitalismo que, apesar de seu elogio ao "individualismo" produz de fato, por meio da competição, clones formatados pelo domínio do capital.

Em relação a isso, cito o que escrevi recentemente em *October 1917 Revolution* [*A revolução de outubro de 1917*]:

> O apoio ou a rejeição da soberania nacional dá origem a graves mal-entendidos, quando o conteúdo de classe da estratégia, no contexto em que opera, não é identificado. O bloco social dominante nas sociedades capitalistas sempre concebe a soberania nacional como um instrumento para promover seus interesses de classe, ou seja, a exploração capitalista do trabalho doméstico e, simultaneamente, a consolidação de sua posição no sistema global. Hoje, no contexto do sistema liberal globalizado dominado pelos monopólios financeirizados da Tríade (EUA, Europa, Japão) a soberania nacional é o instrumento que permite que as classes dominantes mantenham suas posições competitivas dentro do sistema. O governo dos EUA oferece o mais claro exemplo dessa prática constante: a soberania é concebida como a preservação exclusiva do capital monopolista dos EUA e, nesse sentido, a lei nacional dos EUA tem prioridade em relação à lei internacional. Essa também foi a prática das potências imperialistas europeias no passado e continua a ser a prática dos principais Estados europeus dentro da União Europeia.[19]

---

[19] Samir Amin, *October 1917 Revolution* [*A revolução de outubro de 1917*], p. 83-85. Discuti essa questão específica da Europa no capítulo 4 do meu livro *The implosion of contemporary capitalism* [*A implosão do capitalismo contemporâneo*], New York: Monthly Review Press, 2013.

Tendo isso em mente, entende-se por que o discurso nacional em louvor às virtudes da soberania, ocultando os interesses de classe em nome do qual opera, sempre foi inaceitável para todos aqueles que defendem as classes trabalhadoras.

No entanto, não devemos reduzir a defesa da soberania a essa modalidade do nacionalismo burguês. A defesa da soberania não é menos decisiva para a proteção da alternativa popular no longo caminho para o socialismo. Constitui até mesmo uma condição inevitável para avanços nessa direção. A razão é que a ordem global (assim como sua ordem europeia subglobal) nunca será transformada de cima por meio de decisões coletivas das classes dominantes. O progresso nesse sentido é sempre o resultado do avanço desigual das lutas de um país para outro. A transforma-ção do sistema global (ou do subsistema da União Europeia) é o produto dessas mudanças operando dentro da estrutura dos vários Estados que, por sua vez, modificam o equilíbrio internacional de forças entre eles. O Estado-nação continua a ser a única estrutura para a implementação das lutas decisivas que, em última instância, transformam o mundo.

Os povos das periferias do sistema, polarizados por natureza, têm uma longa experiência de nacionalismo positivo e progressis-ta, que é anti-imperialista e rejeita a ordem global imposta pelos centros e, portanto, é potencialmente anticapitalista. Digo apenas potencialmente porque esse nacionalismo também pode inspirar a ilusão de uma possível construção de uma ordem capitalista na-cional capaz de alcançar os capitalismos nacionais que governam os centros. Em outras palavras, o nacionalismo nas periferias é progressista apenas se permanece anti-imperialista, contrapondo--se à ordem liberal global. Qualquer outro nacionalismo (que nesse caso é apenas uma fachada) que aceite a ordem liberal global é um instrumento das classes dominantes locais com o objetivo de participar na exploração de seus povos e, eventualmente, de outros parceiros mais fracos, operando, portanto, como potências subimperialistas.

A confusão entre esses dois conceitos antonímicos de soberania nacional e, portanto, a rejeição de qualquer nacionalismo, aniquila a possibilidade de sair da ordem liberal global. Infelizmente, a esquerda – na Europa e em outros lugares – frequentemente é alvo dessa confusão.

O segundo ponto diz respeito à fragmentação das classes trabalhadoras, apesar da simplificação da sociedade, conectada ao avanço do capitalismo, evocada no Manifesto: "Nossa época – a época da burguesia – caracteriza-se, contudo, por ter simplificado os antagonismos de classe. Toda a sociedade se divide, cada vez mais, em dois grandes campos inimigos, em duas grandes classes diretamente opostas: a burguesia e o proletariado".[20]

Esse duplo movimento – de generalização da posição proletária e simultaneamente a segmentação do mundo dos trabalhadores – é hoje consideravelmente mais visível do que era em 1848, quando mal aparecia.

Testemunhamos durante o prolongado século XX, até os dias de hoje, uma generalização sem precedentes da condição proletária. Hoje, nos centros capitalistas, quase a totalidade da população é reduzida ao *status* de empregados que vendem sua força de trabalho. E, nas periferias, os camponeses estão mais do que nunca integrados a redes comerciais que aniquilaram seu status de produtores independentes, tornando-os subcontratados dominados, reduzidos de fato ao *status* de vendedores de sua força de trabalho.

Esse movimento está associado aos processos de pauperização: "o trabalhador se torna um pobre, e a pobreza se expande ainda mais rapidamente que a população e a riqueza".[21] Essa tese de pauperização, retomada e amplificada n'*O capital*, foi objeto de críticas sarcásticas dos economistas vulgares. Ainda assim, no nível

---

[20] Karl Marx, Friedrich Engels, *O manifesto do Partido Comunista*, São Paulo: Expressão Popular, 2008, p. 9.

[21] *Ibidem*, p. 29

do sistema capitalista mundial – o único que dá escopo total à análise da realidade – essa pauperização é consideravelmente mais visível e real do que Marx imaginava. No entanto, paralelamente a isso, forças capitalistas conseguiram enfraquecer o perigo que a proletarização generalizada representa por meio da implementação sistemática de estratégias destinadas a fragmentar as classes trabalhadoras em todos os níveis, nacional e internacionalmente.

VI

A terceira seção do *Manifesto*, intitulada "Literatura Socialista e Comunista", pode parecer, para o leitor contemporâneo, pertencer verdadeiramente ao passado. Marx e Engels nos oferecem aqui comentários sobre assuntos históricos e a produção intelectual pertencente ao tempo deles. Há muito esquecidas, essas questões parecem hoje ser preocupação exclusiva de arquivistas.

No entanto, fico impressionado com as persistentes analogias com movimentos e discursos mais recentes, contemporâneos de fato. Marx denuncia reformistas de todas as formas, que nada entenderam da lógica do desenvolvimento capitalista. Eles desapareceram da cena? Marx denunciou as mentiras daqueles que condenam os erros do capitalismo, mas, não obstante, "na prática política, participam de todas as medidas violentas contra a classe operária".[22] Os fascistas do século XX e de hoje, ou os movimentos supostamente religiosos (a Irmandade Muçulmana, os fanáticos hinduístas e budistas), são diferentes?

As críticas de Marx aos concorrentes do marxismo e suas ideologias, bem como seus esforços para identificar os meios sociais dos quais são porta-vozes, não implica que, para Marx, e para nós, autênticos movimentos anticapitalistas não devem ser necessariamente diversificados em suas fontes de inspiração. Eu indico ao leitor alguns dos meus escritos recentes sobre esse assunto, concebidos do ponto de vista da reconstrução de uma

---

[22] *Ibidem*, p. 48.

O MANIFESTO COMUNISTA, 170 ANOS DEPOIS 251

nova Internacional como condição para a eficácia das lutas e visões populares do futuro.[23]

VII

Concluirei com palavras que se seguem à minha leitura do *Manifesto*.

O *Manifesto* é o hino à glória da modernidade capitalista, do dinamismo que inspira, sem paralelo durante o longo período da história da civilização. Mas é ao mesmo tempo o canto do cisne do sistema, cujo próprio movimento nada mais é do que geração de caos, como Marx sempre entendeu e nos lembrou. A racionalidade histórica do capitalismo não se estende para além de sua produção por um breve período de todas as condições – materiais, políticas, ideológicas e morais – que levarão à sua superação.

Sempre compartilhei desse ponto de vista, que acredito ser o de Marx, do *Manifesto* até a primeira época da Segunda Internacional vivida por Engels. As análises que propus dizem respeito ao longo amadurecimento do capitalismo – dez séculos – e as contribuições das diferentes regiões do mundo para essa maturação (China, Oriente Islâmico, cidades italianas e, finalmente, Europa Atlântica), seu curto zênite (século XIX) e, finalmente, seu longo declínio que se manifesta por meio de duas longas crises sistêmicas (a primeira de 1890 a 1945, a segunda de 1975 aos nossos dias). Essas análises têm o objetivo de aprofundar o que em Marx era apenas uma intuição.[24] Essa visão do lugar do capitalismo na história foi abandonada pelas correntes reformistas

---

[23] Ver "Unité et diversité des mouvements populaires au socialisme" [Unidade e diversidade dos movimentos populares ao socialismo] no livro *Egypte, nassérisme et communisme* [*Egito, nasserismo e comunismo*]; e "L'Indispensable reconstruction de l'Internationale des travailleurs et des peuples" [A indispensável reconstrução da Internacional dos Trabalhadores e dos Povos", em Investig'Action blog, www.investigaction.net/fr.

[24] Ver Samir Amin, *The implosion of contemporary capitalism* [A implosão do capitalismo contemporâneo].

dentro do marxismo da Segunda Internacional e depois se desenvolveu fora do marxismo. Foi substituída por uma visão segundo a qual o capitalismo terá cumprido sua tarefa somente quando tiver conseguido homogeneizar o planeta de acordo com o modelo de seus centros desenvolvidos. Contra essa visão persistente do desenvolvimento globalizado do capitalismo, que é simplesmente irreal pois o capitalismo é polarizador em sua natureza, propomos a visão da transformação do mundo por meio de processos revolucionários – rompendo com a submissão às vicissitudes mortais da decadência da civilização.

1 de outubro de 2018.